21世纪卓越人力资源管理与服务丛书

# 员工培训与开发

## （第4版）

陈国海　卢晓璐　张　旭 ◎ 编著

清华大学出版社
北京

## 内 容 简 介

"员工培训与开发"是人力资源管理专业的一门核心课程。本书简要阐述了员工培训与学校教育的区别,以及怎样进行培训需求调查、怎样制订培训计划、怎样设计课件和组织培训、培训成果如何转化与评估、如何实施员工开发与职业生涯规划等内容,详细论述并分析了企业培训中的各种现象。本书内容包括员工培训概述、培训需求分析、培训类型、培训计划与项目设计、培训的实施与管理、成人学习理论、培训方法、培训成果转化、培训效果评估、员工开发、职业生涯管理、企业培训外包共十二章。

本书既便于教师教学,也便于学生自学;既适合作为经管类专业课的本科教材、通选课教材或者企业培训师、培训专员以及企业管理者的自学读物,也可作为 MBA、EMBA 和经管类研究生"员工培训与开发"课程的教材或辅助教材。

本书封面贴有清华大学出版社防伪标签,无标签者不得销售。
版权所有,侵权必究。举报:010-62782989,beiqinquan@tup.tsinghua.edu.cn。

图书在版编目(CIP)数据

员工培训与开发 / 陈国海,卢晓璐,张旭编著. —4 版. —北京:清华大学出版社,2023.6(2025.2重印)
(21 世纪卓越人力资源管理与服务丛书)
ISBN 978-7-302-63953-4

Ⅰ. ①员… Ⅱ. ①陈… ②卢… ③张… Ⅲ. ①企业管理—职工培训 Ⅳ. ①F272.921

中国国家版本馆 CIP 数据核字(2023)第 108860 号

责任编辑:邓 婷
封面设计:刘 超
版式设计:文森时代
责任校对:马军令
责任印制:沈 露

出版发行:清华大学出版社
网　　址:https://www.tup.com.cn, https://www.wqxuetang.com
地　　址:北京清华大学学研大厦 A 座　　　邮　编:100084
社 总 机:010-83470000　　　邮　购:010-62786544
投稿与读者服务:010-62776969, c-service@tup.tsinghua.edu.cn
质量反馈:010-62772015, zhiliang@tup.tsinghua.edu.cn

印 装 者:三河市少明印务有限公司
经　　销:全国新华书店
开　　本:185mm×260mm　　印　张:19　　字　数:427 千字
版　　次:2012 年 3 月第 1 版　2023 年 6 月第 4 版　印　次:2025 年 2 月第 5 次印刷
定　　价:59.80 元

产品编号:095005-01

# 第4版前言

本书语言通畅、条理清晰、例证真切、内容丰富、资料翔实，可操作性和实务性较强，既适合作为高校人力资源相关专业的本科教材，也适合作为企业内部的培训教材，或者作为有志成为企业培训师或管理专家的参考读物。本书自2012年第1版上市以来，受到了广大师生的欢迎。为提高教材质量，及时更新教材内容，笔者决定编写第4版。

本书在第3版的基础上做了如下重要改进：①对内容和逻辑结构做了进一步优化，对文字进行了润色；②增加了一些实用的内容，如第二章的基于工作说明书的课程需求分析模型、第七章的培训游戏：泡泡室内操；③更换了一些例证和案例分析，此次补充的例证和案例以国内知名企业的案例为主，比如南方航空与格力电器。

师生在使用本书进行教学的互动过程中应当扮演如下角色：①传统课堂上的师生；②培训师；③培训专员或企业培训管理师；④学员。课堂上应当创设相关培训情景，让师生有机会扮演多重角色，情景教学和培训体验教学是提高教学质量的重要手段。

本书具有如下5个特点。

### 1. 内容新颖

本书尽量反映本学科领域的最新理论和实践发展动态，书中介绍了企业培训师、培训质量管理标准、《中央和国家机关培训费管理办法》、教育认知神经科学、培训师选拔、培训风格、培训道德与法律、培训成果转化、培训评估、培训外包、疫情防控背景下的企业培训等新内容。每章正文的理论阐述尽量做到"少而精"。第一章删除了国内企业培训师认证的内容，补充了笔者创造性提出的KS3PWH培训内容结构模型、企业培训的公共管理政策。每章的后面都附有相应的参考文献，第六章特意补充了一些经典文献。

### 2. 实践性强

本书尽量采用小例子（即各章中的"例证"）说明相应的概念、原理和方法。通过阅读相应的例证，学生易于理解和接受教材所阐述的概念、原理和方法。本书除了介绍大型跨国公司的案例，还注重收集中国本土优秀企业的案例，其中一些是笔者从调研企业收集的、经过适当文字处理和润饰的真实案例。本次改版增加了格力电器、广东新明珠陶瓷集团、南航培训中心等知名企业的员工培训例证。

本书主要是为"员工培训与开发"课程服务的，因此尽量做到能够反映和模拟大学生、培训师、培训专员以及企业培训的实际，这是通过正文中的"例证"和每章末的"学以致用"体现的。本书还免费提供少量心理测试供读者使用。

### 3. 案例分析

每章后面提供 1～2 个案例分析题，尽量选用具有本土特色的案例，力求简洁。案例可供课堂或者课后讨论。课堂讨论时可让学生自由组成小组，每组最好都由个性不同的同学组成，并规定每组人数为 5～6 人，每组在讨论后推选代表发言。

### 4. 培训游戏

培训游戏是企业培训的一个重要元素，它对于破冰、活跃现场气氛、认识培训的一些基本原理和规律具有重要作用。本书在每章末均提供与本章内容相关的培训游戏，教师可根据场地、器材和时间加以选择。对于不熟悉的培训游戏，认真阅读游戏规则、课前精心准备以及事先进行试做是很有必要的。

### 5. 网站推荐

伴随计算机网络技术和互联网的发展，网上有大量的资料和信息可供教学参考。教师作为学生学习的帮助者、促进者和信息提供者，主要任务是在"授之以鱼"的基础上"授之以渔"，教会他们学习的方法。笔者尽量提供每章正文和例证中所提及公司的相应网址，有兴趣的师生可通过网站进一步了解这些企业。每章后面推荐的网站有助于学生扩大知识面，弥补课内教学的不足。所有网站均经过精心挑选，与章节内容密切相关，信息量比较大，比如，新增了"云学堂"线上培训平台推荐网站。

为有效开展多媒体教学，增进学生对企业组织的感性认识，笔者选取了个别录像辅助教学，但因版权问题，录像资料需要教师自行寻找。

陈国海教授、卢晓璐和张旭讲师负责本书的统稿工作。在此次再版过程中，笔者的研究生参与了配套资料的编写工作，没有他们的参与和热忱帮助，本书难以顺利完成。本书曾得到广东外语外贸大学"十二五"规划教材项目的资助，在此表示衷心的感谢。

本书有 PPT 演示文稿和考题等配套资料，供有需要的教师、学生、企业培训师和读者参考。由于时间仓促，书中难免有疏漏之处，敬请不吝指正。

陈国海

香港大学博士

广东外语外贸大学商学院教授

广东省人力资源研究会秘书长

2023 年 3 月 28 日

# 目 录

## 第一章 员工培训概述 ………………………………………………………001
### 第一节 员工培训的概念、特征及其作用 ……………………………002
### 第二节 员工培训的历史演变 …………………………………………012
### 第三节 员工培训的发展趋势 …………………………………………015
### 第四节 培训师职业 ……………………………………………………017
### 第五节 员工培训的公共管理 …………………………………………023
- 思考练习题 …………………………………………………………………026
- 培训游戏 ……………………………………………………………………026
- 学以致用 ……………………………………………………………………026
- 案例分析 ……………………………………………………………………026
- 参考文献 ……………………………………………………………………027

## 第二章 培训需求分析 ………………………………………………………030
### 第一节 培训需求分析概述 ……………………………………………031
### 第二节 培训需求信息的收集方法 ……………………………………034
### 第三节 培训需求分析的方法 …………………………………………040
### 第四节 培训需求分析的结果及其应用 ………………………………047
- 思考练习题 …………………………………………………………………050
- 培训游戏 ……………………………………………………………………050
- 案例分析 ……………………………………………………………………051
- 参考文献 ……………………………………………………………………051

## 第二章 培训类型 ……………………………………………………………053
### 第一节 岗前培训 ………………………………………………………054
### 第二节 在职培训 ………………………………………………………060
### 第三节 脱岗培训 ………………………………………………………065
- 思考练习题 …………………………………………………………………070
- 培训游戏 ……………………………………………………………………070
- 案例分析 ……………………………………………………………………071
- 参考文献 ……………………………………………………………………071

## 第四章 培训计划与项目设计·············073
### 第一节 培训计划概述·············074
### 第二节 培训项目设计概述·············079
### 第三节 培训项目设计过程·············084
思考练习题·············087
培训游戏·············088
案例分析·············088
参考文献·············088

## 第五章 培训的实施与管理·············090
### 第一节 培训师的选拔与管理·············091
### 第二节 培训实施前的准备工作·············099
### 第三节 培训实施过程中的控制、纠偏与危机处理·············105
### 第四节 员工培训的风险防范·············111
思考练习题·············116
培训游戏·············116
案例分析·············117
参考文献·············117

## 第六章 成人学习理论·············118
### 第一节 成人学习者·············119
### 第二节 成人学习理论·············121
### 第三节 学习风格·············134
### 第四节 成人学习理论的应用·············140
思考练习题·············143
培训游戏·············143
心理测试·············143
案例分析·············145
参考文献·············145

## 第七章 培训方法·············148
### 第一节 培训方法概述·············149
### 第二节 培训的主要方法·············153
### 第三节 培训方法的比较与选择·············167
思考练习题·············173
学以致用·············173
培训游戏·············173
案例分析·············174

录像教学 174
　　参考文献 174

## 第八章　培训成果转化 176
### 第一节　培训成果转化概述 177
### 第二节　影响培训成果转化的因素 179
### 第三节　促进培训成果转化的途径 185
　　思考练习题 190
　　培训游戏 191
　　学以致用 191
　　案例分析 191
　　参考文献 191

## 第九章　培训效果评估 194
### 第一节　培训效果评估概述 195
### 第二节　培训效果评估理论 198
### 第三节　培训效果评估的流程与实施 212
　　思考练习题 219
　　学以致用 219
　　案例分析 219
　　参考文献 219

## 第十章　员工开发 221
### 第一节　员工开发概述 222
### 第二节　员工开发战略与规划 226
### 第三节　员工能力开发 229
### 第四节　有效管理者开发 234
　　思考练习题 244
　　培训游戏 244
　　学以致用 245
　　案例分析 245
　　参考文献 245

## 第十一章　职业生涯管理 248
### 第一节　职业生涯管理概述 249
### 第二节　员工职业生涯规划与管理 252
### 第三节　组织职业生涯规划与开发 264
　　思考练习题 270

培训游戏……………………………………………………………………… 270
　　学以致用……………………………………………………………………… 271
　　案例分析……………………………………………………………………… 271
　　参考文献……………………………………………………………………… 271

## 第十二章　企业培训外包……………………………………………………… 273
　　第一节　企业培训外包概述………………………………………………… 274
　　第二节　企业培训外包的实施和管理……………………………………… 280
　　第三节　企业培训外包的风险管理………………………………………… 288
　　思考练习题…………………………………………………………………… 294
　　培训游戏……………………………………………………………………… 294
　　学以致用……………………………………………………………………… 294
　　案例分析……………………………………………………………………… 295
　　参考文献……………………………………………………………………… 295

# 第一章
# 员工培训概述

 学习目标

1. 掌握员工培训的概念、特征及其作用;
2. 了解员工培训的历史演变过程;
3. 了解员工培训行业的发展趋势;
4. 了解培训师职业的发展和职业资格认证;
5. 了解员工培训的公共管理政策。

**引例**

"互联网+"背景下中国石化的培训转型

"互联网+"时代的到来,正在深刻地影响着社会业态和生活的各个方面,我们必须及时适应新形势、增强新思维、学习新知识、提高新本领,以顺应时代潮流。

1999年,中国石油化工集团公司教育培训工作会议明确提出,要分步实施现代远程教育工程,逐步建成集团公司开放性的终身教育体系。经过几年时间的反复调研论证,远程教育平台技术日渐成熟。

2009年,正式启动中国石化远程培训系统建设,引进了当时美国Oracle公司具有世界先进水平的i-Learning平台。

2011年,建成了国内规模最大、用户数量最多、功能较强的远程培训系统并投入使用。

随着移动互联网技术的发展和大规模应用,2014年中国石化开发了互联网访问、移动端应用等功能,打破了局域网认证登录和PC端应用的时空限制,为员工随时随地学习提供了极大便利。

为满足员工更高的使用要求和更多的学习需要,适应越来越大的管理需求,中国石化于2017年自主开发了国内第一套完全云架构的开放的企业远程培训系统,综合运用云计算、大数据、移动互联网等先进的信息技术,紧密围绕服务企业战略和员工发展,按照系统化集成、体系化设计、全流程管理的开发思路,通过整合学习内容和方式,探索重构岗位培训体系；通过贯通培训管理流程，不断完善培训管理体系；通过资源共建共享，全面增强培训服务体系，推动传统培训向"互联网+企业培训"转型，初步构建起上接企业战略、下接员工绩效的比较完善的企业培训体系。

资料来源：冯少伟. "互联网+"背景下石化企业培训转型的实践探索[J]. 当代石油石化，2018，26（9）：48-52.

中国石化在"互联网+"时代的培训发展历程在某种程度上反映了近几年中国企业培训的发展趋势。那么，在企业培训的不同发展阶段，培训的内容、要求和形式有何特点？培训在企业发展中的地位和作用如何？这是本章要探讨的主要问题。

## 第一节　员工培训的概念、特征及其作用

当今是全球经济一体化的时代，是高新技术不断更新换代的时代，是竞争日益激烈的时代。身处其中的企业要想跟上时代发展的步伐，要想在激烈的竞争中脱颖而出，必须不断地更新管理理念，更加重视人力资源的作用，运用现代管理方法，不断开发人力资源的潜力，充分发挥人力资源的优势，这就要求企业重视员工的培训工作。

### 一、培训的概念

培训是人力资源开发的中心环节，是一种提高员工工作能力的计划性的组织介入行为，那么企业的员工培训是什么？它具有哪些特征和作用？

#### （一）培训的定义

一般而言，培训是指为企业利益而有组织地向员工传授其完成本职工作、提高工作绩效所必须掌握的知识、技能和态度的过程。从广义上讲，培训是使人力资本增值和创造智力资本的途径。人力资本（human capital）是指劳动者因接受教育、培训、实践经验、保健等方面的投资而获得的知识和技能的积累。智力资本（intellectual capital）包括基本技能、高级技能、对客户和生产系统的了解以及自我激发创造力。培训的最终目的是使员工更好地胜任工作，进而提高企业的生产力和竞争力，从而实现组织发展与个人发展的统一。

加里·德斯勒认为培训是指为使新员工或当前员工获得完成工作所需的各种技能而采用的一种措施（2012）。罗伯特·L.马蒂斯（Robert L. Mathis）认为培训是企业与员工个人的共同投入，是人们获得有助于促进实现企业目标和个人目标的技术或知识的学习训练过程，培训使员工获得既可以用于当前工作又可以为未来职业生涯服务的知识和技能。英国工业培训局提出了"系统化培训"，强调从明确员工的培训需求入手，通过脱产培训，使员工获得令工作更加出色所需掌握的工作态度、知识、技能与行为（兰景林，2018）。

综合以往关于培训的定义，笔者给培训下了一个定义：培训是指通过有目的、有计划的系统干预过程，提高员工的素质，进而提高员工的工作绩效和劳动生产率，提升组织效益。

## （二）培训与教育、开发、训练的区别

企业培训与我们生活中常见的词汇——教育、开发、训练等紧密相关，但又有所不同，具体表现为以下几点。

### 1. 培训与教育的区别

培训和教育都属于学习方式的一种，但是二者存在本质的区别。培训的核心是学员，目的是希望学员能够学以致用、解决实际问题，提升工作绩效。因此，培训内容更侧重于实践性和应用性，培训过程更注重反馈，培训方法更注重讲、演、练的融合，培训时间具有终生性的特点。而教育需要老师起指导作用，目的是提升学生素养，教育内容更侧重于理论性和系统性，教育过程更注重通过灌输知识来强化学生的记忆，教育方法以老师讲授为主，教育时间具有阶段性的特点。培训与教育的区别具体如表 1-1 所示。

表 1-1 培训与教育的区别

| 项　目 | 培　训 | 教　育 |
| --- | --- | --- |
| 内容侧重点 | 实践性、操作性 | 基础性、理论性 |
| 活动的主角 | 培训师和学员的互动 | 教师 |
| 方法 | 演示、教习、指导 | 演示（教） |

资料来源：王文军. 人力资源培训与开发[M]. 吉林：吉林科学技术出版社，2020.

### 2. 培训与开发的区别

培训针对员工的工作现状与工作要求之间的差距，通过传递知识、技能等途径使员工更好地胜任工作；开发则针对员工潜在的需要，如晋升等，使员工在未来承担更大的责任。两者的比较如表 1-2 所示。

表 1-2 培训与开发的比较

| 项　目 | 培　训 | 开　发 |
| --- | --- | --- |
| 相同之处 | 都是一种学习的过程，属于企业规划的范畴。目的都是通过将培训内容和所期望的工作目标联系起来，促进员工和企业的共同进步与发展 | |
| 目的和特点 | 短期的绩效改进 | 使员工在未来承担更大的责任 |
| | 持续时间短，具有集中性和阶段性 | 持续时间长，具有分散性和长期性 |
| | 强制要求 | 自愿参与 |

资料来源：王慧博. 人力资源管理（社会保障方向）[M]. 上海：上海科学普及出版社，2016.

### 3. 培训与训练的区别

培训是根据当前工作需要进行的、以提高工作绩效为主要目的的行为，持续时间比较短。训练是为实现一个具体的目标而提高相关技能的行为，开展的时间比较长，并且强度比较大。

## 二、培训的分类

企业培训可以根据对象、内容和形式的不同划分为不同的类型。

## （一）按培训对象划分

按培训对象划分，培训可以分为基层员工培训和管理人员培训。

### 1. 基层员工培训

基层员工的培训应该注重实用性，培训的目的主要是培养员工积极的工作心态以及正确高效的工作方法和技能，提高劳动生产率。基层员工培训的主要内容包括追求卓越工作心态的途径、工作安全事故的预防、企业文化与团队建设、新设备操作、人际关系技能等。

### 2. 管理人员培训

管理人员培训又可以根据管理层次的不同而分为基层管理人员培训、中层管理人员培训和高层管理人员培训。

基层管理人员的工作重点是在第一线从事具体的管理工作，并执行中高层管理人员的指示和决策。因此，为他们设计的培训内容应着重于管理工作的技能和技巧，如怎样组织他人工作、如何安排生产任务、如何为班组成员创造一个良好的工作环境等。按照罗伯特·卡茨的模式，基层管理人员的技能培训、人际关系培训和解决问题能力培训的比例为 50：38：12（1955）。

中高层管理人员的培训应注重发现问题、分析问题和解决问题的能力，用人能力，控制和协调能力，经营决策能力以及组织设计技巧的培养。中层管理人员对于本部门的经营管理必须十分精通，除了熟悉本部门工作的每个环节和具体工作安排，还必须了解与本部门业务有关的其他部门的工作情况。按照罗伯特·卡茨的模式，中层管理人员的技能培训、人际关系培训和解决问题能力培训的比例为 35：42：23。

高层管理人员的工作重点在于决策。因此，他们所要掌握的内容侧重于经营预测、经营决策、管理、会计、市场营销和公共关系等多元的知识、观念以及人际关系技能。罗伯特·卡茨将高层管理人员的技能培训、人际关系培训和解决问题能力培训的比例定为 18：43：39。不同层级管理人员的培训内容比例如图 1-1 所示。

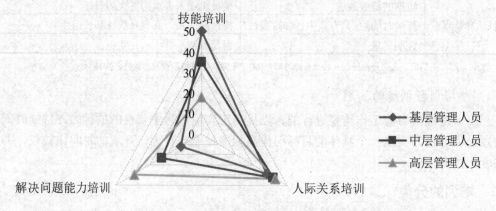

图 1-1 不同层级管理人员的培训内容比例

资料来源：KATZ R L.Skills of aneffective administrator[J].Harvard Business Review,1955,33(1):33-42.

## （二）按培训内容划分

培训重点要关注的是与工作绩效和劳动生产率直接相关的员工素质的提升。传统的 KSA 模型关注的培训内容是知识（knowledge，K）、技能（skills，S）、态度和价值观（attitude，A），如图 1-2 所示。长期以来，企业运用 KSA 培训内容模型指导培训实践取得了一定的成效（Cheng & Lunn，2016）。但是，随着时代的发展，KSA 培训内容模型暴露出明显的三个缺陷：①忽视了与工作绩效和劳动生产率直接相关的员工素质，如员工的身体健康情况、体能状况、态度和价值观；②重视知识和技能培训，而忽视态度和价值观培训，这是因为知识和技能培训容易做，而态度和价值观培训难做；③忽略了知识、技能、态度和价值观培训内容之间的有机联系，如有趣的、鲜活的知识可能促进态度改变。

对此，笔者对知名企业十年前的培训课程与当下的培训课程进行了比对，通过内容分析法，得出了 KS3PWH 培训内容结构模型（陈国海，晏培华，2022），如图 1-3 所示。KS3PWH 模型中知识（knowledge，K）、技能（skills，S）的内涵与其在传统 KSA 模型中基本一致，但同时需要紧随时代发展的趋势将其具体内容进行归纳和适时更新。比如，随着知识搜索技术和 AI 的发展，知识的获取成本由于渠道的多样化和方式的简单化显得非常廉价，这就要求在确定培训内容之前对各种知识进行分类，以确保培训内容的科学性和有效性。经济合作与发展组织（OECD）在 1996 年《以知识为基础的经济》年度报告中将知识分为四种类型：①知道是什么的知识（know-what），指关于客观事实的知识；②知道为什么的知识（know-why），指自然规律和原理方面的知识；③知道怎么做的知识（know-how），指技术诀窍、技能和能力方面的知识；④知道是谁的知识（know-who），指知道何人具有何种知识和能力的知识，涉及社会关系等方面。此外，在当前的社会需求下，技能不仅包含职业所需要的基本工作技能和专业实操技能，更包括心智技能，也就是员工必须有自我调节、自我排解的能力，这充分体现了信息时代对培训内容的新要求。

图 1-2　KSA 培训内容模型

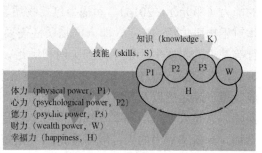

图 1-3　KS3PWH 培训内容模型

与传统的 KSA 模型相比，KS3PWH 模型的创新性主要体现在"3PWH"的提出，具体内容如下：①体力（physical power，P1），从身体病痛、身体疲劳的一端到身体强健、体力充沛的另一端；②心力（psychological power，P2），从心理疾病、心理问题的一端到心理健康、心理繁荣的另一端；③德力（psychic power，P3），从践踏法律、道德败坏的一端到遵纪守法、道德楷模、家国情怀的另一端；④财力（wealth power，W），从物质财富和精神财富匮乏的一端到物质财富和精神财富充足的另一端；⑤幸福力（happiness，H），从灾难、不幸、痛苦的一端到幸福美满、祥和康宁的另一端。

体力（P1）是个人的身体素质，健康意味着个体没有身体缺陷和疾病，具有身体上和社会适应上的完好状态（郭欣禹，2011）。体力依附于劳动者身上，是员工的资本，更是企业的重要资源。快节奏的社会生活和日益激烈的市场竞争要求员工个体必须具备强健的体魄和充沛的体力以应对各种富有挑战性的工作。

心力（P2）是个人的心理素质，是个体具备的风险抵御、压力调适和自我调节的心理特质（王雪，2020）。与日俱增的生活压力和职场竞争要求员工个体必须具备良好的心理承受力，保持良好的心理状态。

德力（P3）是个体的思想道德素质，社会主义道德建设的主要内容包括社会公德、职业道德和家庭美德。在KS3PWH模型中，德力主要是指职业道德，即个体在工作活动中应遵循的道德情操、道德品质以及道德规范和准则（李强，唐梦丽，2014）。在企业的实践中，具体而言，德力对员工所提的要求既包括行为层面的遵纪守法、公平公正，不玩忽职守、以权谋私、贪污受贿等要求；又包括思想层面上的诚实守信意识、爱党敬业意识等正直的意识和态度（陈豫岚，2019）。

财力（W）是指一个人获得财富的能力，既包括获取物质财富的能力，也包括获取精神财富的能力。物质财富是人们可以直接获得的物质的生活资料，即满足人们衣、食、住、行等最基本生存和生活需求的基础性的财富，而精神财富包括了一切艺术、文化、科学和技术等要素（贺善侃，2010）。在企业的实践中，员工的财力（W）与企业的薪酬制度、培训机制、文化氛围等多种因素相关。

幸福力（H）是个人内在的心理素养，是个体获得幸福的软实力（王薇华，2012）。具体而言，幸福力是一个人在面对某一对象或经历某一情境时感知和体验到幸福的能力，是依据个体内在的某一标准表达或评价幸福的能力，以及有意识地寻求策略来调控幸福的能力（邓元元，2016）。幸福力包括物质幸福和精神幸福两方面内容。物质幸福是指个体对于物质生活的满足，即人的物质性需要、欲望或者目的得到满足，比如衣、食、住、行等基本的物质生活条件得到实现和满足，其最高的表现是生活富裕、身体健康等（陈国海，李素磊，2021）。精神幸福则更注重个体积极的心理感受，比如自由感、快乐感、成就感、满足感以及新鲜感等。一般而言，物质幸福可以为个体提供基本的生存和发展保障，这是人追求的基本幸福；精神幸福是实现个体人生价值的集中反映，是高层次的幸福。具备幸福力的人，能够获得的不是短暂的情绪体验，而是长久而持续的幸福。有两点需要注意。其一，幸福力不等于幸福感。幸福感由主观幸福感、心理幸福感与社会幸福感共同构成，渗透着个体与他人的攀比，而幸福力没有量化比较、没有攀比，是一种纯粹的自我能量。其二，幸福是可以学习的。幸福不仅是快乐的情感体验，更是自我潜能的发展（韩银华，2017）。KS3PWH模型创造性地提出了对"3PWH"（体力、心力、德力、财力和幸福力）的培训，涵盖了员工德、智、体、心各方面素质的全面发展，即增长知识、提高技能、强身健体、修身养性、守法讲德、增长财富、追求幸福。

### （三）按培训形式划分

按培训形式划分，可以分为入职培训、在职培训、脱岗培训和轮岗培训。

1. 入职培训

入职培训，即新员工办理入职手续之后接受的培训，包括岗前培训。它帮助新员工熟悉企业的工作环境、文化氛围和同事，让新员工能够迅速投入新工作，缩短新员工与老员工的工作磨合期。

2. 在职培训

在职培训，即员工在不需要脱离工作岗位的情况下参加培训。在职培训通常利用员工的工余时间进行，是在完成本职工作的基础上开展的培训活动。这类培训的内容重在补充员工当前岗位、工作或项目所需要的知识、技能和态度。

3. 脱岗培训

脱岗培训，即员工暂时脱离岗位接受培训。在脱岗培训期间，员工将本职工作放在一边，以培训为重心。脱岗培训更注重提高员工的整体素质和未来发展需求，而不是根据当前岗位工作或项目的情况确定培训内容。

4. 轮岗培训

轮岗培训，即员工被安排到企业的其他部门或者分公司一边工作，一边进行培训。轮岗培训与在职培训有相同之处，两者都是工作与培训同步进行。两者的区别在于在职培训包括轮岗培训，而轮岗培训的最大特点是调离原本的岗位，迁往其他岗位进行工作学习，存在岗位空间和环境上的变化。

**IT 应用类职业技能培训市场**

IT 应用类职业技能培训包括针对 Java、C++等编程语言，前端开发、Android 开发等软件开发技能以及 CG、UI 等计算机涉及技能的培训。IT 应用类职业技能培训是当前职业技能培训行业中市场规模较大的细分市场之一，其主要的特点表现在如下三个方面。

（1）培训对象。IT 应用类职业技能培训的对象主要包括高校毕业生和部分有工作需求的在岗人员。比如，IT 软件技能培训的人员主要是专科以上的年轻人，专业以理工科为主，就业集中在大中型城市。

（2）竞争格局。从竞争格局来看，IT 应用类职业技能培训市场主要分为三个层级。第一层级是在全国范围经营的著名培训机构，这类企业规模大、师资强、市场份额多。第二层级是在特定区域占据龙头或营收规模亿元级别的培训机构，这类企业数量多，市场呈现区域性特点。第三层级是零散地分布在各地的中小型培训机构，这类企业规模小但数量较多。

（3）市场规模。目前 IT 应用类技能培训需求较大，市场发展空间较多，行业每年的扩张速度为 20%左右。随着《中国制造 2025》《新一代人工智能发展规划》等一系列政策的出台，国家对 IT 行业和新兴技术的支持力度越来越大，未来 IT 应用类职业技能培训的发展前景也会越来越广阔。

资料来源：上海艾瑞市场咨询有限公司. 2017年中国非学历职业技能培训行业报告[J]. 艾瑞咨询系列研究报告，2017(8)：59.

## 三、员工培训的特征

### （一）企业发展需求的主导性

社会经济和科技的快速发展、知识的快速更新、信息的快速传播以及市场的激烈竞争，促使企业不断地创新。因此，培训要以满足企业发展需要为目标，按照员工不同岗位的需要，重点传授特定的知识和技能，提高员工的工作能力和水平。尽管企业培训的内容和形式多样化，但是其最终目的是配合企业的发展，为企业赚取更多的利润。员工得到发展的前提是企业能够顺利发展，企业良好的发展可以为员工的发展提供稳定的平台，为员工的发展指明方向。

### （二）提高生产效率的实用性

通过培训，提高员工的工作水平，从而提高企业的生产效率，最终为企业赚取更多的利润。培训要确保员工能够将培训的内容运用到工作上。因此，培训成果转化的成功与否，在很大程度上决定了培训是否有效。

### （三）实现企业和员工的统一性

员工培训的最终目的是实现企业与员工的统一。这就要求在进行员工培训时要针对不同企业和企业内不同的员工实施不同的培训。在进行培训时，企业要在尽可能满足企业发展要求的同时，也能够满足员工个人的发展需求，以提升培训效果，实现企业与员工的双赢。

### （四）培训内容的离散性

由于受时间和经费的限制，培训通常是按照"缺什么，补什么"的原则，因此培训内容的系统性不足，很多内容是离散的。此外，除了要根据工作需要进行理论性的知识传授，培训更多的是传授工作经验。工作经验的传授可以使培训成果更容易转化到现实工作中，但工作经验的传授通常是缺乏系统性的。

### （五）培训方法的多样化

企业培训的形式和方法是多种多样的，既有传统的传递法，也有基于互联网技术的现代培训方法。传统的讲座式培训通常以讲师在台上讲课为主，缺少师生交流和学生实践，培训效果不佳。新式的培训比以往更加重视学员的实践与体验，通过个体体验提升培训效果。

### （六）培训时间的零散易变性

企业员工培训不同于学校教育，在企业员工培训过程中，员工必须在做好本职工作的基础上进行培训。因此，员工培训通常会被安排在业余时间开展，而且经常会根据员工工作时间的变动以及业务淡旺季的变化而变动，这就要求安排培训时间时要与业务部门密切协调。

## 四、员工培训的作用

员工培训不仅可以提升员工的个人能力，还可以提高员工对企业的归属感，减少企业人才的流失，从而提高企业的经济效益。

### （一）培训在企业中的地位和作用

员工培训的实质在于通过提高员工的整体学习力，最终提升企业的学习力和竞争力（雍德军，2018）。尽管培训可以实现企业和员工的双赢，但培训对企业和员工具有不同的作用。

1. 培训对企业的作用

培训对企业的作用主要表现在以下三个方面。

第一，优化企业的人才配置，提高企业团队的整体素质。有效地组织员工培训，可以迅速提高企业的员工素质水平，使企业在激烈的市场竞争中走得更快、更远。企业在制定战略目标时，可以通过组织员工培训，促进员工技能的转型改造，加速战略人才的储备，保障企业的战略发展（李晓华，2018）。

第二，提升企业的核心竞争力。在市场经济中，一个企业的人才实力是企业竞争力的重要体现。加强员工培训可以优化企业的人力资源资本，提高人才储备。同时，加强员工培训还可以提高员工的综合素质，增强他们的归属感和责任感，提升企业的凝聚力和核心竞争力（李晓华，2018）。

第三，推动企业文化的形成并完善企业文化。在培训过程中，员工可以通过沟通增进彼此的友谊，这有助于员工在融洽的工作氛围中形成凝聚力，同时提高工作效率。企业通过对员工进行企业文化的宣导，增加员工对企业的认同感，提升员工的集体荣誉感，促使他们更好地为企业服务（胡殿国，2017）。

2. 培训对员工的作用

培训对员工的作用主要表现在以下三个方面（李晓华，2018）。

第一，提升员工的综合素质。面对市场环境的快速变化，企业必须不定期地对员工进行内部或外部培训，让员工能够学到更多的知识、技能和其他优秀员工的职业实践经验，提升员工的综合素质和实力。

第二，满足员工自我发展的需求。企业的员工培训是员工自我提升和发展的重要手段，而企业在不同的阶段都需要与其相适应的员工来促进企业的进步。员工培训可以有针对性地提高员工的专业知识和技能，进而满足不同时期企业的发展需求。企业员工通过员工培训不断地实现自我提升和发展的同时，也对企业的发展提供巨大的助力。

第三，激发员工的工作热情。在员工的职业生涯中，职业培训一直是以企业福利的形式存在的。有效的员工培训能够扩充员工的知识储备和提高员工的技能水平，使他们能够更好地为企业创造效益，实现自我价值。员工培训的有效开展使员工常怀感恩之心，同时还可以激发员工的工作热情。

**例证 1-1**

### 国内知名企业注重构建培训体系

### （二）对员工培训的认识误区

企业对员工培训的认识至少存在以下六个误区。

**1. 培训是"灵丹妙药"**

有的企业对培训急功近利，希望在短时间内立竿见影，企图通过培训解决企业人力资源管理的所有问题，期望员工在接受培训后可以立刻将培训所学到的知识和技能应用到工作中，为企业创造业绩。但事实上，员工从接受培训到将培训所学熟练应用到工作中需要一段时间的锻炼，很难立刻实现。

**2. 培训是成本**

一些企业管理者错误地认为，培训是一种成本，而作为成本，当然应该尽量降低，因此企业投入培训的资金较少。目前，许多企业经营者偏重市场运作，在广告投入上不惜一掷千金，渴望得到立竿见影的效果，但却忽视了见效期较长的培训投资。结果，企业人才得不到有效的培训、成长和发展，甚至造成人才流失。

**3. 培训"权威论"**

一些企业管理者认为"培训师必须权威，培训才有效。要么就不花钱，要么就花大钱"。这是典型的对名人的迷信，过多地把关注点放在名师上，往往忽视了企业本身的需求，即便是权威培训也不一定能够获得期望的效果。相反，这样做会导致企业因为高额培训费用而遭受很大的损失，出现典型的期望与效果不对等现象。

**4. 培训盲目追赶潮流**

一些企业喜欢赶潮流，对培训内容的选择比较盲目，缺乏针对性。从表面上看，企业培训工作开展得轰轰烈烈，实则无的放矢，效果并不一定理想。许多企业在对外宣传时，常把本企业有多少高学历员工作为谈资，造成企业不惜花费巨额支出支持员工考取MBA、EMBA证书和其他证书，其实这样的培训目的并不明确。有的企业培训工作流于形式，表现为对培训课程的确定不够细致，针对性不强，不够完整和系统。这样低效率的培训，结果只能是浪费人力、物力和财力。

## 第一章 员工培训概述

### 5. 培训只重视知识和技能

一些管理者为追求眼前的利益，在培训时希望得到立竿见影的效果，只注重知识和技能的培训，希望可以立即应用到企业的生产经营中，而在员工为人处世的态度、价值观念、工作态度、职业精神等对企业长远发展有益的内容方面则缺乏培训，这将极大地影响企业的长远发展。

### 6. 培训"无用论"

有的管理者认为，培训是无意义的，企业的发展不是靠培训完成的，而需要依靠企业自身的实力，因此，在企业经济效益下滑和经济形势不确定性增强（比如中美贸易摩擦和新冠肺炎疫情防控）的情况下，削减培训经费成为常态。但事实证明，削减培训经费最终会阻碍企业的可持续发展。

**汇丰银行携手牛津大学为员工提供培训课程**

## 五、部门经理作为内部培训师的角色

部门经理在员工培训方面需要履行以下四个方面的职责。

### 1. 向人力资源部提出本部门或岗位培训的需求

部门经理比企业的人力资源总监更加熟悉其下属部门的工作情况，对部门员工的工作表现和工作能力也最为熟悉。因此，部门经理根据员工的情况向人力资源部门提出培训的需求，有利于使培训更具有针对性，也有利于将培训成果转化为现实工作能力，帮助企业减少无谓的费用支出。

### 2. 开展专业项目培训

专业项目培训是指对新员工进行岗位职责、业务流程、专业工作技能及其他与本职工作相关的专业项目的培训，培训的主要目的是使新员工能够以最快的速度融入企业环境，投入工作。

### 3. 培训在职员工的岗位操作技能，对员工进行持续的辅导

部门经理对下属员工的培训很难做到系统化，但是，在日常工作中，当部门经理发现下属员工在工作中出现问题时就要立即对员工进行有针对性的培训，以免其在工作中出现更严重的失误。这样的培训具有持续性，不会因为工作项目的不同和更换而停止。

4. 培训员工的工作态度

部门经理是与员工最亲近的职位。因此，部门经理在日常工作中，除了要在岗位技能方面帮助员工顺利完成工作，还要注意培养员工的积极心态和工作责任感，加强员工对企业的归属感。

## 第二节　员工培训的历史演变

员工培训不是从企业出现就有的，而是随着社会生产力的发展需要慢慢演变，最终形成了员工培训系统。西方社会的员工培训系统形成比较早，而中国的员工培训因为历史发展的原因，形成的阶段与西方社会有所不同。

### 一、西方企业员工培训的历史演变

纵观历史，在世界范围内，长期以来培训都是以师徒制（或称学徒制）方式开展的，并形成相对固定的培训模式。迄今为止，师徒制培训模式依然发挥着重要作用。

16世纪，随着公司的出现，特别是工业革命后，工业化进程加速，企业雇佣大量工人从事生产劳动，需要通过培训提高工人的工作能力和生产力。为提高劳动生产率，有计划的员工培训逐渐得到重视和发展。

19世纪末20世纪初，弗雷德里克·W.泰勒（Frederick W. Taylor）在《科学管理》一书中，对员工培训的重要性做了系统的论述，强调企业要对员工进行系统的科学培训。随后，随着技术革新、竞争加剧、环境变化、工业化进程加剧和社会生产规模的迅速发展，企业员工在社会劳动力中所占的比例迅速上升，企业开始逐步重视和加大培训力度，企业员工培训逐渐成为推动企业和社会生产力发展进步的重要途径和方式（兰景林，2018）。

近两百年来，西方企业培训主要经历了五个阶段，即早期的学徒培训、早期的职业技术教育、工厂学校的出现、培训的职业化（盖勇，2004）以及企业大学的发展。

#### （一）早期的学徒培训

企业的员工培训可以追溯到16世纪的学徒培训。早期的学徒制是一种最普通、最常用的培训方式。随着时代的发展，这种培训也越来越正规化，成为师傅带徒弟式的培训计划，并且这种培训方式被迅速推广，尤其是在那些需要特定工艺技能的行业，这种培训方式得到了更加广泛的应用。1562年，英国颁布学徒制法规，统一在全国实行7年学徒制。1601年，英国又颁布了《济贫法案》，规定贫民子弟都应接受技艺训练。学徒制和《济贫法案》是英国推广职业技术教育的有力手段，造就了一大批技术人才。

#### （二）早期的职业技术教育

17—18世纪，德国出现了学习理论的"职业学校"。1889年，德国颁布《工业法典》，规定企业学徒培训必须与职业教育结合，"双元制"职业培训初步形成。1920年，魏玛共和国（指1918—1933年采用共和宪政政体的德国）规定这类学校统称为"职业学校"。美国的职业技术教育发展较为缓慢，18世纪20年代才在部分州成立了职业技术讲习所。1809 年，美国人戴维德·克林顿在纽约建立了第一所私人职业技术学校；1862 年，颁布了《莫里尔法案》，其中提出在学校开展职业教育的建议（Barlow，1965）；1917 年，美国国会通过了《史密斯—休斯法案》，该法案认可了职业技术教育的价值，并同意建立基金，用于农业贸易、经济发展、工业和教育等领域的培训项目（续润华，2007）。

### （三）工厂学校的出现

工业革命时期，制造业的出现打破了传统的作坊式生产方式。随着新机器和新技术的广泛应用，传统的手工工艺已经很少使用。工厂学校与早期的学徒制培训有所不同，因为它更倾向于要求工人在短期内掌握完成某项特定工作所需要的技术。1872 年，第一个有文件记载的工厂学校是美国的厚和公司。第一次世界大战期间，为了满足对军事设备的巨大需求，许多生产非军工产品的工厂不得不重新装配机器，并同时培训工人。例如，美国海运委员会负责对造船工人进行培训，为了增强培训效果，主管查尔斯·艾伦提出了四步骤指导方法，即演示、讲解、操作、检验。这一方法后来被称为工作指导培训（job instruction training，JIT），至今还用于许多企业的员工在职培训。开展这类培训比较有代表性的是福特公司的工厂学校。

### （四）培训的职业化

第二次世界大战的爆发迫使人们重新考虑依赖工厂生产军需用品，像第一次世界大战时那样，在一些大型的组织和工会中制订了新型的培训计划。美国联邦政府建立了行业内部培训服务机构（TEI）来组织和协调这些培训计划，于 1942 年成立了美国培训与发展协会（American society for training and development，ASTD），这些培训项目涉及与国防领域有关的各个工业领域。

### （五）企业大学的发展

企业大学又叫公司大学或公司学院，在 20 世纪 50 年代被沃尔特·迪士尼公司首先采用。事实上，早在 1927 年美国通用汽车公司成立的通用汽车学院即企业大学的雏形。然而，企业大学得到真正的成长是在 20 世纪 80 年代中期，以美国为主的西方发达国家的企业中高层管理人士的培训工作发生了变化：培训机构、场所和专业教师从普通高校（大学商学院）向企业转移，出现了企业培训中心转化为企业大学的现象。自 1995 年起，相继出现 GE 克劳顿管理学院、西门子管理学院、麦当劳大学等，此后，企业大学在美国迅速发展起来。

企业大学典范：通用电气领导力发展中心

## 二、国内企业员工培训的历史演变

中国的学徒制兴起于奴隶社会，发展和完善于封建社会。隋唐时期从中央政府到地方政府，都设有管理公营手工业的机构，这些公营手工业作坊均采用学徒制的教育形式。明朝中期，随着资本主义萌芽的出现，学徒制得到进一步发展，无论是工种还是规模都有明显的扩大。在近代，随着生产技术的进步和生产规模的扩大，传统的学徒培训模式已不能适应新形势下的变化和要求。

鸦片战争之后，中国演变为半殖民地半封建社会，这时的企业人事管理具有两个基本特点：①带有浓厚的封建色彩，企业大多是家族性质的小型私人企业。许多企业实行包工制度，把工作承包给包工头，然后由包工头招收工人，组织生产，进行监督，发放工资。②学习、引进西方资本主义国家的科学管理方法。一些规模较大的企业引进了泰勒科学管理的方法，开始对人员进行比较规范的管理。

中华人民共和国成立初期，中国百业待兴。为了休养生息，国家致力于建设基础设施等与民生息息相关的行业。中国人民推翻了"三座大山"（帝国主义、封建主义、官僚资本主义）后，当时的企业都是以公私合营为主。20世纪50年代，国家派遣大量知识分子到苏联进行学习和培训，所学习的知识和技能涵盖工业、医学、电信、铁道等关系国计民生的领域。其中，苏联的高等院校、科研机构和企业为中国工业培训了许多技术干部和熟练的技术工人。

1966—1976年，我国的企业管理和生产进入一个特殊的时期，企业的生产受到很大冲击。

从20世纪80年代中期起，我国对用工制度进行了重大改革。随后，企业招收工人的形式也发生了显著的变化，学徒制的功能与影响已大大萎缩。这些年来由于我国学徒制的淡化，正规的职业技术教育又不能满足现代化建设的需要，导致高、尖、精级技术工人出现断层。在我国改革开放的过程中，对传统的人事管理也进行了不断的改革，逐渐形成了我国自己独特的人力资源管理模式。在职工培训方面，实行先培训、后上岗的方式。在这一时期，我国大力发展职业教育，并重视对职工的再培训，培训内容包括思想政治教育、科学文化知识和技术业务。培训工作形式多样，以专业性培训为主。

改革开放后，我国企业员工的培训及继续教育可分为以下五个主要发展阶段。

第一阶段：党的十一届三中全会以后，国家各部委和各省、市建立了继续教育中心、科技进修学院和继续教育协会等从事继续教育的专门机构，担负着培训本地区、本系统中级以上科技人员、初级科技骨干及国有企业高层的任务。这些专门机构以短期培训为主要形式，课程以共同性学科和新学科为主，辅以初级补缺课程，旨在提高学员的知识水平和实际工作能力（郑小娟，2009）。

第二阶段：我国的高等院校、科研单位发挥自身的优势开办继续教育。1985年，经国家教委批准，清华大学率先成立了继续教育学院，其后西北工业大学、北京航空航天大学、华中理工大学等也相继成立了继续教育学院，出现了高等院校与工矿企业、学会等联合办学的现象，如上海交通大学与上海高压油泵厂等企业合办管理进修班。

第三阶段：随着继续教育在我国的不断发展和企业自身深化改革的需要，许多大型企业开始重视员工的继续教育，也就是员工培训。这些企业主要是利用本单位的职工大学、职工中专、技校的办学条件开设继续教育的课程，解决员工知识补缺、更新和提高的问题，为本单位的生产发展服务。

第四阶段：培训的职业化。继续教育专业组织的建立和发展在继续教育研究以及成果的传播方面发挥着巨大作用。社会上已经出现许多继续教育专业团体，有的是国际性的，有的是全国性的，也有的是地方性的，它们的培训业已遵循市场化的运作机制，诸多培训主体在市场上都提供极具专业特色和针对性的培训项目。因此，高校继续教育只有凭借高校的优质资源，加强继续教育理论研究，转变观念，积极发展继续教育产业，规范办学管理，向规范化发展，并且逐步走向专业化，才能有强劲的竞争力。

第五阶段：企业大学的兴起。企业大学是员工在后大学时代开创的一种创新的终身教育。1993年，摩托罗拉公司在中国引入首家企业大学，1998年，海信、海尔等家电企业筹建企业大学，标志着中国企业培训领域开启了新征程（梁林梅，桑新民，2012）。目前，企业大学在国内外的发展非常迅速，据统计，80%的世界五百强企业建立了企业大学，我国也有大约一千所企业大学，比如宝钢、中国移动、中国电信、中粮集团、招商银行及腾讯公司等企业（吴遵民，2019）。2021年5月19日，教育部等八部门发文，全面清理整顿"大学""学院"名称使用乱象，规范名称登记使用行为。

## 第三节　员工培训的发展趋势

随着社会经济、科技和企业的发展，企业对员工的要求也发生了巨大的改变。因此，员工培训应随着社会生产要求的变化而发展。当前员工培训主要有如下五个发展趋势。

### 一、培训日益职业化和专业化

随着全球化进程的加快，企业面对的是更加激烈的国际竞争。培训作为企业人力资源开发的重要手段，不仅注重新知识、新技术、新工艺、新思想、新规范的教育培训，也注重人才潜力的开发，突出创造力开发和创造性思维以及员工人文素养和团队精神的培训。因此，为满足培训市场的需求，培训将变得更加职业化和专业化，其针对性、时效性将越来越强，培训分工也越来越精细。

### 二、培训中新技术的运用幅度加大

多媒体、互联网和其他新技术在企业培训中的运用日益广泛。先进的互联网、卫星传输等教育技术为企业培训提供了更加优越的条件，企业培训的手段也由传统走向现代。大数据、云计算、智能生产、AR/VR/MR等新技术的不断涌现以及日新月异的技术进步，使培训方式发生了革命性变化。运用现代信息技术打造"互联网+"智慧培训课堂已经成为现实，信息技术与企业培训深度融合将成为企业培训发展的主流模式。在课程形式上，现代化的培训通过大数据和云平台进行精准的课程分析与设计，为不同岗位、不同职级的员工设计个性化的培训课程资源包,按素养类、知识类和能力类上传到学习平台,开发能够满足员工移动学习的虚拟大学,如线上课堂 App、智能学习云平台(微课、慕课)等,构建智慧培训课堂,激发员工参加培训学习的兴趣与热情,助力员工职业的发展。在培训方式方面,为员工提供线上和线下充分融合的培训模式,通过培训课程的优化和人机交互的有效整合,运用 VR 等技术,提供更加贴近工作的培训场景,使员工学习时间更加有弹性,学习资源更加多元,学习环境更加人性化(李建春,刘春朝,2018)。

## 三、培训更加重视成果转化和实效

开展培训效果评估是保障培训质量的重要手段和环节,当前员工培训的评估越发科学和全面,如依据柯氏培训效能评价模型[①]对培训项目的反应层、学习层、行为层和结果层四个层面进行评估。在具体的培训效果评估实践中,重视培训前、中、后的评估结合,利用评估中收集到的数据和信息进行分析与诊断,并将评估结果与改进建议及时反馈到相关部门,为下一步的培训课程开发和培训改进提供事实参考。

一般而言,企业通过设计培训成果转化的中长期激励机制,把员工的薪酬待遇、职级晋升与知识技能挂钩,在培训之初就为培训成果的转化设置目标,利用学历的提高、技能证书的获得、创新成果的突破、岗位职级的提升等综合评价指标,持续跟踪记录员工的培训成果转化的成效。培训部门还应做好每位学员培训成长的电子档案,定期汇总和分析,及时表彰和激励优秀学员,并作为个人和部门年终绩效考核的加分项目和下一步培训资源投入的科学决策依据(李建春,刘春朝,2018)。

## 四、培训部门整合内外部资源

当前,越来越多的企业在培训工作上更加注重整合内外部资源,采用内部培训师与职业培训师、外部培训机构协作的模式。一方面,内部培训师有其自身的优势:他们是本企业员工,熟悉企业内部的具体情况,其授课内容更加贴近于企业的实际,能够更直接地解决员工遇到的问题;他们是来自于企业的优秀管理人员、操作服务人员、专业技术人员,与员工有共同语言,由他们当导师容易被参训人员接受,也可以为其他员工树立榜样;培训费用较低;便于企业培训部门统一管理(马昭奕,2018)。当然,内部培训讲师也存在一定劣势:专业性较差,知识面较窄,新知识的更新和新政策的跟进较慢;授课方式及技巧较单一,容易出现照本宣科的情况。另一方面,企业必须加强同培训机构和外部培训师的协作。培训机构包括管理咨询与顾问公司、高校、大众传媒公司等,外部培训师包括顾问、大学教师、研究生等。这些外部培训供应商可采取单独或与企业一起合作的方式提供培训服务(解祥华,2008)。

---

[①] 柯氏培训效能评价模型(Kirkpatrick's four-level model of evaluation)由国际著名学者威斯康辛大学(Wisconsin University)教授唐纳德·L. 柯克帕特里克(Donald L.Kirkpatrick)于 1959 年提出,是世界上应用最广泛的培训评估工具,在培训评估领域具有难以撼动的地位。

## 五、培训方法多样化

传统的培训通常以课堂讲授和实地观摩为主。课堂讲授多是"填鸭式"的。在实地观摩中，多是培训师带领学员到生产一线观看工人的实际操作。传统培训方法比较单一，员工被动地参与其中，常常感到苦不堪言，因此员工的抵触情绪较高。

现代的培训方法则多种多样，既有讲授，又有游戏、角色扮演、小组讨论、案例分析、辩论、网络在线学习等。在一门培训课程中，员工需要主动出击，带着问题参加学习。在学习过程中培训师还会穿插使用各种培训方法。比如，小组讨论法可使学员之间相互交流和沟通；游戏法可使学员在"玩耍"中领悟培训内容的含义；角色扮演法则使学员设身处地地从对方角度着想，体会对方的感受；案例分析法可以使学员通过案例阐明基本原理，强化理论学习，理解理论知识，并能够举一反三，自觉地把所学的理论和知识付诸实践。培训师会尽力让每一位学员都主动地参与其中，畅所欲言，给每一位学员一个自我表现的机会。多种多样的培训方法使培训内容丰富多彩，既加深了员工对培训内容的理解和掌握，又极大地发挥了员工的学习积极性和主动性。这种参与式培训方法比以往的被动式培训方法更科学和有效，大大地提高了培训质量。

## 第四节　培训师职业

西方的企业培训师资格认证起步比较早，认证系统比较完善。中国的企业培训师认证制度起步较晚，并且国情与西方国家有所不同，因此，企业培训师资格认证制度在我国实施一段时间以后被取消，之后又恢复了。

### 一、国内外培训行业的发展

#### （一）国外培训行业的发展

目前发达国家的人口老龄化严重，为弥补年轻劳动力数量不足，需要年纪较大的劳动力延长工作年限。人们日益重视终身学习，迫切要求培训机构运用新的技术和措施以满足当前和未来学习者的需要。下面着重介绍德国、美国和澳大利亚培训行业的发展。

1. 德国培训行业的发展

在德国，培训的内涵很广泛，既包括不同级别和不同种类的职业学校、培训机构所实施的各种层次的职业技术教育培训，也包括继续教育、成人教育、在职培训与进修，以及再就业学习与职务晋升培训等。德国对工人的再教育和培训主要是由企业共管会、工会和资方协商建立一个专门的机构来负责开办培训机构。例如，德国铁路有限公司的培训机构——德国铁路教育软件服务中心是德国最大的培训机构。汉莎航空技术培训公司是以独立的公司法人机构形式出现的再教育机构，它不属于德国航空公司，实行独立核算，承担的是全德航空业的技术培训工作。

## 2. 美国培训行业的发展

美国培训行业产生于 19 世纪后半期的主要社会变革阶段，其发展历程主要分为以下六个阶段（马克·波普，2000）。

第一阶段（1890—1919 年）：美国产生职业咨询与培训服务，服务于不断城市化和工业化的社会。

第二阶段（1920—1939 年）：这个阶段的美国的职业指导着重于对中小学教育人员的指导。

第三阶段（1940—1959 年）：此时美国的职业培训转向学院、大学以及对咨询人员的培训。

第四阶段（1960—1979 年）：职业培训兴盛时期，工作对于人们的生活具有许多新的意义，社会开始重视人们与工作有关的观点和看法，系统性的职业发展开始形成。

第五阶段（1980—1989 年）：这是工业时代向信息时代过渡的开始阶段。这一时期，职业培训独立进行，企业高层人员的培训也在这个时期有所发展。

第六阶段（1990 年至今）：人们对技术的应用不断复杂化，职业培训走向国际化。多元化职业培训产生，培训的内容从以技术为主转变为兼顾企业文化、工作道德、管理实践等多个方面。

## 3. 澳大利亚培训行业的发展

劳动力市场的转变，驱动澳大利亚在培训机构方面进行大刀阔斧的改革。1992 年，澳大利亚国家培训局（Australian National Training Authority，ANTA）成立，联邦和州/领地政府签署了《ANTA 协议》。在 ANTA 的领导下，澳大利亚联邦和州/领地政府围绕《ANTA 协议》开展工作，逐步形成了较为完善的国家职业教育和培训体系，为澳大利亚的经济腾飞做出了巨大贡献，失业率由 1992 年的 10%下降到 2004 年的 5.1%，参与职业教育与培训的人数逐年增加，并延展到了海外。

澳大利亚是国际上最早建立和实施国家资格框架的国家之一，在世界范围内已经建立或正在建立国家资格框架的 150 多个国家和地区中，其资格框架被称为第一代资格框架。以能力为本位，以学习成果为依据，澳大利亚资格框架将不同教育领域颁发的 14 种资格类型分为由一级到十级逐渐上升的 10 个等级，证书分别由不同的教育机构颁发，不同级别的资格间相互衔接，创造了一个全国性的完整一致的资格框架，构建了普通教育、职业教育、高等教育三位一体的"立交桥"。此外，澳大利亚一直将修订和完善其国家资格框架作为职业教育体系构建的基石，以促进和保障现代职业教育体系的完善与成熟。澳大利亚资格框架建立于 1995 年 1 月，取代了 1991 年 5 月发布的"澳大利亚高等教育注册"资格体系，并且于 2000 年在全国范围内实施，经历了多次改革，日臻完善，不断影响着后来的国家和地区，具有非常高的借鉴价值（梁鹤，2016）。

2004 年 10 月 22 日，澳大利亚总理宣布，自 2005 年 7 月 1 日起取消 ANTA，其职责转移到教育、科学和培训部（Department of Education，Science and Training，DEST）。该声明成为新一轮澳大利亚职业教育培训体系改革的标志。2005 年 2 月，教育、科学和培训部提出了建立新的国家培训体系的建议。另外，2005 年 8 月 24 日，澳大利亚内阁通过了新的职业教育与培训立法《2005 澳大利亚劳动力技能开发法案》(*Skilling Australia's Workforce Act* 2005),作为促进澳大利亚职业教育与培训改革的法律保障(宫雪,2007)。目前,澳大利亚的现代职业教育体系是借助国家学历资格体系(Australian Qualification Framework)升级并构建而成的(见表1-3),其采用了模块分级的方式,没有明确的中等职业教育和高等职业教育的界限。具体而言,其包括8个等级:1~4级证书、专科文凭、高级专科文凭、职业研究生证书、职业研究生文凭(张峰,2019)。

表1-3 澳大利亚职业教育体系

| 教育层次 | 教育类型 | 教育证书 |
| --- | --- | --- |
| 中等教育 | 高中教育 | 四级证书 |
| | | 三级证书 |
| | | 二级证书 |
| | | 一级证书 |
| 高等教育 | 职业教育与培训 | 职业教育与培训研究生文凭 |
| | | 职业教育与培训研究生证书 |
| | | 高级职业教育专科文凭 |
| | | 职业教育与培训专科文凭 |
| | 大学教育 | 博士学位 |
| | | 硕士学位 |
| | | 高等教育研究生文凭 |
| | | 高等教育研究生证书 |
| | | 学士学位 |
| | | 高级高等教育专科文凭或副学士学位 |
| | | 高等教育专科学历 |

资料来源:张峰.中国中等职业教育发展实践与探索[M].北京:首都经济贸易大学出版社,2019.

2005—2010年是澳大利亚资格框架的发展变革期。为了进一步适应社会的发展,完善国家的资格框架,2008年5月,新上任的执政党工党为资格框架创造了一个新的管理机构——澳大利亚资格框架委员会(Australian Qualifications Framework Council,AQFC),其职能主要是监控和维持资格框架,同时定期向部长理事会就资格框架发展等问题提供咨询。2009年7月后,由于机构变更,AQFC隶属澳大利亚高等教育和就业部长理事会并对其负责。2009—2010年,AQFC通过澳大利亚资格框架的审核,对于如何促进和识别资格,并适应于职业教育和高等教育环节,有了新的目标,从而为广大学生群体提供了便利。2010年11月19日,高等教育和就业部长理事会批准了AQFC提交的两份文件,其中一份是针对如何加强资格框架的文件,另一份就是经修改后的资格框架文本。2011年,新版的澳大利亚资格框架开始正式实施,2013年进行修订发布,澳大利亚资格框架进入了发展成熟期(梁鹤,2016)。

#### (二)国内培训行业的发展

我国的培训行业出现于20世纪80年代末期、90年代初期,是随着市场经济的发展而发展起来的。在我国国民经济恢复时期,职业培训开始发展,主要的培训形式是开办转业培训班和师傅带徒弟,当时关于职业培训的立法散见于就业法规中。在我国计划经济时期,国家颁布了与职业培训相关的一系列法律法规文件以规范和促进职业培训的发展。比如,1952年2月的《国务院关于国营、公私合营、合作社营、个体经营的企业和事业单位的学徒的学习期限和生活补贴的暂行规定》及1961年5月的《技工学校通则》等。党的十一届三中全会之后,为适应社会和经济发展的需要,我国制定了一系列的职业培训法规大力发展职业培训。比如,1986年的《技工学校工作条例》、1993年的《劳动部关于深化技工学校教育改革的决定》、1994年的《职业资格证书规定》及《职业培训实体管理规定》、1996年的《企业职工培训规定》及《中华人民共和国职业教育法》等,这些法律法规促进了我国培训行业发展的规范化(谢根成,2014)。

近年来,中国培训业的规模正以每年两位数的速度递增。2017年,中国教育培训产业的总需求达到1.8万亿元,除去正规的学校教育(约为1.08万亿元,大约占60%),市场化培训需求达到7200亿元。2008年以来的金融危机导致各大企业纷纷裁员,越来越多的员工选择各项职业培训进行充电,企业也开始渐渐重视与加强员工培训。此外,随着工业化、信息化、智能化时代的到来,我国企业正在不断完善自己的培训和服务体系,扩大销售市场和国外市场,通过培训积极适应新常态和时代赋予的任务。当前,新经济发展、新业态不断催生新职业和新专业,新技能培训的空间越来越广阔,比如在线新型职业技能类培训的兴起与发展等(沈会超,2022)。

企业培训平台"云学堂"获D轮融资

## 二、培训师的职业资格认证

为提高企业职工教育和培训工作人员的素质,培训师一般需要获得经专业机构认证的职业资格证书。下面简单介绍几种国际和国内的培训师资格认证。

### (一)国际培训师职业资格认证

目前国际上存在如下四种被广泛认可的培训师资格认证。

1. 英国伦敦城市行业协会的国际培训师资格认证

英国伦敦城市行业协会(City&Guilds)提供的国际培训师资格(City and Guilds Teachers and Trainers,www.train the trainersuk.co.uk),是针对国际市场专门开发的系列资格认证体系,着重于向世界各地的教师和培训师提供通用的培训技巧和知识,既能使已入行的教师及培训师为顺应国际职业培训潮流更新相关知识和技能，也能使那些新手获得具有国际认可的培训师资质。这个项目共有两种不同级别的专业资格，即证书评级资格和职业评级资格，证书评级资格适用于初入行者，职业评级资格则适用于在教学及培训方面有更高要求的教师和培训师。在证书评级资格中，学员通常将接受课时为90小时的培训计划，在培训师的指导下学习较为广泛的基本技巧。这些技巧包括如何为培训实施做准备、实施培训教学、评估和审核培训效果。在职业评级资格中，学员会在证书评级资格的基础上继续学习，接受300学时的教育和培训计划，进一步提升专业培训技术理论方面的广度和深度，具体包括确定学生学习要求、计划和准备培训、实施教学和训练、评价和审核培训效果、自我评价和确定个人进一步发展的需求。

1994年，City&Guilds 首次在中国成立授权考试中心，1995年首次举行考试。1998年与中国劳动和社会保障部签订合作协议，2000年通过中国劳动和社会保障部的审核，成为第一个可以在中国推广职业资格考试的外国颁证机构。2003年，City&Guilds 在上海成立中国总部，并与广州劳动局职业技能鉴定中心合作，与劳动部的认证双证并轨。2009年4月，与中华职教社职业指导中心签订战略合作协议；2009年6月，与上海交通大学教育集团签订战略合作协议（华狮汉韵，2014）。

2. 剑桥国际培训师专业资格认证

剑桥国际培训师专业资格认证（Cambridge International Diploma for Teachers and Trainers）是为广大求职及在职人员提供的国际职业资格的培训、认证考试，也是一种集国际标准化实际操作培训和过程性证据（结果）认证于一体的培训、认证考试。对于准备或已处于培训师岗位的、过去未曾受过正式培训师培训或无培训师资历的、需要更新培训技能与知识的人士，考取该证书是一个理想的选择。剑桥国际培训师专业资格认证考试的过程，注重培养、考察考生在实际工作环境中解决问题的能力和工作胜任能力，强调的是持证人员知识体系的实际应用能力。该培训以操作应用、案例分析为主，采取的是互动式教学方式，这有利于学员理解和掌握相关知识。

在英国，只有颁证机构（Awarding Organization，AO）和高等教育机构能够认证并颁发剑桥国际培训师专业资格认证证书。目前，该证书已经受到多个国际行业协会和高等院校的认可，包括英国特许市场营销协会、欧洲项目管理协会、国际簿记师协会等；该证书已获得中国劳动和社会保障部注册认可，考生和企事业单位可以上网查询证书真伪，与相应的《中华人民共和国职业资格证书》具有同等法律效力。

3. 美国的培训师资格认证

美国的培训师资格认证分为美国培训认证协会认证、人才发展协会认证两种。

（1）美国培训认证协会认证。美国培训认证协会（AACTP，www.aactp.net）是国际上第一家专注培训项目与管理者资质的互动研究和资格认证的非营利性组织，也是国际上首创终身制继续教育跟踪服务的专业机构。它致力于整合全球范围内的优秀教学资源和专业认证机构，为全球化浪潮下的各国企业管理者和专业人士提供权威的培训认证服务和终身制继续教育跟踪服务。目前，美国培训认证协会已在中国设立办事处，并授权众行管理顾问有限公司全权代理其在中国区域的各项培训业务。

（2）人才发展协会认证。人才发展协会（ATD，china.td.org）前身为成立于 1944 年的美国培训与发展协会（ASTD），在全美拥有 150 个分会，是企业培训和绩效评估领域的最大职业协会，是世界上最大的专注于人才发展领域专业人士培训的协会。ATD 的会员来自全球 120 多个国家，任职于各个行业的各类型机构和组织。ATD 通过其在美国的 125 个分会、全球战略合作伙伴以及全球会员网络为这些专业人士的工作提供支持。随着培训与发展领域范畴和影响的不断扩大，其核心内容已经扩展到将人力资源发展、学习和工作表现同个人及机构整体绩效相关联的各个方面。ATD 于 2014 年 8 月在上海成立了中国办公室。ATD 中国为各行业专注于人才发展领域的专业人士提供不同形式的内容，其中包括公开课和企业内训、一年一度的中国峰会、企业解决方案、TD 杂志文章、博客以及职业资格认证。

4. 澳大利亚的培训师资格认证

澳大利亚的培训师资格认证（Pan Pacific Training College，PPTC；www.panpacifictraining.com）是澳大利亚著名的培训机构，其所颁发的培训资格证书是按照澳大利亚国家资格证书框架（AQF）的标准实施的。澳大利亚国家资格证书是澳大利亚唯一的具有法定效力的资格证书体系。PPTC 的职业资格培训与认证得到英联邦国家的广泛承认，且该证书已得到上海紧缺人才培训事务服务中心的认可，学员完成课程之后，可以颁发双证。该项目实施培训以后，学员可得到盖有澳大利亚国家培训局培训认证印章的资格证书。

## （二）国内培训师职业资格认证

自 1981 年起，我国开始正式以政府名义倡导和督促企业开展职工教育和培训工作。近些年，随着市场经济的深化和企业间竞争的加剧，企业愈发重视和加强职工培训工作，并建立了自己的职工培训机构和组织体系，但在对广大企业培训师提出基本素质要求、进行能力评估以及专业职务晋级等方面遇到了许多困难，从而也造成了企业职工培训师队伍不稳定、人员流失严重的现象，对企业职工培训工作产生了严重的不良影响。因此，建立企业培训师的职业资格认证体系成为广大企业培训师的迫切愿望，也是我国职业资格制度建设的迫切需要。

2000 年，作为我国开展职工教育培训的国家级专业协会，中国职工教育和职业培训协会开始着手研究和筹划我国的企业培训师职业资格体系建设。企业培训师职业资格体系和制度方案形成后，中国职工教育和职业培训协会正式推出了我国的企业培训师职业资格证书。2002 年 5 月，国家劳动和社会保障部更进一步明确要求中国职工教育和职业培训协会着手开发有关培训师的职业标准和相关教材（李荣生，2002）。2017 年，由国家人力资源和社会保障部主管的企业培训师职业资格认证被取消。此外，2021 年 3 月，人社部等部门将职业培训师列为新职业，职业培训师是从事面向全社会劳动者进行专业性、技能性、实操性职业（技能）培训一体化教学及培训项目开发、教学教研、管理评价和咨询服务等相关活动的教学人员（崔玮，2022）。根据职业培训师职业技能标准，该职业技能分为三个等级，分别是三级/高级工、二级/技师、一级/高级技师。

## 第五节 员工培训的公共管理

职业技能培训是全面提升劳动者就业创业能力、缓解技能人才短缺的结构性矛盾、提高就业质量的根本举措,是适应经济高质量发展、培育经济发展新动能、推进供给侧结构性改革的内在要求,对推动"大众创业、万众创新",推进制造强国建设,提高全要素生产率,推动经济发展水平迈上中高端具有重要意义。

### 一、美国和欧盟国家政府对职业培训的支持

美国和欧盟一些国家的政府对职业培训提供了培训、信息咨询服务、津贴或补助等多项支持,极大地促进了职业培训的发展,具体体现在如下两个方面。

#### (一)美国:政府主导的中小企业培训

美国联邦政府于1953年成立管理小企业的专门机构——小企业管理局(Small Business Administration,SBA),专门负责规划、协调、指导和推进中小企业发展,为中小企业提供项目、贷款、技术、管理和维权等全方位的帮助。美国各州还设有中小企业服务总署和中小企业服务中心(Small Business Development Center,SBDC)以及分支机构,这些机构大多设在大学校园内,以便让大学和各类社会培训资源与中小企业服务机构广泛合作。由于美国注重员工的专业知识和技能的培训,中小企业服务中心为中小企业免费提供的是专才培训服务。

为适应中小企业服务中心及其分支机构的工作需要,政府还专门配备具有管理经验的人才对服务机构进行管理,聘请不同领域具有一定声望和高超专业技术的专家在服务机构中兼职或担任顾问,使得中小企业服务中心具有高效的运作能力和极强的社会影响力,在一定程度上解决诸如政策沟通渠道不通畅、资源无法全面统筹、政策实施不系统等问题(余杰,2017)。

#### (二)欧盟:津贴支持和带薪培训

意大利、德国、比利时等欧盟国家中小企业在不同程度上受政府的影响较深。欧盟国家政府对中小企业的职工培训都给予了补贴、资助、政策和法律上的保证。意大利政府在全国各地设立了中小企业联合组织,为中小企业提供信息咨询服务以及技术人员培训。分布于德国各地的技术管理培训中心,为中小企业提供免费的技术与管理培训,并开展一系列的咨询服务。此外,部分欧盟成员国继续职业培训还得到共同资助计划的支持,其属于国家强制性培训基金项目,目的是在雇主或雇主与工作人员之间分摊培训费用(张露丹,2019)。

### 二、中国政府对职业培训的支持

#### (一)香港:培训课程体系完备

香港职业训练局(Vocational Training Council,VTC)于1982年成立,至今已有四十

多年的历史,是香港最具规模的职业专才教育机构,每年约为二十万名学生提供全面的职前和在职训练,颁发国际认可的学历资格证书。职业训练局提供的 VTCEarn & Learn 职学计划,结合有系统的职业教育和在职训练,提供清晰的进阶路径,助力年轻人投身人力资源需求旺盛的行业。该计划除课堂学习外,学员亦会在用人单位接受在职培训。政府和行业为计划学员提供津贴、职学金和特定薪酬,让年轻人在学习专业知识及技术的同时,获取稳定收入和鼓励。毕业学员还可衔接更好的学历课程,在进修和事业上逐级而上,向专业道路迈进。目前,VTCEarn & Learn 职学计划提供的计划有学徒训练计划、见习员训练计划、工科毕业生训练计划、再工业化及科技培训计划、保安培训课程认可计划。此外,职业训练局还有专门针对中高龄人士、非华语人士、残疾人士、特殊教育人士及失业/待业人士等特殊群体提供的职业发展计划(香港职业训练局,2018)。此外,2020 年,香港创新科技署拨款实施再工业化及科技培训计划,为获得资助的企业提供培训资助,计划以特区政府对企业二比一的配对形式资助本地企业人员接受科技培训,尤其是与"工业 4.0"有关的培训,每个合资格企业在每一个财政年度的资助上限为 50 万港元(人民网,2020)。

### (二)中国政府支持职业培训的历史演变

从中华人民共和国成立到 20 世纪 50 年代中期,是中华人民共和国成立后职工培训的初创时期,一大批党和政府主办的技工学校和企业培训中心得到发展,考工定级和晋级制度的建立以及技术等级标准的制定也逐步完善,并成为考核以国营和集体所有制企业职工为主的工人技术水平的尺度,成为技术工人培训的依据。

1978 年,党的十一届三中全会召开,使全党的工作重点转移到以经济建设为中心的轨道上来,职工培训再次纳入正轨,在改革、转轨中迅猛发展。国家自 1979 年开始颁发了多项条例和规定,开展以企业为主体、以国家考评标准为依据的职业技能培训,部分地区、部门和单位甚至通过考工试点与工资待遇结合,推动工人培训工作,提高工人素质,收到了较好的效果。

1992 年,党的第十四次全国代表大会确定了我国经济体制改革的总目标——建立社会主义市场经济体制,我国改革开放和现代化建设事业进入一个新的发展阶段,职业培训逐步走上了法制化、制度化轨道,国家对职业培训的支持愈加多元化,支持力度不断加大(王伟,2003)。

### (三)新时期中国政府对职业培训的支持

新时期,我国政府颁布了一系列政策支持职业培训,具体主要体现在以下五个方面。

1. 以政府为指导,以企业为主体,以市场为导向

《国家中长期人才发展规划纲要》(2010—2020 年)提出:建立政府指导下以企业为主体、市场为导向、多种形式的产学研战略联盟,通过共建科技创新平台、开展合作教育、共同实施重大项目等方式,培养高层次人才和创新团队。《国务院关于推行终身职业技能培训制度的意见》进一步指出,要创新体制机制,推进职业技能培训市场化、社会化改革,充分发挥企业主体作用,鼓励、支持社会力量参与,建立培训资源优化配置、

培训载体多元发展、劳动者按需选择、政府加强监管服务的体制机制。

2. 构建终身职业技能培训的体系

2018年颁发的《国务院关于推行终身职业技能培训制度的意见》继续深化职业技能培训改革，将职业技能培训对象向全体劳动者（就业人员和准备就业人员）覆盖，并提供全方位的服务保障。政府对职业技能培训补贴覆盖终身职业生涯，劳动者只要在岗、在职劳动或者工作，均可接受培训补贴。同时，将技能评价激励的活动覆盖培训全过程，使培训、就业、评价、使用紧密相连，从而实现终身职业技能培训。

3. 全面推进和规范职业资格证书标准体系

我国自1993年推行职业资格证书制度以来，已初步建立起职业资格证书制度的法律法规和工作体系。2017年，国务院出台《国家职业资格目录》，共发布了140项职业资格。其中，专业技术人员职业资格59项，含准入类36项，水平评价类23项；技能人员职业资格81项，含准入类5项，水平评价类76项，并明确了国家职业资格的设定依据、范围和实施机构（李浩泉，2019）。

4. 政府资金引导，多渠道资金保障

为响应国发〔2012〕14号文件精神，北京、上海、广州、深圳等地已为当地的中小微企业培训设立了专门的培训资金。《国家中长期人才发展规划纲要》（2010—2020年）和《国务院关于推行终身职业技能培训制度的意见》也强调地方各级人民政府要加大投入力度，落实职业技能培训补贴政策，发挥好政府资金的引导和撬动作用。同时提出，建立政府、企业、社会多元投入机制，通过就业补助资金、企业职工教育培训经费、社会捐助赞助、劳动者个人缴费等多种渠道筹集培训资金。

5. 税收政策优惠，鼓励企业开展员工培训

《国务院关于大力推进职业教育改革与发展的决定》（国发〔2002〕16号）要求一般企业按照职工工资总额的1.5%足额提取教育培训经费，从业人员技术要求高、培训任务重、经济效益较好的企业，可按2.5%提取，列入成本开支。《关于企业职工教育经费税前扣除政策的通知》（财税〔2018〕51号）明确自2018年1月1日起，企业发生的职工教育经费支出不超过工资薪金总额8%的部分，准予在计算企业所得税应纳税所得额时扣除；超过部分，准予在以后纳税年度结转扣除。提高企业职工教育经费税前扣除比例将激励企业通过培训提升职工素质和工作能力，助推企业创新发展与经济高质量发展。

例证 1-5

《"十四五"职业技能培训规划》

## 思考练习题

1. 当前的企业员工培训存在哪些误区？
2. 企业员工培训有哪些重要发展趋势？

## 培训游戏

### 活跃现场气氛

1. 活动目的

在气氛有些沉闷时，使听众大笑并热烈鼓掌，激发听众活力，活跃现场气氛。

2. 操作步骤

培训过程中，当气氛有些沉闷时，培训师突然说："大家知道演讲的人最怕哪四件事情吗？"稍作停顿之后，培训师笑着说演讲人最怕的四件事是：

第一，听众不准时到会。

第二，听到一半出去。

第三，出去之后再也不回来。

第四，不鼓掌！

资料来源：钟锐. 培训游戏金典：贯穿培训全程的108个经典游戏[M]. 北京：机械工业出版社，2006.

## 学以致用

### 是否考证

小郑是某知名大学人力资源管理专业的高年级学生，希望毕业后能够成为一名合格的培训师，考虑到很快就要毕业找工作了，但是企业培训师的职业资格认证已由全国统考改为地方培训机构或协会认证，于是他在犹豫是否要参加美国人才发展协会（Association for Talent Development，ATD）在中国的相关培训，获得ATD培训课程证书认证。试将班级分成若干小组展开讨论，帮小郑拿个主意。

## 案例分析

### IBM公司的员工培训

 **参考文献**

[1] 冯少伟．"互联网+"背景下石化企业培训转型的实践探索[J]．当代石油石化，2018，26（9）：48-52．

[2] 高敬．企业大学的四门必修课[J]．企业改革与管理，2013（1）：2．

[3] 德斯勒．人力资源管理：12版[M]．刘昕，译．北京：中国人民大学出版社，2012．

[4] 盖勇．培训与开发[M]．济南：山东人民出版社，2004．

[5] 宫雪．澳大利亚职业教育培训体系改革新进展及启示[J]．职教通讯，2007（9）：67-70．

[6] 郭翠．培训师人才的培养研究[D]．上海：华东师范大学，2009．

[7] 华狮汉韵．英国伦敦城市行业协会国际培训师证书[EB/OL]．（2014-04-20）．https://www.douban.com/note/346328935/．

[8] 兰景林．中国南方航空集团公司员工培训模式优化研究[D]．兰州：兰州大学，2018．

[9] 陈国海，晏培华．基于胜任力模型的员工培训体系构建：以"KSA"到"KS3PWH"培训内容结构模型为例[J]．人才资源开发，2022（1）：81-84．

[10] 郭欣禹．做好企业健康管理，让员工健康体面地劳动[J]．经济论坛，2011（3）：198-201．

[11] 王雪．中层领导心理素质养成规律与干预策略[J]．领导科学，2020（2）：58-61．

[12] 李强，唐梦丽．中小企业员工职业道德建设研究[J]．中小企业管理与科技，2014（4）11-12．

[13] 陈豫岚．高校思想政治教育中提升职业道德教育质量路径研究[J]．黑河学院学报，2019（6）：52-54．

[14] 贺善侃．论全面财富观[J]．学习论坛，2010（9）：29-33．

[15] 王薇华．从幸福感到幸福力[N]．中国社会科学报，2012-11-29（A08）．

[16] 邓元元，张艳红，江仕芳．心理学视野中的幸福力研究[J]．读与写（教育教学刊），2016（11）：37．

[17] 陈国海，李素磊．直击新高考：政策解读，选科选课，志愿填报，生涯规划[M]．成都：四川教育出版社，2021．

[18] 韩银华，尤力强．体育锻炼对提升大学生幸福力的作用[J]．西部素质教育，2017，3（6）：93-194．

[19] 雍德军．企业员工培训浅议[J]．合作经济与科技，2018（16）：146-149．

[20] 寇琳娜．欧盟达芬奇计划研究[D]．上海：上海师范大学，2011．

[21] 谢根成．劳动和社会保障法学[M]．2版．广州：暨南大学出版社，2014．

[22] 沈会超．论"双减"背景下职业教育发展新趋势[J]．辽宁高职学报，2022，24（2）：4-7．

[23] 李荣生．我国有了企业培训师[J]．中国培训，2002（6）：16-18．

[24] 李晓华．论员工培训在企业发展中的重要作用[J]．财经界（学术版），2018（9）：

133-134.

[25] 波普. 美国职业指导工作的发展历程与职业指导员的培训[J]. 中国职业技术教育, 2000（3）：54-56.

[26] 马永斌, 吴志勇. 中国培训行业发展现状分析[J]. 继续教育, 2005（2）：26-29.

[27] 胡殿国. 企业员工培训的误区与改进对策浅议[J]. 纳税, 2017（16）：94, 98.

[28] 续润华. 美国发展职业技术教育的历史及其对我国的启示[J]. 成人教育, 2007（9）：93-96.

[29] 解祥华. 现代企业培训的特征与发展趋势分析[J]. 企业经济, 2008（3）：79-81.

[30] 郑小娟. 新时期我国继续教育发展趋势研究[J]. 中国成人教育, 2009（19）：97-98.

[31] 钟锐. 培训游戏金典：贯穿培训全程的108个经典游戏[M]. 北京：机械工业出版社, 2006.

[32] 崔莉霞. 浅析员工培训在人力资源管理中的重要性[J]. 知识经济, 2018（16）：95, 97.

[33] 梁林梅, 桑新民. 当代企业大学兴起的解读与启示[J]. 教育研究, 2012（9）：79-85.

[34] 吴遵民. 终身教育研究手册[M]. 上海：上海教育出版社, 2019.

[35] 李建春, 刘春朝. 基于"工业4.0"的制造企业员工培训体系研究[J]. 职教论坛, 2018（8）：101-106.

[36] 马昭奕. H公司员工培训体系优化研究[D]. 西安：西安理工大学, 2018.

[37] 张峰. 中国中等职业教育发展实践与探索[M]. 北京：首都经济贸易大学出版社, 2019.

[38] 梁鹤. 澳大利亚职业资格框架及其启示[EB/OL]. （2016-11-29）. http://epaper.gmw.cn/gmrb/html/2016-11/29/nw.D110000gmrb_20161129_3-15.htm?div=-1.

[39] 杨继瑞. 培养"外语+"人才融入"一带一路"战略[EB/OL]. （2016-01-27）. http://finance.huanqiu.com/article/qCakrnJTtxp.

[40] 中国报告大厅. 我国管理培训行业概况及现状[EB/OL]. （2017-05-23）. http://www.chinabgao.com/k/guanlipeixun/27339.html.

[41] 崔玮, 沈海滨. 职业培训贴金 职场"飞黄腾达"[J]. 中国人力资源社会保障, 2022（5）：62-63.

[42] 余杰. 上海市政府推进中小微企业员工职业技能培训政策实施研究[D]. 上海：上海师范大学, 2017.

[43] 张露丹. 欧盟企业继续职业培训绩效框架、国际比较及经验借鉴[J]. 职教论坛, 2019（12）：153-160.

[44] 香港职业训练局. VTC Earn&Learn 职学计划[EB/OL]. （2018-10-31）. http://www.vtc.edu.hk/studyat/tc/apprenticeship-training-schemes/.

[45] 人民网. 香港创新科技署优化三项资助计划[EB/OL]. （2020-03-27）. https://baijiahao.baidu.com/s?id=1662329006653017841&wfr=spider&for=pc.

[46] 李浩泉，陈岸涛. 我国职业资格制度框架的困境、借鉴与展望[J]. 职教论坛，2019（8）：144-149.

[47] 殷缘. 企业培训平台"云学堂"获C轮融资，云锋基金领投[EB/OL]. （2018-09-25）. https://www.iyiou.com/p/82048.

[48] 王伟. 20世纪我国企业职工培训的历史沿革[J]. 河南职业技术师范学院学报（职业教育版），2003（3）：38-41.

[49] 张容榕，杨晨，付鑫玉. 三星国际化人才培养[J]. 中国人力资源开发，2015（14）：69-76，93.

[50] CHENG S M, LUNN S.Training and qualification:employee training at galaxy entertainment group[M]. Barlin: Springer, 2016.

[51] BARLOW M L. Vocational education[M]. Chicago:University of Chicago Press, 1965:186.

[52] KATZ R L. Skills of an effective administrator[J]. Harvard business review, 1955, 33(1):33-42.

# 第二章
# 培训需求分析

 学习目标

1. 了解培训需求分析的概念和实施步骤;
2. 掌握收集培训需求信息的方法;
3. 掌握分析培训需求信息的方法;
4. 学会应用培训需求分析的结果。

### 引例

#### 惠普公司的人才培养计划

每年初到惠普的新员工,都会被要求参加新员工入职培训,这会帮助他们很快地熟悉和适应新环境。通过这个培训,可以让新员工了解公司的文化,确立自己的发展目标,清楚业绩考核办法,让其明白该如何规划自己的职业生涯。在这一阶段,培训课程主要是与工作紧密相关的技术类培训,如编程、系统管理等。

为了帮助年轻的经理人员成长,惠普有一个系统的培训方案——向日葵计划。这是一个超常规发展的计划,帮助较高层的经理人员从全局把握职位要求,改善工作方式。如果员工通过公司内部招聘成为一线的经理,加入公司内部管理工作,公司就会考虑他的工作的需求,给升迁的员工制订一份培训计划。在与人力资源部门协调之后,确立每门课的内容和进度,然后实施这份计划。这个阶段的课程主要包括沟通、谈判以及基本的管理培训。如果员工进一步升迁为部门总经理,就会由他本人参照人力资源部门的培训计划,结合在线培训课程等方面的安排,为自己制订新的培训计划。培训计划制订后,便是一个由"硬"到"软"不断深化的培训过程,提供从技术业务知识到沟通技巧,再到文化、思维的全方位和多元化的课程安排。

资料来源:ESTEBAN-LIORET N N, ARAGÓN-SÁNCHEZ A, CARRASCO-HERNÁNDEZ A. Determinants of employee training: impact on organizational legitimacy and organizational performance[J]. The International Journal of Human Resource Management, 2018, 29 (6): 1208-1229.

从引例中可以看到，不管是对新入职员工、一线经理还是部门总经理，企业都需要对员工的培训需求进行分析，以便企业使用有限的培训资源实现培训效果的最佳化。在本章中，我们从培训需求出发，通过介绍培训需求分析的概念、方法、结果运用等内容，帮助企业做好培训需求分析工作，提高企业的培训成效。

## 第一节 培训需求分析概述

市场竞争使许多企业竞相通过加强培训与构建学习型组织等举措来提升员工素质，提高员工的岗位胜任力，以更好地应对市场带来的竞争压力。企业要想有效开展培训工作，首先必须运用科学的方法做好培训需求分析，确定培训需求和项目，从而提高培训的有效性。

### 一、培训需求分析的概念

培训需求源于企业希望员工达到的技能或素质、水平或状态与员工现有的技能或素质、水平或状态存在差距。产生差距的原因不一定完全是员工自身的水平问题，也可能是企业的软件、硬件设施不完善（如规章制度不完善）。当剔除了企业设施等方面的问题后，确定是员工的技能或素质、水平或状态未能满足企业发展的需要时，就产生了对员工进行培训的需要。差距分析的具体过程如图2-1所示。

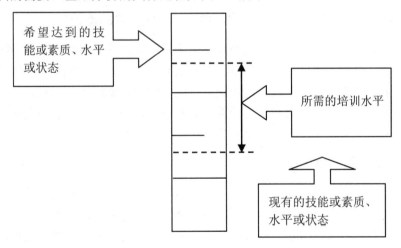

图2-1 差距分析过程示意图

资料来源：杨洁. 人力资源培训需求分析及相应的措施[J]. 建材与装饰，2007（9x）：331-332.

培训前我们应该知道为什么要对员工进行培训。培训需求分析是在组织的支持下，通过对组织的战略目标、绩效水平和人员素质等方面进行系统的诊断和分析，确定现有状态与理想状态的差距是否需要通过培训来解决，以及通过何种培训来解决的过程。

## 二、培训需求分析的作用

培训需求分析的作用具体表现为以下五个方面（最实务人力资源编委会，2014）。

### （一）作为企业培训的首要环节

培训需求分析不是多余的工作，而是必须针对企业和员工现状的不足进行分析，从而对症下药。培训需求分析是确定培训目标、制订培训计划、具体实施培训的前提条件和进行培训评估的基础，是培训工作及时、有效的重要保证（群峰企业管理教育有限公司培训管理工具箱编写组，2009）。此外，由于组织所处的内外部环境处于动态调整之中，组织需要加强员工培训以应对动态的变革。要提高培训的效果，就必须在培训前进行培训需求分析，根据实际状况确定培训的相关事宜。因此，培训需求分析是企业培训的基础，也是首要环节。

### （二）决定培训的价值与成本

如果有了科学的培训需求分析，并且找到了存在的问题，企业就能够把成本因素引入培训需求分析中。企业对员工进行实际培训之前，需要解答的一个问题是"不进行培训的损失与进行培训的成本之差是多少"。如果不进行培训的损失大于进行培训的成本，那么培训就是必需的；反之，如果不进行培训的损失小于培训的成本，则说明当前不需要或者不具备条件进行培训。

### （三）明确员工的现实状况与岗位、部门、组织要求的差距

培训需求分析的基本目标是确认差距，即确认员工的应有状况同现实状况之间的差距。差距的确认一般包含以下三个环节：①必须对员工应该具备的知识、技能、能力和素质进行分析；②必须对员工现有的知识、技能、能力和素质进行分析；③必须对员工应该具备的知识、技能、能力和素质与现有的知识、技能、能力和素质之间的差距进行分析。这三个环节应独立有序地进行，以保证分析的有效性。

### （四）建立基本的培训分析体系

通过开展一系列培训需求分析工作，收集培训需求的第一手资料，了解员工真实的培训需求，制定正确的培训战略和计划，有针对性地确定培训的内容和方式，设计培训课程，从而建立起基本的培训分析体系，为评估培训项目的有效性提供依据，进而提高企业培训的质量和效果。

### （五）促进企业各方达成共识，获得企业各方的协助

当企业员工的专业知识、技能与实际岗位工作所要求的素质和能力存在差距时，大多数企业不会主动承担起培训员工的责任。同时，企业的高层管理者在规划培训所需要投入的时间和资金时，往往对一些支持性的因素更感兴趣。因此，培训需求分析为受训者和企业高层管理者提供了选择适当指导方法与执行策略的大量信息，这有利于促进企

业各方达成共识，为培训获得企业的支持创造了条件。

## 三、培训需求分析的流程

培训需求分析的流程包括五个步骤，即培训需求沟通，培训需求的收集与汇总，培训需求分类，确定培训需求的结果，设计培训内容、形式和方法。

### （一）培训需求沟通

在培训需求调查之初，人力资源部门需要和各部门就培训需求进行沟通。这里的沟通既包括各部门经理与本部门员工就培训需求问题的沟通，也包括人力资源部门与各部门经理的培训沟通，要向他们表明目前的情况，即为什么需要培训、当前面临的严峻业务问题是什么，并阐述将来的憧憬和要达到什么样的水准，等等。此外，人力资源部门也要与公司高层管理人员进行沟通。只有得到各部门的经理和员工以及公司高层管理人员的支持和配合，培训需求分析才能顺利进行，并且获得真实的数据资料。

### （二）培训需求的收集与汇总

首先，通过访谈、问卷调查、小组讨论等方法收集各部门员工的培训需求信息，包括员工需要什么，目前员工的知识、技能和态度以及将来员工应有的知识、技能和态度等资料。其次，对各部门经理进行访谈，从多个角度全面深入地了解员工的培训需求，确保培训需求的可靠性、全面性及前瞻性。最后，对培训需求进行汇总分析，将收集的资料与当初的憧憬进行对比，将零散的资料系统地联系起来，分清轻重缓急。

### （三）培训需求分类

经过分析后，员工的培训需求基本上可以分为通用型培训需求和专业型培训需求。通用型培训需求是指企业内各部门的员工都需要的培训，具有共同性，可以通过提供统一培训的方式满足此类培训需求，以节省费用。专业型培训需求是指员工因各部门的工作性质和工作方式不同而需要不同的知识和工作技能，从而产生的特殊培训需求。并不是每个员工都存在专业型培训的需求，因此，可以通过提供针对性培训的方式满足此类培训需求。

### （四）确定培训需求的结果

通过分析调研得到的各个部门、各个岗位培训需求的第一手资料，可以得到企业员工的培训需求分析报告。接着，公司可通过会议形式请各部门负责人对培训需求分析报告进行确认，以确保没有出现数据遗失或者出错的情况。培训需求分析报告经各部门负责人确认无误后就可以作为设计培训方案的依据。

### （五）设计培训内容、形式和方法

当最终确定各部门员工的培训需求后，人力资源部门应根据员工实际的培训需求制订有针对性的具体培训方案。制定具体的培训方案时要明确培训的内容、形式及方法，以便于加强培训的针对性，提高培训的成效。

## 第二节　培训需求信息的收集方法

培训需求信息的收集方法主要包括观察法、面谈法、测验法、问卷调查法和关键事件法。鉴于这些方法都有各自使用的情形和优缺点，企业在进行培训需求信息收集时，通常会采用多种方法的组合，以求全面、客观地收集培训需求信息。

### 一、观察法

#### （一）概念

观察法是指研究者根据一定的研究目的、研究提纲或观察表，用自己的感官和辅助工具直接观察被研究对象，从而获得资料的一种方法。观察法可以分为参与工作的观察法和不参与工作的观察法两种。参与工作的观察法是指观察者深入被观察者中，以其中一个成员的角色参加活动，被观察者集体也对此认同，在此条件下进行的观察，可以获得"局外人"所无法获得的观察资料。不参与工作的观察法是指观察者以纯观察者、研究者的身份对被观察对象进行的观察。通常的观察均为不参与工作的观察，它得到的观察结果较为客观，较少有观察者自身的个人色彩，但采用这种方法时，某些深层的或隐藏性较强的资料不容易被观察到。

#### （二）优缺点

观察法可以较为清晰地得到有关工作环境的数据，并且可以将信息收集活动对工作的干扰降到最低。

1. 优点

（1）能够直接通过观察获得第一手资料，不需要其他中间环节，因此，观察的资料比较真实。

（2）能够及时捕捉到正在发生的现象。

（3）在自然状态下的观察能够获得生动的资料，并且能够收集到一些无法言表的材料。

2. 缺点

（1）观察者如果不具备熟练的观察技巧，则很容易影响被观察员工的正常工作，从而干扰观察结果的准确性。

（2）观察者只能在观察到的环境中收集资料，当员工的工作内容及场所不固定时，观察者在短期内很难将员工所有的工作环境信息都收集到手。

（3）被观察员工的行为方式有可能因为被观察而受到影响，从而导致收集到的资料出现偏差。

#### （三）实施步骤

观察法的实施主要包括如下四个步骤。

1. 观察法的准备阶段

在此阶段，首先，需要明确观察的主要目标。其次，需要依据目标选择和确定观察对象，并了解观察对象的工作概况，包括工作的使命、主要职责和任务及工作流程等情况。再次，需梳理清楚观察的主要项目，并对尚不清楚的项目进行注释。最后，需要设计初步的观察方案和计划，列出观察的任务清单和框架，为正式观察做充足准备。

2. 观察法的实施阶段

在观察的实施阶段，首先，观察者需要在部门主管的协助下对观察对象的工作进行观察。其次，观察者需要严格执行既定观察方案和计划的内容，检查最初的任务或问题清单，确保每一项都已经被回答或确认。再次，观察者在观察的过程中需要始终保持客观，并适时及准确地做记录，同时，观察者需注意不能在观察和记录的过程中掺杂个人情绪、意愿等主观的内容。最后，观察者需要与被观察者进行面谈。在进行面谈时，观察者需要注意面谈对象的代表性，同时最好再选择一个主管或有经验的员工进行面谈，因为他们了解工作的整体情况以及各项工作任务是如何配合起来的，所以他们可以给出更加全面或详细的信息。

3. 观察法的总结阶段

在对观察的资料和数据进行总结时，首先，需要对照原定观察计划对原始记录进行核对，及时查漏补缺，以确保原始记录的准确性和完整性，并对原始记录进行保存和备份。其次，需要按照一定的逻辑框架及要求对观察数据和资料进行分类和整理。最后，需要依据整理好的资料对观察结果进行分析和讨论，得出最终结论。

4. 撰写观察报告或研究论文阶段

将总结、分析和探讨的观察结果形成文字报告呈现给高层作为参考，也可以写成研究性的论文进行发表，以便其他企业进行参考。

## 二、面谈法

### （一）概念

面谈法是通过与被访谈人进行面对面的交谈获取有关培训需求的有价值的信息。面谈的对象可以是企业管理者或相关部门负责人员，也可以是一线员工。

### （二）优缺点

面谈法又称访谈法，是一种广泛应用的工作分析方法，主要由工作分析者围绕某一个职位面对面地询问任职者、专家或者主管等人对于工作的看法和意见。面谈法具有如下的优缺点。

从优点来看，首先，面谈法的工作方式灵活，可以直接得到所需要的相关信息。其次，面谈法需要与员工面对面沟通，有助于了解员工的想法和态度，化解误会，更容易得到员工的支持和配合。最后，面谈法通过面对面的交流和沟通，可以观察到当事人的感受，促使工作分析者了解到短期直接观察法不容易发现的一些问题，这可以帮助管理者发现问题,采取针对性的措施。

从缺点来看,首先,面谈法的最大缺点是费时费力,工作成本比较高。其次,面谈法收集到的资料往往带有较强的主观性,不容易进行量化,这在一定程度上加大了数据分析的难度。最后,面谈法对访谈者的要求比较高,需要专门的技巧,需要受过专门训练的工作分析专业人员,但并不是每个公司都具有这样的专业人员,因此,这在一定程度上会限制面谈法的应用和效果。

### (三) 实施步骤

面谈法主要包括准备、实施和结束三个步骤。

#### 1. 面谈的准备

(1) 安排面谈的时间、地点并布置环境,力求使受访者在一种轻松的状态下把真实的想法表达清楚。

(2) 明确面谈的目的和收集信息的类型。

(3) 提前通知相关人员,包括面谈者以及受访者。

(4) 了解受访者的相关情况和背景资料。

(5) 提前准备面谈中要提出的问题并确定开场白、提问方式。

#### 2. 面谈的实施

一般来讲,面谈的实施主要包括以下四个阶段。

(1) 与面谈对象建立融洽关系,营造良好氛围。

(2) 设计合适的开场白,主要由面谈者介绍面谈的目的、程序并对受访者表示欢迎。

(3) 提问受访者并对受访者的回答予以回应。

(4) 使用亲切的结束语,主要包括感谢受访者花费了宝贵的时间进行面谈,概括一下面谈的要点,可视情况请受访者做最后的评论,握手告别。

#### 3. 面谈的结束

(1) 面谈结束后,要及时对面谈记录做出整理,没有面谈记录的,要及时补录。

(2) 撰写面谈报告。

(3) 要总结自己在此次面谈中的得失,发扬优点,改正不足,以期下次面谈做得更好。

## 三、测验法

### (一) 概念

测验法就是使用标准的统计分析量表对各类人员的知识、技能、观念和素质等进行评估,根据评估结果决定培训需求。

### (二) 优缺点

测验法具有一定的优点。首先,相比于其他方法,测验法采用客观、严谨的量表,减少了测试过程中参与者的主管因素的影响,因此可以得到准确可靠的测验结果。其次,由于测验法采用标准化的量表进行测量,定量化程度很高,实际测量的过程方便实施和控制，测量的结果也比较容易处理。最后，目前已经有标准化或修订过的测验量表，无须使用者再费时费力地编制量表，这意味着采用测验法进行培训需求信息收集时会比较节约时间。

当然，测验法也具有一定的缺点。首先，因为测验法采用的是标准化的量表进行测验和分析，因此缺乏定性资料，难以进行定性分析。其次，尽管测验法可以得到一些客观的数据，但是通过量表得到的数据和资料往往难以揭示出变量之间的因果关系。最后，尽管测验法采用标准化的量表进行分析，可以减少参与者主观因素的影响和干扰，但是难以排除外部环境等非人为因素的影响。

### （三）实施步骤及注意要点

1. 测验法的实施步骤

（1）按测验手册要求进行测验。
（2）适当选择实施测验的时间与地点。
（3）测验人员的态度要和蔼。
（4）实施测验的时间长短要合适。
（5）对于特殊问题要根据经验处理。

2. 实施测验法的注意要点

（1）对测验人员进行训练，使其熟悉测验手册的内容，对指导语和施测程序有详细的了解。
（2）准备好所有测验用的材料，选择适当的环境，严格按照测验手册的规定（包括指导语、时间限制等）施测。
（3）测验的形式应符合研究对象的特点，如对企业家及高管团队采用个别施测较为恰当。
（4）为保证测验的有效性和权威性，不得随意泄露测验内容及结果。

## 四、问卷调查法

### （一）概念

问卷调查法是以书面提出问题的方式收集资料的一种研究方法。调查者将所要研究的问题编制成问题表格，以当面作答或者通过访谈方式由调查者代为填答，从而了解被访员工对某一现象或问题的看法和意见，所以又称问题表格法。

### （二）优缺点

问卷调查法在收集培训需求信息时具有三个优点。首先，采用问卷调查法可以通过发放问卷在短时间内调查大量人员，收集了较多的第一手资料，这在一定程度上节约了时间和成本。其次，问卷调查法采用设计好的标准问卷对相关人员进行调查，减少了收集信息过程中调查者主观因素的影响和干预，可以收集到被访者在无干预情况下的回答。最后，针对问卷调查法的数据分析，目前已经有比较成熟的统计方法对通过问卷调查得到的信息进行归纳、汇总、整理及分析。

当然，问卷调查法也具有一些缺点。首先，在设计和制作问卷时，需要设计者用很长的时间去仔细研究和编制问卷，这在一定程度上提高了对设计者的要求。其次，问卷的回答是被调查者单向的回答，无须和调查者进行沟通，这在一定程度上限制了被调查者表达意见的自由，使得员工的培训需求信息不够具体。最后，问卷的回收率可能比较低，如果被调查者随意填写答案，可能会导致有些答案不符合要求或者前后矛盾，这不利于对培训需求的分析。

### （三）实施步骤

问卷调查法的实施分为以下五个步骤。

1. 问卷设计及制作

问卷的设计可以分为以下六个步骤。

（1）根据调研目的，确定所需要的信息资料。

（2）确定问题的内容，即问题的设计和选择。

（3）决定措辞。

（4）确定问题的顺序。

（5）问卷的测试与检查。

（6）审批并定稿。

2. 培训调查人员

按照统计要求培训调查人员，把调查要求、具体操作方式告诉每一个调查人员。

3. 按要求完成问卷

所有测评人员通过合适的方式完成问卷。

4. 整理问卷

要按照问卷编号进行顺序整理，统一封存。测评人员在回收已完成的问卷以后，还要撰写一份文字说明，内容主要包括发放了多少问卷、回收了多少问卷以及问卷的分布情况。

5. 统计分析

从问卷结果分析员工对以往培训形式的感知及满意度、对未来培训的建议和想法，以及员工需要提升的能力，如企划能力、组织能力、指导与协调能力、控制能力等。

例证 2-1

**IBM 管理人员培训需求问卷调查法**

## 五、关键事件法

### （一）概念

关键事件法是由上级主管者记录员工平时工作中的关键事件，一种是做得特别好的，另一种是做得不好的。在预定的时间，通常是半年或一年之后，利用积累的记录，由主管者与被测评者讨论相关事件，为测评提供依据。

### （二）优缺点

一般而言，关键事件法具有如下优点。第一，采用关键事件法收集员工的培训需求信息时，没有固定的框架，允许被调查者用自己的语言表达自己的想法和观点，这在一定程度上更容易获得被访者的真实想法。第二，作为一种归纳研究方法，关键事件法在研究过程中不需要特定的研究假设，允许调查者对被调查者的行为进行观察和测量，可收集到符合实际需求的员工培训需求信息，为后续制订针对性的培训计划提供参考。第三，关键事件法往往采取大样本调查的方法获得，因而获得的资料比较丰富，且样本对整体的代表性较高。

在缺点方面，一方面，关键事件法需要研究者对关键事件进行解释和分类，不同的研究者可能会有不同的分类和解释，这在一定程度上导致研究的可靠性不高。另一方面，关键事件法需要被访者的回忆和描述，这可能会降低响应率，增加数据和资料的偏差。

### （三）实施步骤及注意要点

1. 关键事件法的实施步骤

（1）识别岗位关键事件。运用关键事件法进行培训需求分析，其重点是对岗位关键事件的识别，这对调查者提出了非常高的要求。

（2）识别关键事件后，调查者应记录以下信息和资料：①导致该关键事件发生的前提条件是什么？②导致该事件发生的直接和间接原因是什么？③关键事件的发生过程和背景是什么？④员工在关键事件中的行为表现如何？⑤关键事件发生后的结果如何？⑥员工控制和把握关键事件的能力如何？

（3）将上述各项信息资料详细记录后，可以对这些信息资料做出分类，并归纳总结出该岗位的主要特征、具体控制要求和员工的工作表现。

2. 关键事件法的注意要点

（1）关键事件应具有岗位代表性。

（2）关键事件的数量应足以说明问题，事件数目不能太少。

（3）关键事件的表述要言简意赅，清晰、准确。

（4）对关键事件的调查次数不宜太少。

（5）调查的期限不宜过短。

（6）正反两个方面的事件要兼顾，不得偏颇。

表 2-1 对各种信息收集方法做了比较。

表 2-1　培训需求信息收集方法比较

| 信息收集方法 | 受训者的参与程度 | 管理层的参与程度 | 所需时间 | 所需成本 | 可用数量指标衡量 |
| --- | --- | --- | --- | --- | --- |
| 观察法 | 中 | 低 | 高 | 高 | 中 |
| 面谈法 | 高 | 低 | 高 | 高 | 中 |
| 测验法 | 高 | 低 | 高 | 高 | 高 |
| 问卷调查法 | 高 | 高 | 中 | 中 | 高 |
| 关键事件法 | 高 | 低 | 中 | 低 | 高 |

资料来源：李燕萍. 培训与发展[M]. 北京：北京大学出版社，2007.

**例证 2-2**

华为收集员工培训需求信息的综合收集法

## 第三节　培训需求分析的方法

要做好培训需求分析工作，正确、科学的培训需求分析方法的运用至关重要。传统的培训需求分析方法有三要素分析模型、绩效分析模型和基于工作说明书的课程需求分析模型。近年来，一些现代的培训需求分析方法相继出现并不断被运用于企业员工的培训需求分析，如胜任力素质模型、前瞻性培训需求分析模型和动态需求课程分析模型。这些现代的培训需求分析方法弥补了传统培训需求分析方法的不足，引导企业从新的角度开展员工培训需求分析工作。

### 一、传统的培训需求分析方法

传统的培训需求分析方法包括三要素分析模型、绩效分析模型和基于工作说明书的课程需求分析模型。三要素分析模型从组织、员工和任务三要素角度确定培训需求评估的基本维度；而绩效分析模型聚焦于确定预期绩效与实际绩效之间的差距，分析差距产生的原因，从而识别培训需求；基于工作说明书的课程需求分析模型则从岗位性质和规范要求角度分析和确定相应的培训课程。

#### （一）三要素分析模型

三要素分析模型是由戈尔茨坦（Goldstein）于 1991 年提出的。该模型用系统观对培训需求进行层次上的分析，以组织经验战略为指导，整合组织、任务和人员的需求，是目前被普遍采用的模型。其中，培训需求评估应该包括三个方面的内容，即组织分析、员工分析以及任务分析（钟琳，徐鲁强，2011）。

1. 组织分析

企业的战略、目标和发展态势以及企业内部的资源安排等方面的调整必然对员工的工作产生关联紧密的影响和实际要求，培训是使员工适应企业发展要求和趋势的主要途径。培训需求中的组织分析可以为企业培训建立明确的导向。一般来说，组织分析主要包括以下三个重要步骤。

（1）组织目标分析。组织目标指导着企业或组织的一切活动。一般来说，组织目标决定培训目标，培训目标为组织目标的实现服务。有什么样的组织目标就有什么样的培训目标，组织目标与培训目标具有内在的一致性。

（2）组织资源分析。培训目标的实现需要得到资源的支持。企业内部的人力、物力和财力都是有限的，如何利用有限的资源创造最大的价值是组织的最终目标。只有清楚企业内部的资源状况后，才能进行合理有效的培训安排。

组织资源分析包括培训经费、培训时间、培训地点以及与培训相关的专业知识分析。培训经费计划是在上一年度末或者年度之初就要提交的，一般只要规划得当，就不会出现培训的意外要求。培训内容、时间和地点的确定是根据企业内部情况确定的，但在缺乏培训师资和能力时，企业就会倾向于选择外部专业机构，购买培训服务。选择培训机构时，重点要考虑培训项目能否为企业量身定做。

（3）组织的战略变动分析。培训最终是为组织目标的实现和战略经营服务的，但是组织的战略会因经营环境的变化而变化，因此，培训计划要不断地随企业战略的变化而进行调整。同时，系统的培训规划要根据基于企业战略的人力资源规划制定，培训需求分析就是为实现企业战略目标而产生的为了满足对人才的要求。

2. 员工分析

员工分析主要是通过分析工作人员个体现有状况与应有状况之间的差距，来确定谁需要和应该接受培训以及培训的内容。员工分析的重点是评价工作人员实际工作绩效以及工作能力。图 2-2 所示是员工分析绩效评估模型。

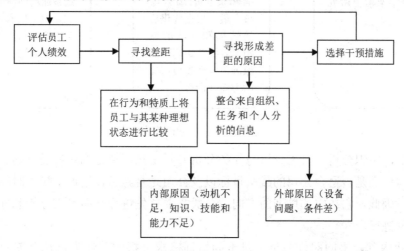

图 2-2 员工分析绩效评估模型

资料来源：HERBERT G R, DOVERSPIKE D. Performance appraisal in the training needs analysis process: a review and critique[J]. Public Personnel Management, 1990, 19(3): 253-257.

员工分析主要包括以下四个方面的内容。

(1) 个人考核绩效记录。其主要包括员工的工作能力、平时表现（请假、怠工、抱怨）、意外事件、参加培训的记录、离（调）职访谈记录等。

(2) 员工的自我评价。自我评价是以员工的工作清单为基础，由员工针对每一单元的工作成就、相关知识和相关技能进行的真实评价。

(3) 知识技能测验。以实际操作或笔试的方式测验工作人员真实的工作表现。

(4) 员工工作态度评价。员工对工作的态度不仅影响其知识和技能的学习和发挥，还影响与同事的人际关系以及与客户的关系，这些又直接影响其工作表现。因此，运用定向测验或态度量表可以帮助企业了解员工的工作态度。

3. 任务分析

任务分析是指通过运用各种方法收集某项工作的信息，对某项工作进行详细描述，明确该工作的核心内容以及从事该项工作的员工需要具备的素质和能力，从而达到最优的绩效。任务分析的结果是有关工作活动的详细描述，包括员工执行任务和完成任务所需知识、技术和能力的描述。

任务分析包括以下三个步骤（见图 2-3）：①确定需要并分析工作岗位；②优化主要工作内容、执行标准和绩效考核；③明确胜任任务所需要的知识、技术和能力。

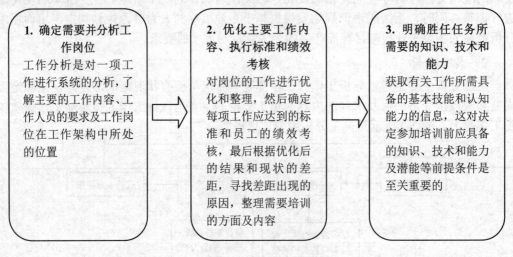

图 2-3　任务分析的流程

实际上，组织分析、员工分析与任务分析并不是按照特定的顺序进行的。只是由于组织分析与培训是否适合公司的战略目标以及公司是否愿意在培训上投入时间与资金的决策有关，因此，它决定了培训的方向，一般需要首先进行，而员工分析和任务分析通常需要同时进行。

在企业内部，不同职位的员工对不同培训需求分析的关注点也存在差异，具体如表 2-2 所示。

表2-2 高层、中层管理者及培训者在培训需求分析中的关注点

| | 高层管理者 | 中层管理者 | 培训者 |
|---|---|---|---|
| 组织分析 | 培训对实现经营目标重要吗？培训将怎样支持战略目标的实现？ | 我愿意花钱开展培训吗？要花多少钱？ | 我有购买培训产品和服务的资金吗？经理们会支持培训吗？ |
| 员工分析 | 哪些职能部门和经营单位需要培训？ | 哪些人需要接受培训？经理、专业人员，还是一线员工？ | 我怎样确定需要培训的员工？ |
| 任务分析 | 公司拥有具备一定知识、技术、能力、可参与市场竞争的员工吗？ | 在哪些工作领域内培训可大幅度地改变产品质量或者客户服务水平？ | 哪些任务需要培训？该任务需要具备哪些知识、技能？ |

资料来源：诺伊. 雇员培训与开发[M]. 徐芳，译. 北京：中国人民大学出版社，2001.

（二）绩效分析模型

绩效分析模型是由美国学者汤姆·W. 戈特（Tom W. Goad，1998）提出的，该模型通过分析"理想技能水平"与"现有技能水平"之间的关系来确认培训需求，如图2-4所示。理想状态与现实状态之间总会存在一定的差距，这主要包括知识丰富程度、能力水平、认识与态度水平、绩效水平、劳动者素质以及目标等。培训活动旨在消除或缩小这种差距。运用该模型的一个基本原则是造成绩效差距形成的原因是缺少完成此项任务的知识或技能，而非其他与工作行为相关的原因，如奖惩等。

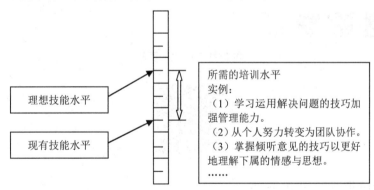

图2-4 培训需求评估的绩效分析模型

资料来源：周婧诗. 培训需求分析模型研究综述[J]. 现代企业教育，2009（22）：68-69.

1. 绩效分析模型的优缺点

通过确定实现任务目标与理想岗位绩效行为间的联系，员工培训需求被严格置于"组织整体战略—部门业务目标—员工个人绩效"的架构中，并得到系统的评估。虽然培训需求绩效分析模型较好地弥补了戈尔茨坦的三要素分析模型在人员分析方面操作性不强的缺陷，但仍未充分地关注企业战略对培训需求的影响。

2. 基于绩效分析模型的培训需求分析步骤

基于绩效分析模型的员工培训需求分析包括三个步骤：①评价员工或组织的当前绩

效水平；②明确实际工作结果与期望工作目标的差距；③具体分析产生问题（差距）的原因，通过培训解决此问题。

### （三）基于工作说明书的课程需求分析模型

工作描述是在描述工作，而工作规范则是在描述从事工作之人应具备的资格，工作描述与工作规范两者整合在一起即形成工作说明书。根据工作说明书，我们可以演绎出与该岗位相对应的几门或十几门主要培训课程。这里所指的课程与传统课堂教育所谈的课程不一样，传统课堂教育课程相对整齐划一，如45分钟一节课，课时也相对固定，一门课18~72课时（每课时40~60分钟）不等；而企业培训课程一门课的总课时从几十分钟至几个月不等，内容很有针对性。该分析模型的优点是便于操作，只要有工作（岗位/职务）说明书，就可以演绎出符合该岗位需求的培训课程，将在该岗位工作的员工与之对比，就可以发现该员工所需要培训的课程。具体实施时可以借助培训管理软件，以便减轻工作量。其缺点是依赖工作说明书的质量以及分析人员的主观经验，容易出现遗漏和受个人偏好的影响，并且课程是相对固定的，不能够很好地反映企业环境、战略目标和工作重心以及岗位要求等方面的变化。

基于工作说明书的课程需求分析模型包括四个步骤：①组织开展工作分析，编制工作说明书手册；②根据工作说明书手册，分析各岗位相应的课程需求，编制岗位课程手册；③分析在岗员工与其岗位相应的课程需求的差距，获得其需要培训的具体课程；④分类汇总得出组织、部门以及每位员工的培训需求，形成培训需求报告。

**例证 2-3**

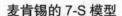

麦肯锡的 7-S 模型

## 二、现代的培训需求分析方法

随着市场竞争的加剧，国内企业开始重视并开展员工培训。在开展员工培训的过程中，一些现代的培训需求分析方法也受到国内企业的欢迎和追捧，其中比较常用的有基于胜任力模型的培训需求分析模型、前瞻性培训需求分析模型和动态需求课程分析模型。

### （一）基于胜任力模型的培训需求分析模型

#### 1. 胜任力及胜任力模型的内涵

确定特定职务的胜任力是培训需求分析的新趋势。胜任力这一概念是麦克利兰于1973年提出的，是指能将某一工作（或组织、文化、角色）中表现优异者与表现平庸者区分开来的个人表层特征与深层特征。它包括知识、技能、社会角色、自我概念、特质和动机等，可以通过测量或计数显著区分优秀绩效和一般绩效的个体特征。胜任力模型（competency model）是指承担某一特定的职位角色所应具备的胜任特征要素的总和，即针对该职位表现优异者要求结合起来形成的胜任特征结构。这样，我们就能清楚地知道，该职位表现平庸者和表现优异者在行为水平上的差异究竟是什么，这就为我们选拔、培训、行为评价和反馈以及后来的职业生涯发展提供了准确的依据。

2. 引入胜任力模型的必要性

胜任力概念的引入使得企业的培训需求分析有了全新的设计核心和方向。与传统的培训需求分析模型相比，基于胜任力的培训体系在培训需求的分析过程中确立了统一的分析概念。对企业而言，希望每个员工的绩效能够与最优秀员工的绩效等量齐观，而最优秀员工之所以绩效好，是因为他们具备能够成功完成自身岗位职责的综合素质。那么，如果能够分析构成最优秀员工胜任力的知识、技能、能力和特质，根据这些胜任力，有针对性地对一般绩效的员工进行培训，使之也具备与绩效优秀者相同的胜任力，将使员工的绩效普遍得到提高。

该模型与传统的培训需求分析模型相比，弥补了戈尔茨坦三要素分析模型在任务分析方面的缺点，使培训更加具有可操作性，更详细地描述了员工工作所需的行为，通过分析员工现有素质特征，同时发现员工在工作中需要进一步学习和发展的部分，增强了培训需求分析的科学性和可操作性。

3. 基于胜任力模型的培训需求分析的流程

基于胜任力模型的培训需求分析包括四个步骤，具体如图2-5所示。

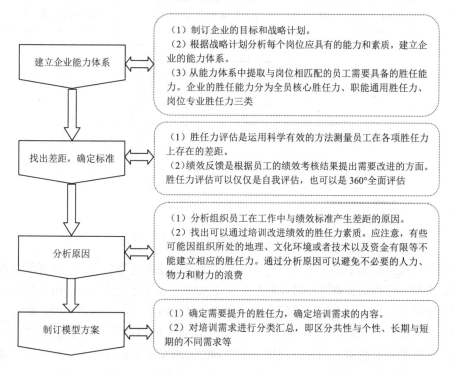

图2-5 基于胜任力模型的培训需求分析流程

### 例证 2-4

素质标准模型助力周大福科学有序发展

### （二）前瞻性培训需求分析模型

前瞻性培训需求分析模型是由美国学者特里·里皮（Terry L. Leap）和迈克尔·克里诺（Michael D. Crino）提出的。该模型的精髓是将"前瞻性"思想运用在培训需求分析中，如图2-6所示。该模型认为随着技术的不断进步和员工在组织中个人成长的需要，即使员工目前的工作绩效是令人满意的，也可能会需要为工作调动、晋升等做准备或者为适应工作内容的变化等提出培训要求。前瞻性培训需求分析模型为此提供了良好的分析框架，在确定员工任职能力和个人职业发展方面极具实用价值。

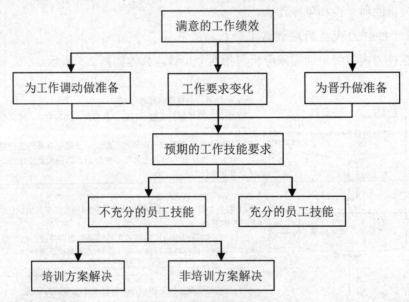

图2-6 前瞻性培训需求分析模型

该模型建立在未来需求的基点上，使培训工作由被动变为主动，更具有战略意义。此外，该模型充分考虑企业发展目标与个人职业发展规划的有效结合，为组织与个人的发展确定一个结合点，这是开发与激励员工以及培养员工组织承诺的有效手段。然而，该模型是建立在未来基点上的，预测时难免出现偏差，而且"前瞻性"只关注了员工的未来发展，忽视了企业的发展需求。因此，根据模型得到的需求结果未必都能与组织战略、业务发展要求相适应，该模型的设计存在着与企业战略目标相脱节的问题（周婧诗，2009）。

### （三）动态需求课程分析模型

基于胜任力模型的培训需求分析可能忽视了组织的应急培训，而前瞻性培训需求分析只关注员工的未来发展，忽视了企业当前的发展需求。因此，培训需求分析需要根据组织战略目标、工作重心、领导意图、年度目标和任务以及个人发展、工作岗位和要求变化以及其他压力点，分析和编制其动态需求课程，这就是动态需求课程分析模型。该模型的实施包括以下三个步骤。

（1）准备阶段，包括收集环境、组织和个人的相关材料，如相关的国家政策、行业发展趋势、组织发展战略和规划、年度工作重点、领导讲话、接班人计划。这些信息是动态需求课程分析的基础。

（2）分析和演绎每门课程。

（3）分类汇总课程，编制动态需求课程手册。

动态需求课程分析模型的优点是充分体现"缺什么，补什么"和"强调什么，培训什么"的企业培训原则，一般要与其他分析方法综合使用。其缺点是企业发展战略、行业发展趋势以及有些动态变化不好把握和了解，需要高管和行业专家的参与，否则容易导致分析出现纰漏。

综上所述，培训需求分析的方法有多种，但每种都有其各自的优缺点。因此，在进行培训需求分析时，要根据具体需要选择适合的方法。

**西门子通过人力资源规划来确定培训需求和目标**

## 第四节　培训需求分析的结果及其应用

培训需求分析的过程还包括对分析结果的确认，如果出现与实际情况不符的更要对其进行调整。分析结果最终确认无误后，就可以将其运用到培训设计中。

### 一、撰写培训需求分析报告

撰写培训需求分析报告实际上是将培训需求分析的整个过程形成文字落实到书面上。培训需求分析报告应包括以下六个方面的内容。

（1）背景说明，包括培训需求产生的原因及必要性，如工作调动、人事变更、绩效低下、组织变革等；培训的目标，明确培训是为提高员工知识水平、操作技能，还是增强职业素养，转变工作态度、观念和思维方式。

（2）培训需求调查信息的汇总，包括调查对象的知识、技能、人际关系、培训意愿及现状等。

（3）培训需求调查信息的分析，包括企业战略分析、企业资源分析、工作职位分析、现场问题分析、员工绩效分析、职业发展分析等。

（4）培训需求调查所得出的实际情况与预期情况的差距及整改方案。

（5）培训项目计划可行性方案的制定，包括培训对象、培训时间和地点、培训方式及内容的设计。

（6）附录，包括收集和分析信息时所采用的相关图表、问卷资料等，目的是鉴定收集和分析相关资料及信息时所采用的方法是否合理和科学。

## 二、培训需求分析结果的确认与调整

完成培训需求分析报告后，负责相关工作的部门应当在适当范围内进行讨论，经讨论后便可开始进行下一步工作，将分析结果应用到实处，依此制订培训计划。

### （一）结果确认

在培训需求分析结果的确认过程中需要参与的对象有员工、管理人员、培训顾问委员会等，确认过程中相关信息的收集可采用类似于前面介绍过的培训需求信息收集方法。此外，培训需求分析结果的确认要分部门进行，以便分清部门之间需求上的差异。最后，由公司高层协调和人力资源部组织召开会议对最终的培训需求分析结果进行确认。

### （二）结果调整

尽管培训需求信息的收集过程非常客观，分析过程很规范，得出的结果也比较符合实际，但是在培训的具体实施过程中，仍然需要对培训需求分析的结果进行调整。调整的原因有很多，可能是培训需求信息发生变化，或者是企业内外部环境发生改变而导致了新的培训需求出现。对培训需求分析结果的调整可以使培训设计更加贴近实际情况。

## 三、培训需求分析结果的应用

人力资源培训与开发是一个有机系统。从培训需求的分析开始，然后明确培训目标，选择设计培训方案，实施培训，到最后反馈培训效果和评价，是各个部分互相联系的一个网络。培训需求分析结果是首要和必经环节，是其他培训活动的前提和基础。培训需求分析结果可以指明企业培训设计的方向，从而确定培训人员、培训时间、培训内容以及培训方法等，使培训达到事半功倍的效果。

### （一）企业对培训需求分析结果的应用

企业对培训需求分析结果的应用主要体现在如下三个方面。

1. 策划年度培训工作的基础

企业进行培训需求分析，主要是为了掌握员工能力缺失情况，寻找员工现有能力与组织要求能力的差距，进而采取有针对性的培训措施，解决员工队伍能力结构存在的问题。因此，企业对培训需求分析结果最根本的用途，就是据此对人才开发与培训工作进行策划。

2. 审核培训项目设计是否科学可行的依据

评判一个培训项目设计是否科学、可操作，最重要的依据是考量培训项目设计是否充分体现培训需求，是否根据培训需求分析结果设计出了针对性较强的具体培训项目和内容，从而提高培训的效果。

3. 评价培训结果的准绳

评价培训效果是否达标，就是看它是否满足企业对人才培养的要求，员工的各项能力差距是否得到有效弥补。因此，评价培训效果的重要指标，就是员工能力的提升是否达到了原来培训设计的要求，参考的标准就是年初对员工能力评价的结果。如果经过培训，员工的能力差距得到有效缩小或消除，那么这种培训就是有效的，培训的结果就是达标的；否则，就是不达标，培训的目标、内容、方法等就需要做进一步整改和完善。

（二）员工对培训需求分析结果的应用

员工对培训需求分析结果的应用主要体现在如下三个方面。

1. 员工能力提升方向的指导

每个员工都希望自己成为一个出色的、有价值的员工，然而他们却往往因为不明白企业对自己的要求，或者不知道自己的缺点在什么地方，而找不到明确的努力方向。培训需求分析结果让员工能够了解自身能力与用人单位要求的差距，从而明确自己努力的方向。

2. 员工自我学习的参考

一个人能力的提高，除了依赖外界提供培训的机会和平台，还需要自我学习和自我提升。培训需求分析结果帮助员工找到其需要提高的素质和能力，从而指导员工有针对性地自我学习和提升，避免了学习的盲目性，有利于提升学习的功效和学习资源的利用率。

3. 员工学习成果检验的标准

员工学习效果的好坏，不是看他到底学习了多少门课程，完成了多少次作业，有多少课时的出勤，而是看他是否真正提升了个人的能力，使自己的能力结构得到有效完善，更好地适应岗位工作对员工能力的要求。员工学习的需求，是从能力测评与分析中得来的；员工的学习与能力提升计划，也是参考能力评价分析结果做出的。因此，对员工学习效果的检验也应是员工能力评价分析的结果。对员工培训效果进行检验评估时，首先要核查员工能力分析时查出的缺失部分是否已得到有效补充，如果这部分缺失的能力得到补充，那么本年度的学习结果就是值得肯定的；其次再对计划课程的完成情况、学习所采取的措施和员工学习态度等方面进行评估。

**Facebook 是如何训练新兵的？**

 **思考练习题**

1. 如何运用胜任力素质模型进行企业培训需求分析？
2. 如何确认培训需求分析的结果？

后空翻

1. 游戏目的

本能的戒备心理会导致对他人的不信任，这会让我们失去很多合作机会，也会使我们的日常工作受到阻碍。本游戏就充分说明了这一点。

2. 游戏规则和程序

（1）将学员每7个人分成一组，然后选出1名学员做志愿者，其他6名学员做"接受者"。

（2）让志愿者站在齐腰高的水泥台上，其余6个人则在台下两两相对抬起双手准备接住志愿者。

（3）志愿者以立正的身体姿势保持笔直后仰倒下，下面的成员正好托住。为了增加上面志愿者的勇气，底下的"接受者"们可以与志愿者进行一定的交流，以帮助他克服恐惧心理。

（4）注意要有一定的防护措施，如地上一定要铺棉垫。

3. 相关讨论

（1）这个游戏简单吗？是什么让这个游戏充满了困难？

（2）如果你是志愿者，当你不信任你的伙伴们时，你会有什么样的表现？如果相信呢？哪一个可以让你有更好的表现？

（3）推演到现实中，你觉得这个游戏对于你的日常工作有什么帮助？

  **案例分析**

### 西门子通过人力资源规划确定培训需求和目标

 **参考文献**

[1] 诺伊．雇员培训与开发[M]．徐芳，译．北京：中国人民大学出版社，2001．

[2] 群峰企业管理教育有限公司培训管理工具箱编写组．培训管理工具箱[M]．北京：机械工业出版社，2009．

[3] 李怀斌，朱泳．美国著名企业核心竞争力经典案例[M]．北京：中国海关出版社，2004．

[4] 李栩．电力企业员工培训需求分析工作初探：摩托罗拉（中国）公司培训需求分析做法的启示[J]．中国电力教育，2009（14）：240-241．

[5] 李燕萍．培训与发展[M]．北京：北京大学出版社，2007．

[6] 庞翠．基于胜任力素质模型的培训需求分析[J]．商业文化（学术版），2010（2）：128．

[7] 杨洁．人力资源培训需求分析及相应的措施[J]．建材与装饰，2007（9x）：331-332．

[8] 钟琳，徐鲁强．基于 Goldstein 模型的员工培训绩效分析[J]．机械，2011，38（12）：43-46．

[9] 周娟．基于角色理论的 HR 从业人员培训需求分析模型研究[D]．南京：南京航空航天大学，2011．

[10] 周婧诗．培训需求分析模型研究综述[J]．现代企业教育，2009（22）：68-69．

[11] 葛玉辉．员工培训与开发[M]．北京：电子工业出版社，2019．

[12] 最实务人力资源编委会．招聘试用与入职离职实务及典型案例[M]．北京：中国铁道出版社，2014．

[13] 戈特．培训人才八步法[M]．郭宇峰，郭镜明，译．上海：上海人民出版社，1998．

[14] ROBERSON L, KULIK C T, PEPPER M B. Designing effective diversity training: influence of group composition and trainee experience[J]. Journal of Organizational Behavior, 2001, 22(8): 871-885.

[15] ESTEBANL-IORET N N, ARAGÓN-SÁNCHEZ A, CARRA-SCOHERNÁNDEZ A. Determinants of employee training: impact on organizational legitimacy and organizational performance[J]. The International Journal of Human Resource Management, 2018,29(6):

1208-1229.

[16] GREIG F W. Enterprise training system[J]. International Journal of Manpower, 2013, 18(1/2): 185-205.

[17] HERBERT G R, DOVERSPIKE D. Performance appraisal in the training needs analysis process: a review and critique[J]. Public Personnel Management, 1990, 19(3): 253-257.

[18] HUGHEY A W, MUSSNUG K J. Designing effective employee training programmes[J]. Training for Quality, 1997, 5(2): 52-57.

[19] LONDON M. Managing the training enterprise: high-quality, cost-effective employee training in organizations[M]. San Francisco: Jossey-Bass Publishers, 2016.

[20] MCCLELLAND S B. Training needs assessment data-gathering methods: Part 1, survey questionnaires[J]. Journal of European Industrial Training, 1994, 18(1): 22-26.

[21] SMITH A, OCZKOWSKI E, NOBLE C, et al. New management practices and enterprise training[M]. Adelaide: NCVER, 2002.

# 第三章
# 培训类型

## 学习目标

1. 了解岗前培训的概念、特点和作用；
2. 掌握岗前培训的内容和实施要点；
3. 了解在职培训的概念、特点和作用；
4. 掌握在职培训的实施步骤和管理方法；
5. 了解脱产培训的概念、特点和作用；
6. 掌握脱产培训的管理方法。

## 引例

### 海尔集团的员工培训

海尔集团自创立以来一直将员工培训工作放在首位，上至集团董事长，下至车间一线工人，公司都会根据每个人的职业生涯设计出极具针对性的培训计划，搭建个性化发展空间。在海尔，公司为员工设计了三种职业方向，分别针对管理人员、专业人员、工人。每一种都有其升迁方向，每一种都设置了成套的专业培训。

海尔员工培训的最大特色是将培训和上岗、升迁充分结合起来。海尔的升迁模式是海豚式升迁。海豚是海洋中最聪明的动物，它下潜得越深，则跳得越高。一个员工进厂以后如果工作表现很好，很有潜力，公司希望他能干一个事业部的部长，但他仅有生产方面的经验，缺乏市场的经验，那么公司会派他到市场上锻炼，他必须去从事最基层的工作，再从这个最基层岗位一步步干上来。如果能干上来，就上岗，如果干不上来，就回到原来的老岗位上去。即便是公司的高层管理人员，如果缺乏某方面的经验，也要被派去基层锻炼。

技能培训是海尔培训工作的重点。技能培训就是抓住实际工作中出现的最优秀或者最失败的案例，当日下班后立即在现场进行案例剖析，针对案例中反映的问题，统一指导人员学习、改进工作。对于一些典型的案例，他们会在总结成文字后发表在集团内部的报纸《海尔人》上，推动更大范围的讨论和学习，提高员工的技能。海尔就是凭借这种最为有效的培训方式保证了企业持续高速发展的动力。

资料来源：星野. 三分管人七分带人，带团队就是这几招[M]. 杭州：浙江人民出版社，2018.

本引例涉及企业培训的一种重要类型，即岗前培训。除了岗前培训，企业还有在职培训和脱产培训。无论是岗前培训、在职培训还是脱产培训，这些培训都是企业培训计划的重要组成部分。它们不是彼此分离，而是彼此联系的。因此，企业应认真安排员工在不同时期的培训。

# 第一节 岗前培训

企业为员工在上岗前提供培训，目的是让员工在最短的时间内迅速投入工作。因此，岗前培训具有耗时较短、效率较高的特点，但是培训内容比较全面，涉及工作岗位的各个方面。

## 一、岗前培训的概念与特点

### （一）岗前培训的概念

岗前培训是指企业根据岗位规范和要求，为使员工在短期内能够上岗而提供的必不可少的培训活动。其中，培训对象是即将在某个岗位工作的员工，既可以是刚进入企业的员工，也可以是在企业内接受调职的员工（朱全欣，2011）。因此，为实现企业和员工利益的最大化，企业岗前培训的内容要切实配合岗位规范来设计。

### （二）岗前培训的特点

岗前培训有如下三个特点。

1. 培训在员工上岗前强制进行

岗前培训是发生在员工上岗前的培训，这种类型的培训通常都是企业强行要求员工接受的。若岗前培训效果良好，可以使员工对新岗位的适应期尽可能地缩短。

2. 培训内容的针对性强

岗前培训的内容一般与岗位工作内容紧密相连。培训内容不仅包括完成工作所需要的知识和技能，还包括企业文化、岗位工作环境和岗位的关系层级。岗前培训的目的是要员工在上岗后能在最短时间内投入其中，并能将知识和技能转化为生产力。因此，岗前培训最重要的培训内容是工作中所需要的基本理论、知识和技能。员工必须清楚该岗位的工作环境，尽量将工作的阻碍降低，保证岗位工作的顺利开展和开展工作时的人身安全。同时，员工对新岗位在企业架构中所处位置的了解，有利于员工了解该岗位的升迁变动，不仅可以使得员工更加用心工作，而且可以帮助员工做好自身职业规划。

3. 培训方式以课堂培训与现场培训为主

岗前培训需要系统理论和实际操作相结合,因此,培训方式通常以课堂培训与现场培训为主。课堂培训作为传统的培训方法,主要是培训师在课堂上用语言给学员传授知识,课堂培训内容通常是岗位工作的相关制度、企业文化、法律准则等知识性和理论性较强的岗前培训内容。这种培训方式常用于理论性和知识性较强的培训,特点是培训师和学员之间缺少互动沟通,但是传授的知识量极大。同时,对员工岗前培训的目的决定了在岗前培训中需要进行现场培训。现场培训的最大优点是理论联系实际,可以让学员清楚地了解如何将培训内容运用到现实工作中,从而增强员工对岗位的适应能力。

**例证 3-1**

### 康佳集团的岗前培训

## 二、岗前培训的作用

岗前培训并不是可有可无的。岗前培训可以提高员工的岗位素质,缩短员工适应岗位工作的时间,增强员工的工作能力。因此,在员工流动的情况下,企业要实现经营中的稳步上升就必须对员工进行岗前培训,以保证企业生产的稳定性和高效性。

### (一)熟悉岗位职责,快速开展工作

岗前培训不仅要向新员工介绍整个企业的情况,还要向他们介绍自己的工作岗位。通过岗前培训,新员工将学习和熟知自己工作岗位的工作内容及流程、岗位责任以及组织所期望的工作结果,将学会根据工作的具体要求制订工作计划并掌握相应的工作方法,快速、有效地开展工作。

### (二)加快将技术和技能转化为生产力

对于新上岗的员工而言,陌生的岗位工作和工作环境会阻碍自身知识和技能的发挥。因此,岗前培训可以加强员工对岗位的认识,熟悉岗位内容和工作环境,减少新岗位工作的阻力,使员工能够将拥有的知识和技能迅速转化为岗位的生产力。此外,有些岗位工作需要特殊的技术和技能,通过岗前培训能够将那些特殊的技术或技能在短时间内教授给员工,让员工在投入新岗位时运用在工作上,迅速实现将技术和技能转变为生产力。

### （三）缩短对岗位工作的适应时间

岗前培训是让员工在正式上岗前熟悉岗位工作的安排。在这段时间内，员工的主要任务就是熟悉岗位的环境、规章制度和工作内容，这可以促进员工更高效地投入工作。若员工上岗前没有进行岗前培训，则投入新岗位工作时漏洞百出，工作不能顺利进行，降低工作效率。岗前培训可以让员工更快地适应企业运作，缩短工作适应期，减少企业的损失。

### （四）保障员工的职业安全与健康

通过岗前培训，新员工将了解所在岗位的工作程序、安全操作规范、健康要求以及发生紧急情况时的处理方法和程序，从而保障了新员工的职业安全和人身健康，也是组织对员工负责的一种体现。

**例证 3-2**

家乐福集团员工岗前培训

## 三、岗前培训的流程

岗前培训要达到理想的效果，就要事前做好准备，事后进行相关的考核跟进。岗前培训可分为三个阶段，即计划阶段、实施与管理阶段以及效果评估阶段，如图 3-1 所示。

图 3-1　岗前培训的流程

### （一）岗前培训的计划阶段

岗前培训的第一步是确定培训的目的。岗前培训作为企业组织的一个固定培训项目，通常会编入组织的年度培训计划。组织将根据自身的组织战略目标、组织文化建设和人力资源战略确定新员工培训的内容和基本方向，制订岗前培训的具体计划。

一般而言，在制订岗前培训的具体计划时需要考虑以下几个问题。

1. 制订岗前培训计划要点

（1）培训活动的目的。
（2）培训的内容与形式。
（3）时间跨度及课程安排的具体时间。
（4）培训的地点是组织内部还是其他地方。
（5）培训讲师是聘请内部培训师还是外聘培训师。
（6）人力资源部门和用人主管部门在岗前培训中的分工与协作。
（7）人力资源部门跟踪岗前培训工作所用的审查清单。
（8）员工手册的制作与内容更新，新员工文件袋的制作与设计。
（9）培训课件的审核。
（10）如何检验培训的效果。
（11）岗前培训活动的成本大小。

2. 岗前培训文件袋

其中，新员工岗前培训文件袋一般包括以下几项材料。

（1）最新组织结构图。
（2）未来组织结构图。
（3）本单位区域图。
（4）有关本行业、本系统的重要概念和术语。
（5）行业和系统政策手册、员工手册副本。
（6）组织工作目标及说明副本。
（7）岗位说明书。
（8）工作绩效评价的表格、日期及程序副本、其他表格副本，如费用报销等。
（9）在职培训机会表。
（10）重要的内部刊物样本。
（11）重要合同的副本。
（12）重要人物及部门的电话、住址等。

**（二）岗前培训的实施与管理阶段**

员工岗前培训一般由人力资源部门和用人部门合作开展。首先，由人力资源部门总体负责员工岗前培训的组织和策划活动，并对整个培训过程进行协调、组织、跟踪以及评估。在这个阶段，培训的主要内容包括组织的概况、组织政策、规章制度和规范化运行手册以及组织文化和员工行为规范等。接着，在新员工对组织有一定认识和了解的基础上，用人部门负责对新员工进行有关本部门和本岗位的岗前培训，以增加新员工对组织和岗位的感性认识。在此阶段，培训主要包括介绍本部门的情况和岗位职责，参观本部门的工作设施和生产环境，介绍相关的工作内容、岗位要求、注意事项、工作绩效考核标准和方法，以及部门的相关领导及同事。

## （三）岗前培训的效果评估阶段

在岗前培训过程中，正式的和系统的培训效果评估是非常必要的。评估内容是对每一位新员工进行全面的复查，看其是否真正领会和掌握岗前培训内容。人力资源部门应在新员工工作一段时间（如1个月）之后对新员工进行岗前考核，考核方法可以是新员工代表和各主管人员进行座谈，也可以采用问卷的方式普查所有新员工。

岗前培训效果评估主要包括以下五个方面的内容。

（1）是否了解组织的规章制度和组织目标，对组织文化是否认同。

（2）岗前培训活动是否适当，培训场所、文件资料和表达方式是否使新员工得到了关于本组织的良好印象。

（3）培训内容是否容易理解。如果各种岗位和各种背景的新员工在一起接受岗前培训，如办公室文员和销售人员在一起培训，那么就需要了解岗前培训活动的内容和风格是否普遍适用、是否容易理解和接受。

（4）岗前培训的内容是否有助于与他人沟通。

（5）岗前培训是否具有激励效果。

如果岗前培训的效果达到了预期的目的，那么就需要岗前培训的主管人员、人力资源部门的代表和新员工的部门主管在完成清单上签字，然后存入员工的个人培训档案。

**宝丰能源集团新员工培训体系**

## 四、岗前培训的内容

岗前培训是员工对新岗位形成第一印象的重要方式。岗前培训的主要内容是让员工了解新岗位必需的知识和技能，使他们尽快熟悉岗位的责任。对于企业的新员工而言，岗位培训还必须帮助新员工熟悉工作环境，让新员工对企业产生归属感。

### （一）企业体制的信息

企业体制的信息包括企业的经营环境、经营方式、企业政策和管理规章制度、员工构成和工作流程等。企业一般会将这些内容制作成员工手册发放给员工，方便员工阅读学习，并可在日后工作中进行查阅。

### （二）企业发展历史

了解企业发展历史可以帮助新员工了解企业的经营哲学和管理风格，让新员工对企业产生归属感。同时，也可以帮助员工合理规划自己的职业生涯，使其职业发展目标与企业发展目标相一致。

#### （三）企业发展目标

始终要将企业的使命和愿景描述放在第一位。每一个企业都应该有一个使命宣言和愿景描述，呈现在企业的经营计划中并指导企业的所有决策。使命宣言要说明企业是干什么的和为什么存在；愿景描述要说明企业需要发展成什么样子，描述企业的理想。两个描述应该简洁易懂，让员工清楚地知道企业向何处发展以及为什么要这样发展。此外，还应该让员工了解企业的目标以及实现这些目标的计划。企业需要阐明为什么新员工对组织的成功很重要，认真回答新员工提出的有关企业的奋斗目标和每位员工如何加入这一奋斗过程等相关问题。如果企业以团队为基础讨论企业的规划，那么就让新员工尽快参与进去，因为参与了计划制订的员工会更加积极地实施计划。

#### （四）岗位工作的信息

岗前培训不仅要向新员工介绍整个企业的情况，还要介绍他们自己的工作岗位，以便在规定的时间内让员工掌握科学合理的工作方式。从与新员工见面时起，就要向其详细介绍职位说明书、工作绩效考核的具体标准和方法、岗位基本的工作流程、岗位常见的问题及解决方法、工作时间和业务合作伙伴或服务对象、工作中请求援助的条件和方法、加班要求、规定的记录和报告、设备的使用和维护等职业必备的知识与信息。

#### （五）建立员工归属感

岗前培训的目的是帮助新员工尽快融入企业，让他们感受到公司领导及同事的认可和欢迎。首先，通过给新人安排好座位及办公的桌子、举办一场新员工见面会或部门聚餐、领导与其直接沟通、举行野外拓展或团建等方式消除新人对周围工作环境的陌生感；其次，通过及时观察新员工的情绪状态等，帮助新员工及时调整，从而完成角色的转变；再次，要适度授权，让新员工了解企业目前正在开展的活动，并鼓励其积极融入，主动完成任务；最后，给予员工及时的表扬与鼓励，与员工建立起互信关系。

例证 3-4

碧桂园化茧成蝶的岗前培训

### 五、岗前培训的发展趋势

随着企业的发展，岗前培训的重要性日益凸显。随着企业对岗前培训的日益重视，岗前培训越来越规范化和规模化。目前，岗前培训主要有三个发展趋势，即岗前培训日益受到重视、日益规范化以及建立稳定的培训基地。

### (一) 岗前培训日益受到重视

岗前培训是新员工职业生涯的起点。新员工在进入企业之前，每个人的工作和学习经历、价值观念、文化背景等各不相同，与企业的文化也不完全一致。岗前培训意味着新员工必须放弃某些理念、价值观念和行为方式，以适应新组织的要求和目标，并学习新的工作准则和有效的工作行为。同时，企业通过实施岗前培训，能够帮助新员工更新知识体系，完善知识结构，建立与同事的工作关系，建立符合实际的预期；让新员工从踏入组织的第一天起就牢固树立起企业文化的理念；使其快速融入组织并积极开展工作，为组织创造效益，实现自我价值。因此，岗前培训越来越受到企业的重视。

### (二) 岗前培训日益规范化

虽然一些企业开始注重岗前培训，但容易流于形式和走过场，培训效果一般。为提高和强化岗前培训效果，企业越来越重视岗前培训内容的制定、培训师管理、考核制度和培训效果的评估与跟踪，力争做到培训与管理规范化。

### (三) 建立稳定的培训基地

岗前培训只是企业岗位培训工作中的一项内容，随着行业的发展，各企业的培训任务将更加繁重和艰巨。随着企业对育人、留人重要性认识的加强，企业需要建立一个相对稳定的培训基地或建立企业大学作为培训场地，以便为岗前培训工作提供良好的环境。

**例证 3-5**

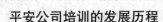

平安公司培训的发展历程

## 第二节 在 职 培 训

在职培训的最大特点就是接受培训的员工在接受培训期间并不脱离岗位工作。这样的培训可以帮助企业减少员工脱离岗位工作所带来的成本压力，但是会增加员工的工作量。员工一边工作，一边接受培训，可能会出现分身乏术的情况。因此，企业在要求员工接受在职培训时要调整和平衡工作与培训的时间，尽量做到两者兼顾。

### 一、在职培训的概念与特点

#### (一) 在职培训的概念

在职培训是指企业在不影响员工日常工作的情况下，通过培训学习，使其在知识、技能、安全生产意识上不断提高，使员工的知识、技能和素质与现任或预期的岗位相匹配，进而提高员工现在和将来的工作绩效。在职培训是提高企业员工全面素质的一种主要途径。

### （二）在职培训的特点

在职培训与前面介绍的岗前培训的区别在于在职培训的员工已经在该岗位工作了一段时间，对岗位工作具有一定的熟悉程度，了解岗位在企业中的角色和运作流程。在职培训相对于其他类型的培训有其自身的特点，具体表现为以下四点。

1. 不耽误工作时间

脱产培训需要员工暂时离开工作岗位，会给工作的连续性造成一定的影响，而在职培训则不同，在职培训将培训和工作紧密结合起来，融培训于工作之中，让培训和工作之间产生互动，使员工在工作中参加培训，从培训中获得更多的工作机会，从而获得更有价值和实际意义的提升。

2. 培训内容与工作相结合

当前许多企业都会为员工安排在职培训，但是一些企业的培训内容往往脱离员工的实际工作，没有根据员工所在岗位真正需要的知识和技能进行培训，这很容易导致培训活动丧失其应有的针对性，也造成企业资源的浪费。因此，在实施在职培训时需要将培训内容和工作实际紧密结合起来。

3. 培训方式灵活

企业在职培训的对象都是在职员工，培训师在培训中必须讲究培训的技巧，不能随心所欲。在职员工集中培训的时间比较零散，但是又要求员工掌握更加全面的技能和知识，因此，时间短、学习任务重的矛盾十分突出。此外，接受培训的员工通常在工余时间才进行培训。工作之余的员工处于身心比较疲惫的状态，培训方法要以能够激起员工积极性和主动性为基础进行设计，因此，对在职员工的培训可以使用参与式培训。在培训过程中，培训师应该多用实例并创造更多的机会，使接受培训的员工将自己所了解和掌握的知识和技能表现出来，以供其他接受培训的员工观摩，也可以采用"吊胃口"的方式和其他技巧提高员工的学习兴趣，多表扬、少批评能够增强员工的信心。

4. 节约培训费用

随着时代的不断发展与进步，人们的观念在不断地更新。现在，培训在很多管理者眼中已经不再是一种成本，而是企业对员工的投资，相关的费用也伴随着培训工作的展开而产生。但是，与脱产培训不同的是，在职培训可以投入很少的成本，如买套培训光盘，观看后进行讨论，不仅让更多的员工在培训中获益，而且节约了大量的培训费用。

## 二、在职培训的作用

在职培训具有以下三个方面的作用。

### （一）将新科技成果转化为工作成果

当行业内出现了新工具或者新技术可以提高企业生产力时，企业往往会安排培训，让相关的员工学习这些新工具的使用方法或者新技术。在职培训就是这样的一个途径：让员工接受新技术，再将培训成果用于工作中转化为工作绩效。在职培训新技术，可以让员工在培训时不断地联系实际，一边学习，一边思考怎样根据企业的情况运用这些科技成果，防止培训成果依然保持在理论化的状态。

### （二）增加员工对该岗位工作趋势的了解

企业要发展，必须保持不断向前的状态。然而，员工在岗位上工作时，有时候会处于一个比较封闭的状态，自己完成自己的工作，无法了解行业内的发展态势。通过在职培训，在不影响员工工作的前提下，提供一个途径让员工通过学习培训知道行业内的最新科研成果和发展动向，加深员工对行业发展概况的了解。这样可以使员工在工作时将目光放得更远，更加具有创新思维。

### （三）提高员工个人工作能力

企业为员工安排培训，目的是希望员工将培训成果运用于日常工作，然而对员工而言，通过在职培训，还可以提升自身的素质与能力，提高个人的工作能力，加强自身职业竞争力。目前，企业为了配合市场规范化的需要，会为员工安排相关资格认证的培训，通过员工获得资格认证来提高企业发展的竞争力。这样，不仅让企业获利，同时也让员工获利。在企业的安排和支持下，员工获得相关行业职业资格认证，是对自己工作能力的一种肯定，拓宽了自己的职业发展道路，薪酬上也会有相应的提高。在许多企业中，在同一岗位上，是否拥有职业资格认证通常与薪酬相联系。

## 三、在职培训的流程

在职培训的内容不是企业随意决定的，而是要切合员工的职业需求，根据培训需求调查结果进行设计和安排。企业对在职培训还要进行必要的管理，对员工进行必要的考核，以提升培训效果。在职培训的流程与实施步骤包括需求调查，内容的设计、实施、管理与考核等，如图3-2所示。

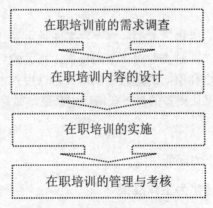

图3-2 在职培训的实施步骤

### (一) 在职培训前的需求调查

员工在岗位上工作一段时间后必定会遇到一些问题，这些问题会限制员工工作绩效的进一步提高。企业在安排在职培训时，需要知道员工在工作中存在的问题。这些问题虽然不一定都可以通过培训得到解决，但大多数问题还是可以解决的。

针对员工培训需求的调查，既要对员工本身进行调查，也要参考员工直接上级的建议。虽然员工对工作中力不从心的情况很清楚，但是往往在表述上带有个人情感，不能够系统、客观地反映培训需求。而员工的直接上级可以用比较客观的态度评价该员工的工作，从而系统地总结员工需要培训的地方。另外，员工的培训需求也要和企业发展的需求相结合，配合企业发展战略的实施。因此，在做培训需求调查时也要考虑企业和行业未来的发展趋势。

### (二) 在职培训内容的设计

企业在做好培训前的需求调查后，还要根据调查结果进行培训设计。培训设计不仅仅包括选择贴近需求的培训内容、合适的培训师和培训方法，还要注意合理地设计培训时间。在职培训的关键就是培训时间要与工作时间相配合，要避免起冲突，否则员工会因为害怕完不成工作任务而放弃培训机会，弄巧成拙。

### (三) 在职培训的实施

培训实施是在职培训工作的主要阶段。培训要切实地根据培训计划开展，但是计划往往与现实存在冲突。因此，在实施阶段需要不断地调整培训计划，并将调整的部分记录下来，以便于日后的培训计划可以更加贴近现实。在培训实施期间，有两个方面的工作：一是培训工作；二是教务工作。其中，培训工作是指在按照培训计划对员工实施培训的过程中还要在培训内容、培训技巧、培训方式、培训师等方面不断进行修正；教务工作就是要平衡员工工作与培训的时间安排、培训所需资源的分配等。培训实施需要企业对培训进行严格的管理和控制。

### (四) 在职培训的管理与考核

在职培训和其他培训一样，都要纳入企业年度培训计划。在职培训与其他培训又有不同，因为接受培训的员工是一边工作，一边接受培训，这样的培训需要员工具备很强的自觉意识。因此，企业在工作安排上尽量不要让接受培训的员工的工作压力过大，更要避免延长工作时间，因为过长时间的工作和过大的工作压力只会让员工无法投入培训，从而使培训变成浪费时间、人力和物力的活动。同时，为了避免员工因为工作疏忽培训，企业也要制定相关的培训考核制度来适当地增加员工的培训压力。参加在职培训的员工大多数已离开学校多年，需要企业激发员工的自学意识和对培训的自觉参与意识。

### 例证 3-6 美国电话电报公司（AT&T）的员工培训项目

## 四、在职培训的发展趋势

由于在职培训需要员工一边接受培训，一边工作，因此，以往的在职培训内容比较零散，难以形成完整的体系。同时，由于企业对员工的知识和技能的要求不断提高，在职培训作为一种行之有效的培训类型，正在不断地与时俱进和演变。在职培训的发展趋势表现在以下五个方面。

### （一）培训内容从单一技能培训向多元化发展

以往的企业通常会为技术人员安排培训，希望通过技术人员在技能上的提高来提升生产效率，但是随着企业经营方向的多元化，员工的培训不再只集中于技术和技能，而是从企业经营的各个方面出发，为员工提供不同培训的选择。例如，目前有不少企业针对管理类的培训与大学进行合作，让企业管理层可以对学术界相关领域的最新研究成果和行业发展态势有所了解。

### （二）在职培训趋向系统化，持续性强

现阶段，企业的人力资源状况日益成为企业重要的核心竞争力，企业员工的职业生涯也和企业的发展息息相关。为了能够留住有用的人才，时间比较短和零碎的在职培训也趋向于系统化和较强的持续性。企业将员工所接受的培训和培训考核结果记录在案，同时与员工的工作绩效和职业生涯规划联系在一起，为员工提供合适的培训机会，这样可以增强员工对企业的归属感，为个人和企业创造更多财富。

### （三）培训方法从单一化到多样化

在传统的在职培训中，多是"师傅带徒弟"式的言传身教方法，即以课堂讲授和实地观摩为主，培训方法比较单一，学员被动参与的时候比较多。而现阶段多种多样的培训方法使得培训活动丰富多彩，既加深了员工对培训内容的理解，又更大程度地发挥了员工的积极性和主动性。这种参与式培训方法较以往的被动式培训方法更科学和有效，大大提高了培训质量。

### （四）员工态度从消极对抗到积极参与

在传统观念中，参加培训的员工都是那些工作表现不佳的人员，再加上培训内容枯燥、方法单一、工具落后，员工对参加培训有抵触情绪，即使参加了培训也是混日子。

到了 21 世纪，工作种类随知识的更新而更新，传统的工作岗位不断地减少，甚至消失，更多新型的工作岗位不断地涌现出来。企业员工为了避免被淘汰，只有积极地更新知识和提高技能以适应社会的发展。在这种社会大背景下，员工学习的积极性和主动性大大提高。同时，在培训中，员工可以向上司提出自己需要接受培训的课程，由公司培训部门、管理人员、员工三方协商安排。这种培训因为有员工个人的参与和决策，而且是员工的实际所需，员工往往更有主动性，更乐于参与，培训效果也更好。

### （五）内部培训师越来越专业化

内部培训师的起源与企业内部导师制和师徒制的岗位技能培训相关。越来越多的企业认识到了内部培训师的价值，开始组建自己的内部培训师队伍，而企业内部培训师的质量又取决于企业对培训师的管理水平。许多知名公司为适应企业发展的需要，都拥有自己的内部培训师队伍，在内部培训师的选拔、管理、评估和激励上形成了一套较为完善的政策与制度，甚至建立了成熟的企业内部培训管理模式——企业大学（陈李剑，2014）。由此可见，企业内部培训师逐渐走上普遍化、专业化、职业化的道路。

**宝洁公司的内部讲师制度**

# 第三节 脱岗培训

接受脱产培训（又称脱岗培训）的员工暂停手上的岗位工作，一心一意地参加培训。脱产培训时间集中、内容系统，并且员工可以一心一意地参加培训。由于员工暂停岗位工作，因此企业的脱产培训成本比在职培训成本高。

## 一、脱产培训的概念与特点

### （一）脱产培训的概念

脱产培训是指在工作场所之外的教室或者训练场所进行的集中训练，也可以说是一种以素质为中心的文化学习模式，主要以专门领域知识的高度化和基础知识技能的提高为主（王国辉，2013）。

### （二）脱产培训的特点

脱产培训与前面介绍的在职培训最大的不同点在于培训时间、人员和内容集中，更加有效率（权肖云，2014）。也就是说，参加培训者有足够的时间专心参加培训，有些类似于在学校上课的学生——唯一的任务就是学习。

1. 学员暂时脱离工作岗位参与培训

参训者需要脱离工作岗位是脱产培训与其他培训的最大不同点。无论是岗前培训，还是在职培训，接受培训的员工都是在企业里面一边工作一边学习的，有些甚至连培训场地也在企业内部。对于脱产培训，企业为学员保留职位，学员脱离岗位并离开企业去参加培训。由于学员暂时脱离工作岗位，因此学员的首要工作任务就是认真接受培训。脱产培训还包括培训学员了解工作合同、服务年限、工作待遇等相关内容。

2. 培训时间、人员和内容集中

由于参训者暂时脱离工作岗位，全身心参与培训，因此脱产培训的时间、人员、内容集中。脱产培训将学员完全放在接受培训的氛围中，学员原本需要在岗位工作的时间全部用于接受培训。如此充足的时间可以安排更加系统、专业和理论化的培训内容，使学员不再像以往的培训那样只是知道一些很表面的知识。同时，深入学习有用的知识，可以使员工在日后的工作中更加高效和灵活地将培训内容转化为生产力。需要注意的是，企业要为脱产培训选择和安排更加专业和负责任的培训师，否则就会造成培训资源的浪费。

3. 投资回报率较高

员工未投入工作会造成企业当期的经济损失，培训所需的费用是由企业支付的，因此，脱产培训的成本比其他的培训高。因为培训成本高，所以企业一般会倾向于为员工安排回报率比较高的培训。例如，挑选企业内一些技术类型的员工，安排他们暂时离开岗位，全身心地接受新专业技能的培训。这些专业技能在培训结束后通常是可以直接应用于企业生产经营的，大大缩减了将培训成果转化为生产力的时间。

**可口可乐公司员工的脱产培训**

## 二、脱产培训的作用

脱产培训与其他培训相比有明显的优势，即培训时间集中、培训内容系统化，这些优势使得脱产培训具有更高的效率。

### （一）实现员工理论知识的系统化

企业安排员工接受培训就是要员工有机会学习新的知识和技能，并将其应用到工作上，提高生产力。岗前培训主要是让员工熟悉和了解岗位工作的情况，缩短员工对岗位工作的适应期；在职培训是要员工一边工作，一边接受培训，时间零散，员工很难集中精力接受培训，培训效果通常不太理想。由于脱产培训具有时间集中、内容集中的特点，使得员工能够全身心投入培训，加深员工对培训内容的了解，而且可以更系统地将培训内容与实际工作进行联系。

### （二）提高培训效率

企业安排员工进行培训的最大障碍是员工很难在不影响工作的情况下专心接受培训。脱产培训可以让员工暂时放下岗位工作，专注于培训，提高培训效率，达到事半功倍的效果。因此，脱产培训的培训效果常常是比较显著的。

### （三）促进学习型组织的建设

在向知识经济时代迈进的过程中，由于知识化和网络化的发展，工作对员工的要求和员工获得知识的方式也在发生变化。工作对员工的要求越来越高，员工必须不断地学习新的知识。在知识化的浪潮中，知识的更新速度很快，科学技术以惊人的速度向前发展，科学发现与大规模应用之间的时间大大缩短。因此，脱产培训通过对员工的学习进行积极的、有计划的引导，使员工可以在不断更新观念的基础上尽快获得新的知识和新的技能，从而促进学习型组织的建设。

## 三、脱产培训的流程

脱产培训的流程大致可分为四个步骤，包括签订脱产培训合同、拟订脱产培训的需求评估与计划、实施与控制脱产培训、评估与反馈脱产培训的效果。其实施过程如图3-3所示。

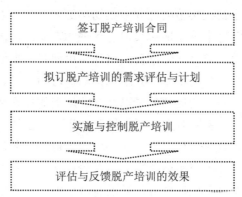

图3-3 脱产培训的实施过程

### （一）签订脱产培训合同

企业在对员工进行脱产培训之前，可先与之签订脱产培训合同，根据培训投入大小约定服务年限和违约责任。这样，即使培训结束后人员流失了，企业也可以依据培训合同获得相应的赔偿，减少因人员流失而给企业带来的损失。员工因签订了脱产培训合同，增加了其流动成本，一般不会轻易离开所在企业。一旦有了法律纠纷，培训合同也可作为依据。

### (二）拟订脱产培训的需求评估与计划

这一阶段的主要任务是运用调查与预测的方法，对企业教育培训的需求进行分析与评估，在此基础上拟订脱产培训的目标和计划内容。其中，除了在第二章中提到的培训需求分析方法，企业还可以选择以下四种方法对脱产培训需求做出调查与预测。

（1）自我申报，即设立"自我申报参加教育培训制度"，让职工申报参加脱产教育培训的理由与依据。

（2）人事考核，即依靠人事管理的考核结果分析确定脱产教育培训（脱产培训）的对象和内容。

（3）人事档案，即利用人事档案，对人员情况及历史状况做出调查，确定教育培训的需求。

（4）人员素质测评，即用一套标准的统计分析量表对各类人员素质进行评估，根据评估结果，确定培训对象与内容。

### （三）实施与控制脱产培训

这是脱产培训工作的主要阶段——实施脱产培训的目标与计划。该阶段主要包括两方面的工作：一是教学工作，根据培训目标与计划实施培训，并对脱产培训过程中出现的问题及时做出调整；二是教务工作，做好学员的出勤、考核、评价等工作，保证整个培训的顺利进行。

### （四）评估与反馈脱产培训的效果

企业为培训安排的方案在实施的过程中要切实结合企业需求进行。除了要灵活结合计划方案，企业还要在管理中不断地对培训进行评估，如评估培训师的行为、评估学员的认真程度和培训效果等。培训评估不仅是培训结束前对参加培训者进行测试，还要建立一套对培训全过程进行评估的制度，其中包括培训时间安排、培训师的专业程度、培训方式的适应度、参加培训者的培训效果以及企业培训的成本和提高经营效率的比率。这些评估都可以帮助企业完善培训安排，有利于提升日后培训的效果。

企业的脱产培训可以分为自行组织、送外培训等形式。但是无论企业脱产培训采用什么形式，都需要经过签订脱产培训合同、拟订培训计划和实施与控制脱产培训三个步骤。如果是送外培训或者与其他机构合作开展脱产培训，企业则需要在脱产培训的过程中与合作机构保持良好的沟通，以保证培训有效进行。

## 四、脱产培训的发展趋势

脱产培训越来越与企业对人才的要求相配合，因此，脱产培训的发展趋势主要表现在以下三个方面。

### （一）由注重"技能"为主向注重"人本"为主过渡

现代企业进行员工培训，在重视技能的同时，更体现一种人文主义关怀；在注重员工为本企业效力的同时，也关注员工的职业生涯发展，企业在安排培训时开始为员工的切身利益考虑，如健康计划、应对失业、寻找新工作等都成为企业脱产培训的内容。在脱产培训中，企业也开始重视员工综合能力的开发、决策能力和演讲能力的培养。这些培训从企业和职工可持续发展的角度出发，结合了两者的共同需要，体现了一种由"技能"为主向"人本"为主的过渡。

### （二）自我启发式教育占脱产培训的主要部分

随着经济全球化趋势的加快，各企业尤其是大中型企业需要大量的具有国际经营意识和技能的专门干部。因此，培训中脱产培训逐渐成为主流，自我启发式教育的比重也有相应的增加。其主要通过以下四种途径来实现。

（1）通过国内研修，学习赴任国语言、经营基础知识、赴任地区情况等内容，培养去国外子公司、国外事务所赴任的干部。

（2）通过国内研修和国外短期体验的方法培养具有最低限度国际经营意识的人才。

（3）通过在国外大学、研究所的进修，对各个部门、各种职能的具体课题进行调查研究，培养能在国际上发挥作用的高级人才。

（4）通过留学培训，专攻硕士、博士学位，学习先进技术和专业知识，培养国际性企业所需人才。

### （三）产学研模式联合培养专门人才

随着现代经济和技术的快速发展，越来越多的企业重视员工的再教育，通过与高校合作办学培养专门人才，系统提高学员对技术转移、成果转化规律的理解，掌握国内外技术转移政策和实践的最新动态，学习国内外先进经营管理理念，培养既懂科技又懂经营管理的人才。例如，著名的贝尔实验室就是贝尔公司与麻省理工学院、斯坦福大学等37所高等院校合作，负责为贝尔公司培养研究生；由中国科学院与联想集团共同发起成立的联想学院主要承办联想集团的实训班、CEO和研修班三个不同类型的班。这不仅满足了员工个人职业生涯发展的需要，也为企业培养了具有核心技术及懂管理的专门人才。

例证 3-9

**美国微软公司员工的脱产培训**

## 思考练习题

1. 岗前培训、在职培训和脱产培训之间的联系和区别是什么？
2. 在职培训有何特点？
3. 企业应该如何控制脱产培训的风险？

## 培训游戏

### 破冰游戏

"破冰"有助于打破人际交往中怀疑、猜忌、疏远的樊篱，就像打破冬天厚厚的冰层。这个"破冰"游戏可以帮助人们放松并变得乐于交往和相互学习。

以下为此游戏的几个玩法。

1. 传统的破冰游戏例子

让学员们自我介绍；两人一组，搭档介绍同组另一成员的名字、工作等情况。

2. 更富挑战性、耗时更多的破冰游戏

显示团结合作的价值。

**注意**：不是所有的破冰游戏都会起作用，有的甚至会起反作用，给随后的培训带来阴影。了解你的听众，并不是所有成年人都愿意在教室做一些让他们觉得琐碎的小事。一般而言，地位越高的人越不愿冒险做可能使他们看上去愚蠢的游戏。人们的穿着打扮可以给你一些暗示，帮助你判断一开始究竟有多少学员愿意冒险尝试。你应根据他们的穿着打扮选择游戏的开放性。来自不同公司的学员往往会感觉破冰游戏有助于相互增进了解。在企业内部举办的培训应选择不太冒险的破冰游戏。

（1）游戏例子：比长短。

每队派出一人，根据题目比长短、比大小等。

**人数**：不限，需要一位主持人。

**场地**：不限。

适合刚认识或不认识的人。

**游戏方法**：

①分组，不限人数，至少要两组，每组 5 人以上。

②主持人宣布要比的单位，然后每组派出一位他们认为会赢的人。

③等被派出的人都出来后，主持人再说比什么。

④统计每次比完的输赢结果即可。

**题目例子**：

比长：比手臂，比上衣，比头发……

比短：比手指头，比裤子或裙子……

比高：比声调，比手抬起来的高度……

比大：比眼睛，比手掌……

比多：比身上的饰物，比穿的衣服，比身上的扣子……

（2）游戏例子：串名字。

游戏方法：小组成员围成一圈，任意提名一名学员自我介绍单位、姓名，第二名学员继续介绍，但是要说"我是×××后面的×××"，第三名学员说"我是×××后面的×××的后面的×××"，依次下去，最后介绍的一名学员要将前面所有学员的名字、单位复述一遍。

分析：活跃气氛，打破僵局，加速学员之间的了解。

## 案例分析

### 华为公司新员工培训发展方案

## 参考文献

[1] 陈李剑. 企业内部培训师的角色定位与队伍建设[J]. 成人教育, 2014（8）: 82-85.

[2] 陈悦. Y公司技术人员在职培训效果分析与优化方案研究[D]. 扬州: 扬州大学, 2017.

[3] 盖利敏, 咸宁. 企业内部培训师管理方法: 基于对某国有建筑企业内训师管理现状的分析[J]. 经营与管理, 2017（4）: 47-49.

[4] 黄亚娜. 宝丰能源集团股份有限公司新员工入职培训优化研究[D]. 银川: 宁夏大学, 2016.

[5] 李秀婷. 中国中小水电企业员工培训管理研究[D]. 北京: 对外经济贸易大学, 2017.

[6] 李海文. 高校应届毕业生衔接式岗前培训研究[D]. 福州: 福建师范大学, 2017.

[7] 徐培新. 现代人力资源管理[M]. 青岛: 青岛出版社, 2003.

[8] 邱琳. 岗前培训初探[J]. 福建商业高等专科学校学报, 2009（2）: 88-89.

[9] 芮小兰. 澳大利亚政府在职业教育与培训中的作用[J]. 职业技术, 2008（4）: 64-65.

[10] 石金涛. 培训与开发[M]. 2版. 北京: 中国人民大学出版社, 2009.

[11] 王衡晓园, 李开馥. 论华为公司如何做好90后员工的入职培训[J]. 时代金融, 2018（8）: 176-179.

[12] 权肖云. 中日企业员工培训模式比较研究[D]. 长春: 吉林大学, 2014.

[13] 王国辉. 试析20世纪70年代中后期以来日本的企业内教育模式[J]. 河北师范大学学报（教育科学版），2013，15（9）：66-71.

[14] 朱全欣. S公司基于COAST模型的新员工岗前培训研究[D]. 兰州：兰州大学，2011.

[15] 朱利军. 借鉴美国校企合作模式助推高端技术技能型人才培养[J]. 广州职业教育论坛，2014，13（5）：51-54.

[16] BARTEL A P. Productivity gains from the implementation of employee training programs[J]. Industrial Relations, 1993, 33(4): 411-425.

[17] HAIR AWANG A, ISMAIL R. Training impact on new employees[J]. Economic research-ekonomska istraživanja, 2018, 23(4): 78-90.

[18] HARRIS R, WILLIS P. Learning the messages in off-the-job training[J]. International journal of training & development, 2018, 7(2): 82-92.

[19] RIDILLA P. On-the-job training: the pre-job training for new employees[J]. Plumbing & mechanical, 2018(11): 15-18.

[20] SMITH E. Theory and practice: the contribution of off-the-job training to the development of trainees[J]. Journal of vocational education & training, 2017, 54(3): 431-456.

# 第四章
# 培训计划与项目设计

 学习目标

1. 了解培训计划的概念、类型和作用；
2. 掌握企业培训计划的制订方法；
3. 了解培训项目设计的概念、内容和作用；
4. 掌握培训项目设计的步骤和方法；
5. 掌握培训项目的评估方法。

引例 ————————————————————————————

### 天虹纺织集团基层管理后备人才培训计划

天虹纺织集团是一家民营纺织上市公司，成立于1997年，经过二十多年的发展已形成包含纺纱、织布、印染、后整理、水洗、成衣一条龙纺织产业链的跨国集团。为了确保员工的发展能够跟上集团的发展战略要求，保证产品的品质，尽快实现赢利，集团内部通过组织分析、任务分析和人员分析全面、系统地掌握了集团基层管理人员的培训需求来源于管理能力培训需求和专业技术能力培训需求两个方面，并针对培训需求制订了以下培训计划。

1. 培训目的

通过基层管理后备人才培养方案的制订与实施，达到批量培养合格的基层管理人员的目的，解决集团面临的基层管理人员断层的问题。

2. 培训目标

明确基层管理人员的角色与职责，掌握班组激励与管理的技巧、工作改善的方法、PDCA工作方法、时间管理的技巧与方法、情绪与压力管理的方法、产品质量的各个关键点及其管控的方法、生产现场管理的方法、各生产工序操作流程、设备维修保养的技能和纺织生产工艺流程。

3. 培训方式

培训分为管理类课程培训和专业技术类课程培训。根据基层管理后备人才的年龄分布、学历分布、工龄分布、职能分布以及目标岗位的要求等建议管理类课程采用讲授法、案例研讨法、经验分析法、小组讨论法进行培训，专业技术类课程采用讲授法、示范法、工作现场实操法进行培训。

4. 遴选内外部培训讲师资源

结合天虹纺织集团企业特性及基层管理人员现状，建议基层管理后备人才培训方面采取两种模式并举的形式。一是遴选外部管理类讲师。邀请基层管理培训实战专家、行业标杆企业内部讲师等来公司进行管理类课程培训，然后将管理类课程转移给公司现有内部讲师。二是培养内部专业课程讲师。让通过培训后的内部讲师参与专业技术类课程的开发及后续基层管理后备人才课程的授课。

5. 培训的时间和地点

计划管理类课程以集中脱产培训为主，培训时长以6小时/天为宜，培训人数控制在30人/班；计划专业生产类课程以生产现场脱产培训为主，6小时/天，以示范讲解与实际操作结合的方式开展，每组5人，由1个岗位教练带领。

6. 培训预算

培训预算通常包含讲师课时费、教材费、差旅费、设备费、茶水甜点及餐饮费、场地租赁费等。本次基层管理后备人才培训是集团战略发展的重要内容，因此培训预算不设定上限，根据实际培训需要实报实销，但是也要求将培训预算充分合理地利用，并通过培训效果的追踪体现培训的收益。

资料来源：陈大伟. 天虹纺织集团基层管理后备人才培训改进研究[D]. 兰州：兰州大学，2018.

以上引例说明了企业培训计划制订的过程。为了让企业的员工培训进行得更加顺利，同时切合员工的培训需求，使培训效果最大化，企业需要制订培训计划，设计培训项目。培训计划和培训项目设计可以帮助企业为员工合理安排资源，用最少资源收到最好的效果。同时，培训项目设计也可以将企业的发展目标进一步渗入员工的工作，让员工更加了解自己的岗位对企业发展的作用，加强员工工作的积极性和主动性。

# 第一节 培训计划概述

计划是管理学的一个基本概念，是指制定目标并确定为达成这些目标所必需的行动。计划工作给组织提供了通向未来目标的明确道路，给组织、领导和控制等一系列管理工作提供了基础。培训计划更是如此，通过制订科学的、具体的培训计划，企业可以对培训的过程进行掌控，及时对不合理的地方做出调整，从而提高培训的成效。

## 一、培训计划的概念

培训计划是根据全面、客观的培训需求分析，从企业组织战略发展出发，对培训时间、培训内容、培训方式、培训师、培训对象、培训经费等方面进行系统的设定（李英，2018）。

企业在编制培训计划时，需要充分考虑企业及员工的需求、企业现有的资源条件、员工自身的工作能力、企业在经营和培训过程中的各种不确定因素等。此外，企业的培训计划会受到企业培训规划的影响。培训规划主要是指对企业组织内培训的战略规划。一般而言，对于个人、部门、组织、行业和跨行业等不同层次的培训对象的培训规划对应了不同的培训计划（李道永，2018）。

## 二、培训计划的类型

根据计划的时间跨度，培训计划一般可划分为长期培训计划、中期培训计划和短期培训计划。三种不同时间跨度的培训计划的目标都是一致的，只是每种计划有各自不同的重点。按照细化程度来排列，中期培训计划是长期培训计划的细化，而短期培训计划是中期培训计划的细化。

### （一）长期培训计划

长期培训计划一般是指时间跨度为3～5年的培训计划。长期培训计划的重要性在于明确培训的方向、目标与现实之间的差距和资源的配置。长期培训计划需要明确的不是企业培训的细节问题，而是为实现企业在未来一段时间内的目标而制定的长期培训方案。同时，长期培训计划不是设计具体的培训，而是根据企业现状和发展趋势构建培训的方向，具有战略意义。因此，长期培训计划的时间不宜过长，一般为3～5年，否则就会由于太多的不确定性因素而导致培训计划不切实际；另外，长期培训计划的时间不宜过短，一般不得少于1～2年，否则就会失去培训计划的发展性和战略性。

长期培训计划需要明确的事项如下：①组织的长远目标分析；②个人的长远目标分析；③外部环境的发展趋势分析；④目标与现实的差距；⑤人力资源开发策略；⑥培训策略；⑦培训资源配置；⑧培训支援的需求；⑨培训内容整合；⑩培训行动步骤；⑪培训效益预测。

### （二）中期培训计划

中期培训计划的时间跨度一般为1～3年，企业内部经常提到的年度培训计划属于中期培训计划。它起到了承上启下的作用，是长期培训计划的进一步细化，同时又为短期培训计划提供了参考。因此，它并不是可有可无的。与长期培训计划相比，中期培训计划的目标更加具体，不确定性因素比较少。通常情况下，中期培训计划需要明确的事项如下：①培训中期需求；②培训中期目标；③培训策略；④培训资源分配；⑤培训支援的需求；⑥培训内容整合；⑦培训行动步骤；⑧培训效益预测；⑨培训效果预测。

### (三）短期培训计划

短期培训计划是指企业在 1 年以内的培训计划，季度培训计划、月度培训计划或者周培训计划属于短期培训计划。与中长期培训计划不同的是，短期培训计划需要明确的事项更加具有可操作性。

短期培训计划需要明确的事项包括：培训的目的与目标、培训时间、培训地点、培训者、培训对象、培训方式、培训内容、培训组织工作的分工和标准、培训资源的具体使用、培训资源的落实等。另外，短期培训计划需要制订培训效果的评估和反馈计划。

## 三、培训计划的作用

培训计划是顺利开展培训工作的先决条件。培训计划就如同地图，为日后培训项目设计、管理和控制指明了方向。培训计划的作用包括以下三点。

### （一）确保培训项目零缺陷

培训项目涉及各个方面的事项，如果单凭印象，在实施过程中难免出现缺漏。培训计划可以帮助培训实施人员核实每一步的培训环节，避免因为缺漏而造成培训效果打折扣。

### （二）确定培训各方的职责

培训涉及的人员范围很广，内容很多，企业中每个职能部门的人负责计划的哪部分内容、每个学员的培训过程的各阶段由谁负责，都需要通过培训计划逐一加以明确。培训计划可以将具体责任落实到各个职位，使培训相关部门和相应培训师的职责一目了然，从而便于培训的管理，保证培训每一步都能够得到监督，确保培训的顺利进行。

### （三）为培训效果评估设立标尺

培训计划会做出对培训结果的预期。通过设立结果的期望，为培训实施人员设立目标，让培训实施得更有方向性，同时也为培训结果的评估设立标准。如果培训结果与预期不符，那么培训就没有完全达到效果，培训就有待于改进。因此，在培训计划实施过程中，需要对培训中的每一个环节进行检查，找出问题产生的原因。

## 四、制订培训计划时需要考虑的因素

制订培训计划时需要考虑的因素包括员工的参与、管理者的参与、培训的时间、培训的成本。

### （一）员工的参与

鼓励员工参与设计和制订培训计划，不仅能够加深员工对培训内容的了解，还能够提高他们对培训计划的兴趣。此外，员工的参与可使培训课程设计更符合员工的真实需要。

### （二）管理者的参与

对于部门内员工的培训需求，各部门主管通常比培训专员或最高管理层更清楚。因此，邀请他们参与、支持及协助培训计划的制订，将有利于提高培训计划的成效。

### （三）培训的时间

在制订培训计划时，必须准确预测培训所需时间及该段时间内人手调动是否有可能影响组织的运作。课程编排及培训实施必须严格依照预先拟定的时间表执行。

### （四）培训的成本

培训计划必须符合组织的资源限制。有些计划可能很理想，但如果需要庞大的培训经费，就不是每个组织都负担得起的。能否确保经费的来源以及能否合理地分配和使用经费，不仅直接关系到培训的规模、水平及程度，还关系到培训师与学员能否有很好的心态来对待培训。

**格力电器的培训体系与人才培养**

## 五、培训计划的制订过程

企业在建立培训系统时都会按照事先提出的培训计划来进行。企业的培训计划是依据企业宏观环境提出的，在切实进行培训项目设计时会存在与计划不相符的情况。培训计划作为企业培训的关键部分，需要深刻了解企业运作的情况，避免出现"假、大、空"的现象。

一个完整的培训计划应由课程设置、培训对象、时间、地点、培训师、培训方式、培训预算、培训估计和培训计划表九个方面构成。一般来说，制订企业培训计划通常包括五个步骤，即找准培训需求、落实课程、制定预算、培训计划的编写与审批、培训计划的管理。

### （一）找准培训需求

培训计划的制订是从培训需求开始的。培训需求包括两个层面：①年度工作计划对员工的要求；②员工为完成工作目标需要做出的提升。通过这两个层面的分析，得出企业的培训需求。具体如何确定培训需求，可参考本书第二章的相关内容（培训需求分析）。

当每个部门把培训需求上报以后，人力资源部要进行培训需求汇总，然后结合企业的目标任务，与培训需求进行对比，找出其中的合理部分并汇总整理，形成培训需求汇总表。负责培训的人员要选定分类标准，把培训需求分好类别，并在此基础上确定培训的课题。培训课题可以按照培训的内容来分类，如财务类、人力资源管理类、营销类、执行类、管理类、战略类等。

找准培训需求,就是要掌握真实需求,要了解各个部门当前的工作中最迫切的培训需求,而不是关注时下有哪些最流行的课程和哪些最知名的讲师。很多企业容易犯一个错误,就是在进行培训需求调查时并不是从公司的业务出发,而是从培训提供商出发,不是考虑员工的工作需要什么培训,而是从一些培训机构的来信来函中所列举的课程出发,把这些课程重新编排,作为需求调查的内容。而实际上,只有从员工绩效出发的培训需求才是最真实的需求,也是企业最需要的。从这个观点出发,人力资源部在设计培训需求调查表时,就要从员工的绩效出发,设计结构化的培训需求调查表。

**沃尔玛通过调查方式确定培训需求**

## (二)落实课程

根据确定的培训需求,选择合适的课程,列出培训目标、课程大纲、培训课时以及实施时间。在设计培训课程时,要注意课程的先后逻辑关系,做到循序渐进、有条不紊。在培训方式的选定上,也要根据参训人员的不同,选出最适合的方式。例如,中层管理人员的培训重点在于管理者能力的开发,通过培训激发管理者的个人潜能,增强团队活力、凝聚力和创造力,使他们加深对现代企业经营管理的理解,了解企业内外部的形势,树立长远发展的观点,提高他们的计划能力和执行能力。

另外,还需要落实讲师资源,是从外面请专业的讲师还是由企业内部的培训师来讲,或者为节省开支而购买讲师的光盘在企业内部播放,或者采用线上课程,这些都是培训主管应该考虑的事情。

## (三)制定预算

根据确定的培训课程,结合市场行情,制定培训预算。培训预算要经过相应领导的审批。在制定培训预算时要考虑多种因素,如公司业绩发展情况、过去培训总费用、人均培训费用等,在以往经验的基础上根据培训工作的进展情况考虑按比例地加大或缩减培训预算。

做培训预算应与财务沟通好科目问题,一般培训费用包括讲师费、教材费、差旅费、场地费、器材费、茶水及餐饮费等,一项培训课程应全面考虑这些费用,做出大致预算。在预算得出后,可在总数的基础上上浮10%~20%,留些弹性的空间。

## （四）培训计划的编写与审批

在以上工作的基础上，根据各个企业的自身状况编写培训计划。

初步制订出来的培训计划先在内部进行审核，由人力资源部的负责人和主管一起分析、讨论该年度培训计划的可执行性，找出存在的问题，进行改善，确定一个最终版本，提交给培训工作的最高决策机构——总经理办公会（或者董事会）进行审批。公司高层要从公司长远发展的角度出发，制定公司员工培训的长远规划，并写进公司的培训计划中。

## （五）培训计划的管理

首先，要组建培训计划项目管理小组，确定项目小组成员。人员确定到位后，每人各司其职，明确规定他们在项目小组中的工作内容和责任，并及时向项目小组成员通报，同时报分管的副总裁（或副总经理）。其次，要制订项目小组的工作计划，由项目小组成员全程参与，直到计划完成。项目小组的组长要控制培训项目的实际进程，使之能在预算指标内按期完成任务。

制订培训计划要本着有利于公司总体目标的实现和有利于竞争能力、获利能力及获利水平提高的原则，以员工为中心点，切实提高和改善员工的态度、知识、技能和行为模式。良好的计划是成功的一半，当培训计划在为企业经营和业务发展提供帮助、在为管理者提高整体绩效服务时，培训将发挥最大的效用。

**例证 4-3**

南航集团培训

# 第二节 培训项目设计概述

很多人会错误地认为，培训项目设计只是对培训内容的安排，而事实上，培训内容是培训项目中一个重要的组成部分，但不是全部。培训内容是否妥当会直接影响员工培训的效果，但是培训项目设计也要针对员工培训的其他方面进行安排，如培训方法、参与培训的人员、培训师等，这些都是影响培训效果的因素。

## 一、培训项目设计的概念

培训项目设计是指根据企业现状及发展目标，系统地制订各部门、岗位的培训发展计划（武鑫，2018）。

## 二、培训项目设计的内容

培训项目设计涉及培训过程的方方面面,其中包括培训内容、培训方法、培训师、培训对象、培训资源等。这些方面在培训项目中互相影响、互相牵制,因此,培训项目设计的内容必须顾及各个方面,以保证培训的顺利实施。

### (一)培训内容的设计

培训内容的设计影响着培训的有效性。培训内容的选择不是按照管理层臆想的内容进行设定,而是要找出员工现有的工作水平与要求的工作水平的缺口,进而设定培训的内容。因此,在培训项目设计进行之前必须做好培训前的员工需求分析,将需求分析的结果整理成报告作为安排培训内容的依据。依据二八原则的定律,企业在设计培训内容时应该考虑占企业比例20%的管理人员的培训,因为把这部分培训内容做好,就可以实现整体培训效果80%的收益。企业中层管理人员培训内容设计如表4-1所示。

表4-1 企业中层管理人员培训内容设计

| 培训模块 | 培训目标 | 培训内容 | 培训要点 |
| --- | --- | --- | --- |
| 政治素质培训 | 提高政治建表能力 | 政策法规、政治理论等 | 必要的政治理论知识 |
| 专业知识培训 | 知识更新,传递信息,提高专业能力 | 提高不同岗位对专业知识的要求,确定培训内容 | 岗位的基本专业知识、技能 |
| 自我管理能力培训 | 提高管理水平 | 时间管理、角色分析等 | 必要的时间管理和自我管理知识、技能 |
| 绩效管理能力培训 | 提高绩效管理水平 | 目标管理、激励等 | 有效管理目标和实现激励的方法 |
| 团队管理能力培训 | 提高团队合作水平 | 团队沟通与合作等 | 提高团队管理效率和质量的方法 |
| 组织领导能力培训 | 提高组织领导水平 | 领导科学与艺术、有效领导等 | 提高组织领导效果的方法 |
| 应急应变能力培训 | 提高应急应变水平 | 突发事件、紧急任务处理培训等 | 提高紧急情况处理能力 |
| 解决问题能力培训 | 提高解决问题的能力 | 疑难问题、复杂任务的处理 | 有效解决工作问题的方法和措施 |
| 长期学习能力培训 | 提高与时俱进的能力 | 行业趋势、时事新闻分析等 | 与行业发展和部门发展相关的前言理论和政策等 |
| 工作态度培训 | 端正工作态度 | 原则性、责任感、职业操守等 | 职业道德操守内容强化培训 |

### (二)培训方法的设计

随着管理理念的不断更新,培训方法也层出不穷、多种多样。企业在开展培训时要根据员工具体的培训需求,运用合适的培训方法,而不是一味地追求新颖的培训方法,关键还是要配合培训内容、学员、场地、经费和时间的要求。

> 例证 4-4

### 沃尔玛的"经验式"培训

### （三）培训师和学员的确定

培训师的合适与否会直接影响培训的效果。因此，企业在邀请培训师时要确实了解培训师的专业培训方向，然后将培训内容和接受培训的学员的相关资料提供给培训师，让培训师可以深入了解培训的各个方面。

企业能够提供给培训的资源不是无限的，因此，企业在选择接受培训的员工时也要慎重。一般而言，学员可以是新员工、即将变换岗位的员工、负责重大项目的员工等。学员的确定可以方便企业有针对性地进行培训需求的调查和培训内容的设定。

### （四）培训资源的合理分配和使用

企业在提供培训时涉及经费、时间、场地、工作任务等方面的安排。培训不是铺张浪费，而是通过培训让企业的经营更上一层楼。因此，培训的每一分钱都要用到点子上，使培训经费运用的性价比达到最大。另外，培训会占用员工的时间，这样势必会在一定程度上影响员工按时完成工作任务。因此，企业在设计培训时必须合理安排员工的工作时间和工作任务完成的权责问题，避免因为培训而对企业造成不良影响。

> 例证 4-5

### QC 训练课程表

## 三、培训项目设计的作用

企业安排员工进行培训的出发点是弥补员工的能力缺口，培训项目的设计工作应由专门从事培训项目设计工作的人力资源管理专家或人员负责。在培训前设计培训项目主要有以下两个作用。

### (一)有助于增强培训项目的可操作性

企业在安排员工培训时往往会倾向于主观决定培训的各个方面,缺乏对客观需求的反映,这会导致企业对培训自我感觉良好,但是实际效果不佳。通过培训项目的设计,让企业在安排培训时可以进行反复多次的考虑,确定培训是否符合员工所需,是否与企业发展目标一致。培训项目设计涉及培训的方方面面,因此,如果企业对培训项目的各个方面都有比较清晰的了解,就可以指导具体操作。

### (二)有助于完善培训项目

培训计划、培训项目设计方案和现实操作总会存在差异。每次在培训结束后进行总结调查,将培训效果与培训项目设计方案相比较,以便寻找无法达到培训效果的原因以及培训项目设计过程中出现的纰漏,这样有助于完善培训项目。

## 四、培训项目设计的依据

培训项目设计的依据主要包括明确接受培训的岗位、分析培训岗位的培训需求、明确岗位培训的目标三个方面。

### (一)明确接受培训的岗位

虽然企业内的每个岗位和员工都有进行培训的权利,但是企业可能没有足够的资源让每个岗位都同时接受培训。企业培训的岗位往往是根据目前企业主要的发展任务而确定的。但是,企业在确定接受培训的岗位时往往只是将目光放在短期的工作培训需求上,而忽略了企业长远发展的培训需要。因此,企业在确定接受培训的岗位时要平衡企业短期目标和企业长期发展目标的培训需求。

### (二)分析培训岗位的培训需求

确定需要接受培训的岗位后,就必须针对该岗位的员工进行培训需求分析。岗位的培训需求分析可以确定员工培训的内容和方向。

首先,要对该岗位的员工进行调研。员工在工作时对自己在该岗位工作中的知识或者能力缺口比较清楚,知道自己在工作中有哪些缺失或者不足。

其次,还应该对该岗位的上下级进行调研。该岗位的员工往往是从比较主观的方面讲述自己的工作难点,而该岗位员工的上下级则可以从比较客观的方面对员工在该岗位工作中的不足进行比较清晰的阐述。

此外,通过员工的绩效考核也可以看出员工在工作中存在的问题,从而分析工作中的问题是否可以通过培训得到解决。

### (三)明确岗位培训的目标

员工反映的培训需求或多或少会带有主观的色彩,他们可能会将工作需求和个人需求混为一谈。部分员工提出的培训需求并不是该岗位需要的,可能只是员工个人的培训愿望。为了保证培训效果在岗位工作中达到最大化,企业在进行培训项目设计和培训需求调研时，要明确岗位的发展目标和培训需求。只有明确该岗位的工作真正需要什么培训，才能得到事半功倍的培训效果。

## 五、培训项目设计的原则

培训项目设计要遵循一定的原则。只有遵循一定的原则，设计出的培训项目才能够切合企业的要求，取得最佳效果。培训项目设计有以下四个原则。

### （一）培训目标与企业发展一致

企业安排员工接受培训是为了配合企业的发展需要，因此，员工的培训需求必须以企业发展的需求为大前提。培训项目设计之前必须进行员工的培训需求分析，这是因为需要在培训前找出员工在工作中的缺口，而这些缺口是根据企业发展确定的。员工的工作目标是朝着企业目标发展的，员工的工作缺口就是岗位工作现实与工作目标的缺口。因此，只有培训目标与企业发展相一致，才可能将员工培训成为实现企业目标的重要组成部分。培训不再是为了培训而培训，而是为了让员工能够更好地、更快地完成工作目标，推动企业的良好发展，这才是培训的最终目的。

### （二）培训内容和方式符合员工需求

培训要达到目的，最重要的就是要激发员工的学习积极性。在企业中，员工往往会消极对待培训，这是因为这些培训并不是员工想要的，而且培训方式也没有引起员工的学习兴趣。不合适的培训内容和方式是培训事倍功半的重要原因。

培训需求分析其实就是针对员工的真实培训愿望进行调查分析。通常情况下，员工想参加的培训往往与企业设想的培训存在差异。培训内容要符合员工的需要，才能让员工的工作能力得到提升，达到企业预想的培训效果。培训方法符合员工需求，才能让适合的培训内容更容易被员工接受。假如合适的培训内容是做正确的事情，那么合适的培训方式就是正确地做事情。

**3M 培训：注重员工需求**

### （三）培训效果最大化，资源使用最优化

企业安排员工培训，最重要的是能够让培训达到预期的效果，也就是培训效果最大化。要达到最大化的培训效果必然需要付出成本和资源。企业的资源有限，企业投入培

训的资源也有限,因此,企业要求培训工作事半功倍。企业在做任何项目时都会进行资源预算,培训项目也一样,既要达到预想的培训效果,又要考虑资源的合理使用;既要避免为了片面追求培训效果而过分投入资源,又要避免为了节省资源而影响培训效果。在资源方面,除了要计算财务方面的支出,还要计算人力资源的付出,特别是接受培训的员工离岗对本职岗位工作的影响,尽量将培训对岗位工作的影响降到最低。

### (四)培训项目具有可持续性

不是对员工进行一两次培训就可以满足企业的发展需求。随着环境的改变,企业的发展目标和方向也会发生改变,继而员工的工作也会发生改变。在岗位上工作需要员工不断地学习新事物来适应不断发展的工作内容,因此,培训项目不是短期的,而是要长期进行的。除了企业的发展需要员工培训具有可持续性,员工个人的职业发展也要求员工不断地接受培训。只有培训项目可持续,企业才能够不断地进行改进,使越来越多的员工受益,也才可以有效地降低培训项目的开发成本。

**例证 4-7**

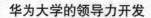

华为大学的领导力开发

## 第三节　培训项目设计过程

培训项目设计的过程包括五个步骤:①确定培训项目的目标定位;②确定培训项目对象的需求;③确定培训项目的内容;④设计培训方法组合;⑤设计培训项目效果评估方案(马昭奕,2018)。

### 一、确定培训项目的目标定位

培训目标是培训方案实施的导航灯。一个好的培训目标能够为培训项目的构建、培训方法的选择以及培训评估的有效性提供可靠的基础。

培训目标的确定有赖于培训需求分析。通过培训需求分析,企业可以明确员工目前的工作状态,得出现有员工的工作能力和预期工作能力之间存在的差距。消除目标与现实之间的差距就是企业进行员工培训的目标。有了明确的培训目标,对于培训师来说,就可以帮助设计培训计划,积极地为实现目标而进行培训;对于接受培训的员工来说,明确了学习目的，才能少走弯路，达到事半功倍的效果。

## 二、确定培训项目对象的需求

为了将企业的资源合理运用，需要在培训前进行需求分析，根据需求指导培训项目设计，不能单纯地为了培训而培训。

确定培训项目对象的需求不仅仅是针对员工个人的需求进行分析，而是要将员工个人的需求和企业发展目标相结合。员工个人的需求往往不够客观，有部分培训需求只是员工个人主观认为对工作有促进作用，实质上是没有必要的。企业的资源是有限的，只有确定现实的培训需求，才可以达到预期的培训效果，并将培训效果转化到工作上。

培训需求分析需从组织、工作、个人三个方面进行。①进行组织分析。确定针对企业发展方向范围内的培训需求，以保证培训计划符合企业的整体目标与战略要求。②进行工作分析。分析员工达到理想工作绩效所必须掌握的技能。③进行个人分析。确定哪些员工需要进行培训。

## 三、确定培训项目的内容

依据 KS3PWH 培训内容结构模型，企业员工的培训主要包括知识（knowledge，K）、技能（skills，S）、体力（physical power，P1）、心力（psychological power，P2）、德力（psychic power，P3）、财力（wealth Power，W）以及幸福力（happiness，H）七大方面（陈国海，晏培华，2022）。对于不同层次的员工需要确定不同的培训内容。比如对于基层员工而言，其培训项目的内容更应该侧重于技能培训、体力培训和财力培训等；对于管理层而言，其培训的内容更应该侧重于知识培训、态度培训、德力培训、幸福力培训等。此外，具体到员工和管理者个体身上，其接受的培训内容应由其当前的现状与岗位实际需要的能力之间的差距确定。

## 四、设计培训方法组合

员工的培训方法有多种，如角色扮演法、案例分析法、课堂讲授法。各种培训方法都有其自身的优缺点，为了提高培训质量，达到培训目的，往往需要结合各个不同岗位员工的工作性质，将各种方法结合起来，灵活运用。

例如，角色扮演法是指培训师通过模拟各种现实工作情况，要求接受培训的员工设身处地地将模拟情况的问题解决，从而达到培训的效果。这种方法比较灵活，但对学员和培训师的领悟能力要求很高。案例分析法是指通过一定的视听媒介所描述的客观存在的真实情景，让接受培训的员工进行思考分析，学会诊断和解决问题以及做出决策。课堂讲授法的主要形式是讲座和讨论，它是由最少的培训师指导最多学员的方法。这种方法成本比较低，但是无法做到因材施教。

国家电网辽阳供电公司的"情景模拟式"培训

## 五、设计培训项目效果评估方案

培训项目效果评估是对培训项目进行评价，主要目的在于通过对项目前后培训对象在素质和能力等方面的变化及提高程度进行观察和评价，以此确定某个培训项目的成效。

许多企业在安排员工培训时没有在培训后进行效果评估，使得企业无法知道接受培训的员工是否得到工作能力上的提高。效果评估除了可以得出培训是否达到理想的目标，还可以从培训项目效果评估中得出培训设计的不合理之处。通过对学员以及培训师进行调查可以知道培训内容是否完全满足需求，培训方法是否适合，或者企业给予的培训资源是否足够。这些数据都可以反映培训项目的效果。

设计培训项目效果评估方案可以在培训进行时根据一定的标准和方法进行评估，并且在培训偏离现实情况时可以通过评估及时发现问题并进行纠正。

一般来说，培训项目评估包括计划（需求调查、培训目标）、组织（准备、培训教学、支持督导）、结果（综合项目效益评价、需要改进的不足）三个方面。评估的主要责任人是培训项目负责人和培训项目督导人员。

### （一）计划

计划评估包括需求分析阶段是否对课程设置进行了充分调查，覆盖率、调研方法是否适合，分析资料是否正确地被诠释，分析数据是否正确完整，等等；培训目标是否清晰明确，拟定的培训活动是否完整，经由培训是否可达成绩效标准，课程设置是否符合学员需求，等等。

### （二）组织

组织评估分为准备评估、培训教学评估和支持督导评估三个方面。

1. 准备评估

准备评估包括学员是否适当甄选、讲师是否适当甄选、教材是否有助于课程目标的达成、课程时数与时间是否恰当、经费分配是否合理等关键问题；也可以对沟通（计划预通知是否到位、课前是否与讲师充分沟通）、资源是否到位（硬件设施，如培训场所及教学设备是否完善）等做出评估。

## 2. 培训教学评估

培训教学评估包括课程定位、教材开发、教具设计、教学方式、教学效果、学员态度调查等。比如，教学过程中是否随时响应学员的需求、教材及教具的准备是否完善、课前是否与学员充分沟通等。

## 3. 支持督导评估

支持督导评估包括是否有效地进行管理，如现场秩序、现场支持、教学配合、其他流程控制等是否有预先控制措施或准备。

### （三）结果

结果评估分为综合项目效益评价和组织需要改进之处两个方面。

#### 1. 综合项目效益评价

综合项目效益评价即评估整个项目中学员学习的成效。一般通过考试等方式评价教学效果，通过学员行为改变（应该是内化阶段或成就阶段）评价项目的长期效益。这方面的评估基本上可以延长到培训项目结束后的一段时期进行。

#### 2. 组织需要改进之处

一般本着有则改之、无则加勉的原则来进行。

培训项目方案设计出来后，必须进行评价才能对方案进行完善，从而减少在实际操作中产生的问题和错误。进行培训项目评价时首先要对培训目的、培训内容、培训管理和培训师的素质等各个方面进行评价。然后通过再次对方案进行评价，收集企业各方的意见和建议后进行完善。最后将培训项目方案提交到企业高层进行确认，并争取得到企业高层的支持。

**衡阳移动集团客户经理培训设计方案**

 思考练习题

1. 企业制订培训计划时需要注意哪些事项？
2. 培训项目设计在员工培训体系中占有什么样的地位？
3. 如何做好培训项目设计？

 **培训游戏**

策划一次培训

一名人力资源开发经理接到了一项紧急任务,要为一群将要着手一个新项目的管理人员安排团队建设的培训,但只有很少的时间来进行培训。运用本章学习的培训标准,需要重点考虑的因素如下。

(1)目标包含团队成员的技能知识(如团队交互作用)以及态度的形成。

(2)将学习转移到工作情境是必要的;组织气候受实用主义管理风格的影响,决定了培训应该以实际为基础,而不是关注理论和辩论。

(3)资源是有限的。时间很短,预算经费很少。

(4)学员相关因素。管理人员身负家庭责任,可能不欢迎要求离家的培训(虽然他们最终可能被说服接受安排)。另外,学员不能长时间地从他们的部门抽身参加培训。

 **案例分析**

**美的集团 2016 年度培训计划**

**日本三菱公司的培训开发课程设计**

 **参考文献**

[1] 陈大伟.天虹纺织集团基层管理后备人才培训改进研究[D].兰州:兰州大学,2018.

[2] 葛玉辉. 员工培训与开发[M]. 北京:清华大学出版社,2014.

[3] 赵曙明. 人员培训与开发:理论、方法、工具、实务[M]. 北京:人民邮电出版社,2014.

[4] 兰景林.中国南方航空集团公司员工培训模式优化研究[D].兰州:兰州大学,2018.

[5] 刘旭,王兴鹏,闵杰,等. 供电公司品牌维护"情景模拟式培训"探析[J]. 科技经济导刊,2017(15):240.

[6] 李道永. 中层管理实用必备全书: 解决中层管理者工作过程中出现的所有问题[M]. 北京: 中国友谊出版公司, 2018.

[7] 林雪莹, 王永丽. 人力资源管理: 理论、案例、实务[M]. 北京: 中国传媒大学出版社, 2016.

[8] 李英. 外部导向下的西博文化公司员工培训体系设计研究[D]. 兰州: 兰州理工大学, 2018.

[9] 刘振夏. 企业培训与开发之培训需求分析[J]. 人力资源管理, 2018 (5): 444-445.

[10] 马昭奕. H公司员工培训体系优化研究[D]. 西安: 西安理工大学, 2018.

[11] 孙秀华, 李艳. 高速公路企业员工继续教育培训需求分析研究[J]. 中国市场, 2018 (28): 103-104.

[12] 武鑫. 新时代农行领导力培训项目设计研究: 以一级支行行长培训为例[J]. 领导科学论坛, 2018 (3): 32-35.

[13] 周俊. 全业务运营背景下衡阳移动集团客户经理培训管理优化[D]. 长沙: 中南大学, 2013.

[14] 张丽. 企业人性化员工管理研究: 以沃尔玛公司为例[J]. 哈尔滨学院学报, 2018, 39 (7): 52-56.

[15] 赵妍丹. 关于培训需求分析和培训计划制定的思考[J]. 好家长, 2018, 59: 255.

[16] HUGHEY A W, MUSSNUG K J. Designing effective employee training programmes[J]. Training for quality, 1997, 5(2): 52-57.

[17] NI H J. Employees training project design based on ISPI technology in practice[J]. Applied mechanics & materials, 2014: 1713-1716.

[18] TAMAKI K, PARK Y W, GOTO S.A Professional training program design for global manufacturing strategy: investigations and action project group activities through industry–university cooperation[J]. International journal of business information systems: IJBIS, 2015, 18(4): 451-468.

[19] YAN X Y. Instructional system design in employee training in the industrial area[J]. Applied mechanics and materials, 2011(10): 121-126.

# 第五章
# 培训的实施与管理

## 学习目标

1. 掌握选拔和管理培训师的方法;
2. 了解培训实施前的准备工作;
3. 掌握培训实施过程中控制、纠偏及危机处理的方法;
4. 掌握员工培训风险的防范方法。

## 引例

### KHL 快餐公司

KHL 快餐公司成立初期,生意发展很迅速,在两三年的时间内就从开业时的两间店面扩展到由 11 家分店组成的连锁网络。

随着 KHL 快餐公司的迅速扩张,公司分管人员培训工作的副总经理张某发现,公司收到来自顾客的投诉越来越多,在最近的一个季度竟收到了八十多封投诉信,这引起了他们的不安和关注。

这些投诉反映了 KHL 快餐公司目前的经营存在诸多问题。比如,一些投诉抱怨 KHL 公司的主食和菜品的味道、品种、卫生、价格等问题;一些投诉抱怨 KHL 快餐公司的服务员态度不够热情、上菜的速度太慢、卫生打扫得不够彻底、说话用词不够礼貌、业务知识差等服务质量的问题;还有一些投诉抱怨服务员没有经过专业的培训,当顾客询问店里有关食品的问题,比如询问菜品的问题时,他们不知道该如何回答;等等。

张副总结合这些投诉进行分析,发现 KHL 快餐公司的服务员业务素质比较差、知识动力不足、服务态度也不好,并且由于新业务扩展比较快,公司在短期内招收了大量的员工,导致他们没有时间对员工进行集中培训和岗前培训,部分员工更是没有经过培训就上岗,这在很大程度上影响了服务的质量。

针对发现的问题,张副总批示人事科杨科长制订了一个培训计划,对全体服务人员开展了两周的业务培训,包括"公共关系实践""烹饪知识与技巧""本店特色菜肴"等课程。在培训之后的两个季度，KHL 快餐公司的抱怨信分别减少了 32 封和 25 封，这说明培训收到了很大的效果。

资料来源：田斌. 企业人力资源管理：理念·案例·实践[M]. 成都：西南交通大学出版社，2019.

## 第一节　培训师的选拔与管理

培训师作为企业培训的核心组成因素，是企业培训成功与否的关键。选择适合本企业发展的培训师以及管理好这样一批培训师队伍是每个企业负责培训的相关部门的工作重心。本节通过介绍合格的培训师所应具备的基本素质、技能，以及如何通过内外部渠道选择或培养、管理培训师，指导和帮助企业建立一套系统的培训师选拔与管理制度。

### 一、培训师的基本要求

#### （一）培训师应具备的基本能力素质

近年来，培训师对于企业的发展越来越重要。在新时代背景下，企业对培训师提出了更高的要求。一名合格的培训师要全方位发展，不断顺应时代需要，提高自身创新能力，注重自身水平的提升，通过自身综合素质的提高，更好地为国家、社会、企业培养人才（李荣凯，2018）。此外，培训师需结合"互联网+"经济技术的发展要求，利用现代化信息设备和技术，研究开发新型职业的培训项目，并围绕企业生产经营需求提供具有现代化特色的针对性培训服务。

具体而言，培训师要具备以下几种能力素质：①要具备扎实的专业理论知识和过硬的专业技术素质，以及辅导学员进行各种实践技能训练所需要的教练能力；②要具备丰富的教学组织和管理经验；③要掌握现代教育技术，并能运用仿真、模拟等新教学手段开发教学课程和技能训练；④要具备获取新知识的能力，具备自我发展、自我完善的能力；⑤具备培训、教学、研究和经验总结能力（王芝阳，2014）。

从核心能力来看，培训师应具备两个核心能力。一是沟通交流能力。培训师的主要工作任务是对培训者进行培训，确保培训的效果和质量，这要求培训师具有较高的与人沟通和交流的能力，善于关注和了解他人，能敏感地意识并理解他人的担忧，耐心地为他人提供建议，能够理解他人的世界观、人生观、价值观、恐惧和梦想，能够聆听并提出激发他人热情的问题，能做出直接且清晰的反馈，等等。二是激励他人的能力。培训师需要通过培训激发培训者内在的动力，鼓励培训者克服困难或障碍，实现自己的目标。因此，培训师的核心能力之一是能够成功激励和鼓励培训者发现和发展自己的潜能，并通过自我努力实现目标（杨小丽，2019）。

#### （二）培训师扮演的三种角色

在培训前的准备和培训的实施过程中，培训师要扮演的角色并不是单一的，概括地说，要完成一个培训项目，培训师至少要扮演编剧、导演、演员三种角色（王少华，姚望春，2008）。

1. 编剧

在正式培训前的准备过程中，培训师主要扮演编剧的角色。此时，培训师的主要任务是依据课程目标和学员特点，编写教案、资料和手册等书面材料，如何写出内容翔实、吸引力强的教案，是对培训师书面写作能力和构思策划能力的考验。

2. 导演

培训一旦进入实战阶段，就是培训师实施导演工作的时候了。根据培训前撰写的"剧本"，培训师要按照事先设计好的流程决定何时开场、何时给学员分组、何时提出问题让学员思考回答、何时组织游戏活跃气氛等。这些都需要培训师以娴熟的技巧来引导和指挥学员有条不紊地完成，在轻松自由的氛围中参与活动和学习有助于学员较好地提升知识、思想、行为和态度。

3. 演员

演员是培训师在培训现场担任的最重要的一个角色，培训师需要长时间地站在学员面前发表演讲，用语言、声调、手势、表情等综合表达课程内容，传递信息和思想，这要求他们必须像一个演员一样有丰富的表现手段和高超的演讲技巧，这样他们才能够在众多学员的注视下"口若悬河"，表现自如。

### （三）培训师应具备的九种能力

除前面所论述的培训师应具备的基本素质和扮演的三种角色外，成为一个优秀的培训师还需要具备以下九种能力，包括沟通能力、影响能力、表达能力、应变能力、组织能力、观察能力、控场能力、激励能力和学习能力。

1. 沟通能力

良好的沟通能力是对一个优秀培训师的基本素质要求。一位优秀的培训师除了在培训前期要与人力资源部门、学员甚至其领导进行良好的沟通，还需要在培训开始前友善地与每个学员进行沟通，充分了解学员在培训现场的动机和心态。培训师需要在培训的休息期间和学员进行充分交流，从而在整个培训过程中准确有效地把好学员的"脉"，与学员进行与培训主题紧密结合的充分互动。

2. 影响能力

面对十几个或上百个不太熟悉甚至陌生的成年人，培训师是否有能力引导他们的思路，掌控他们的思维，就要看培训师的影响力了。如果培训师有足够的影响力，就会很快地把自己和课程推销给学员。这并不仅仅依赖于培训师开场时对自己的经历做一番添枝加叶的描述，也不仅仅依赖于培训师以某个新颖、大胆的观点在学员中造成瞬间的冲击，还要看培训师在培训过程中能否一直让成年学员心甘情愿地顺着自己的思路走。

3. 表达能力

这里的表达既指口头语言的表达，也指肢体语言的表达。培训师在面对学员时，要有一种表达的欲望，至少在众人面前不木讷，不羞于张口，不手足无措，这些是培训师需要具备的最起码的素质。有的培训师就具备这种特质，他们越是在人多的场合越兴奋，越想表达自己,所以不管多么疲惫或缺乏准备,只要一上演讲台就精神抖擞。

另外,培训师应熟练掌握有关语言表达方面的临场技巧,具体包括以下四点。

(1) 讲述的时候,要条理清晰、内容充分、深入浅出。

(2) 讲故事的时候,要用轻柔、自然的声音娓娓道来,并善于添枝加叶,打动人心。

(3) 进行案例分析时,要有理有据,具有说服力。

(4) 与学员进行互动游戏的过程中,要放下讲师的威严,用风趣幽默的语言和生动的示范动作,打破课堂的沉闷,消除学员间的隔膜。

4. 应变能力

培训会受到多种因素的影响,因此,不可避免地会发生一些突发或者紧急情况,比如投影仪突然失灵、计算机软件发生故障等,这会影响培训的正常进行和培训的效果。因此,培训师在进行培训之前要想好诸如计算机软件、投影仪等设备发生故障或断电的应急预案,当类似的意外发生时,要根据实际情况灵活调整应急方案。

5. 组织能力

作为一名培训师,要做大量烦琐而细致的前期工作,包括对课程内容与方法的编排和设计,对上课时间、地点、用具的考虑,以及对各个受训单位或学员的特殊要求的收集。能否对这些因素进行有序的计划和安排,是保证课程能否顺利进行和完成的前提条件。同时,培训师还要考虑出现意外的可能,预留一些时间和资源。计划做好之后,再按照计划严格地组织和安排培训活动,以使培训能够顺利开展。

6. 观察能力

观察能力是指培训师在培训课堂上要善于"察言观色":学员的眼神有没有游离;动作是否长时间保持不变;对讲师的提问有没有反应;学员在听了某个知识点之后,是迷惑不解,还是恍然大悟,或是若有所思、频频点头等。通过这些下意识的反应可以看出学员对培训内容理解和掌握的程度;在培训过程中,学员表露出焦急的神态可能是因有其他事务需要处理;学员紧盯着培训师欲言又止,大概是想发表自己的见解;学员始终保持着抗拒的身体姿态或许是对课程有意见;等等。因此,培训师需及时关注学员的语言和非语言表现,并给予相应回应,以帮助学员更好地掌握课程知识。

7. 控场能力

一名优秀的培训师其实也是一名优秀的咨询顾问。培训师调动气氛和实现互动主要是通过提问这种看似简单的技巧来实现的。培训师通过大量的提问和引导提问并提供很有说服力的回答来博得学员的好感与尊重,从而使学员的参与积极性和热情得到极大的提高,以至于在培训过程中争相提问。而在这样的互动过程中,培训师确实又扮演着咨询师的角色。学员在提出问题时,培训师需要运用大量高超的培训技巧,如引导、鼓励、转移、倾听、提问等方法,并结合自己丰富的工作经验,最终给学员满意的答复。

8. 激励能力

培训是一个不论在体力上还是在精力上消耗都很大的工作。站了一整天、讲了一整天、维持了一整天的课堂气氛之后,讲师的身体和精神已经极度疲劳,是否还有动力进行第二天的课程准备和课程讲授,就要看培训师的自我激励能力了。能否在体力和精力大量透支的情况下,用正面积极的情绪影响自己,鼓励自己把培训继续做下去,甚至把培训做得更好,是一个很大的挑战。如果缺乏自我激励的能力,培训将是一件痛苦的事情;而通过培训师积极情绪的传染,学员也会受到激励。

9. 学习能力

对于培训师而言,学习是工作的一个组成部分或一种形式。培训师通过学习可以达到以下两个目的。

(1) 培训师自身的进步和提高。通过学习,培训师在理论和实践上都有了新的收获,等于增加了自身的"内力"和职业含金量。

(2) 学员的学习进步。通过对课程相关内容的不断充实、提高,对授课技巧的努力钻研,培训师可以在课堂上给学员带来更多的信息和更多的成长动力,这要求培训师拥有开放心态,积极主动学习,与时俱进。

**国家电网电力专职培训师的"充电"**

## 二、培训师的管理

目前,企业培训主要有企业内部培训和外包给专业培训机构培训两种形式,简称内训和外训。因此,培训师也可以分为外部培训师和内部培训师。一般情况下,企业培训师的管理主要包括培训师的评聘、培训师的考核、培训师的培训、培训师的激励等。

### (一) 外部培训师的选择与管理

培训师自身水平的高低对培训效果有着直接的影响,因此,企业在开展员工培训时都想选择优秀的培训师。外部培训师的选拔途径主要包括从大中专院校聘请教师、聘请专职培训师、从培训机构聘请培训顾问、聘请本行业的专家学者或在网络上寻找培训师。

1. 外部培训师的选择

培训师的选择在很大程度上决定了培训的效果和质量,一个好的培训师能够充分诠释课程的内容,能够让培训的效果大大提高。那么如何对外部培训师进行选择和管理呢?

(1) 了解外部培训师的途径。了解外部培训师通常有如下五种途径:①参加各种培训班。通过参加培训班不仅可以了解相关的、感兴趣的课程,而且可以发现合适的培训师,可谓一举两得。②去高校旁听。往往一些一流的培训师是在高校的 MBA 或学术研讨会中被发现的。③熟人介绍。熟人介绍是一种比较可靠的途径,最好找个机会到培训现场听培训师授课,并且与培训师沟通自己的需求。④专业协会介绍。专业协会介绍比熟人介绍更胜一筹,而且这个专业协会可能是这个培训师的师资鉴定方,因此要重视专业协会的推荐。⑤与培训公司保持接触。这种途径是当下不少企业正在采用的一种了解培训师的方式。现在很多培训公司都有自己的专职培训师,培训公司为了拓展业务,通常采取先让客户试听培训课程,再洽谈合作的方式。

(2) 培训师的甄选。通过以上五种途径了解培训师后,要对有合作意向的培训师进行甄选。甄选的时候需要注意如下六个事项:①对于企业而言,最适合自己的才是最好的,不一定要选择大牌培训师。在选择培训师时,重点关注培训师的授课内容、授课方式、授课风格等是否能够满足企业实际的培训需求。②要考量咨询公司与培训师的服务项目。企业要像面试应聘者一样从侧面向咨询公司及培训师服务过的企业进行了解,但应考虑其培训效果可能受行业及学员状况、授课内容等因素的影响。③去咨询公司考察一番。到咨询公司考察时不要过于关注硬件,应主要考察咨询公司的管理风格、企业文化,再通过其员工风貌、办公秩序、客户来电处理等发现一些问题。④不要在价格上过于计较。没有利润的服务不是好的服务,过分压低价格可能会导致咨询公司找借口偷梁换柱,或怠于课程品质与后期服务。⑤尽可能地降低风险。如果在培训前确实无法见到培训师,可以要求咨询公司提供培训师授课企业清单、课程清单、授课光盘(以便了解该培训师的授课风格及专业程度)、相关行业的课程满意率评估,并请咨询公司提供本次课程的满意率承诺(与培训费挂钩),以降低风险。⑥谨慎选择。对于那些没有专注课程的"超级讲师"或提供"全面中介式服务"的咨询公司,最好不要选择,因为结果往往会令人失望。

### 2. 外部培训师的管理

为充分发挥外部培训师的作用,依据整合资源、成果共享、规范运作、成本控制的原则,应规范外部培训师的管理。

(1) 根据培训需求寻找外部培训师,经过组织领导审核批准后确定培训师人选,并签订合约。

(2) 对外部培训师进行培训,包括企业文化、培训需求、培训目标、培训背景、学员情况等。

(3) 培训实施。培训部要预先建立监督管理机制,定期对服务费用、成本及培训计划的质量等项目进行跟踪监控。派专人每日对培训情况进行记录、分析并上报,对出现的问题和建议,在与上级和培训外包商沟通后及时纠偏。例如,记录培训的出勤率、受训人员的反应、课堂气氛等指标。同时,培训部也是外部培训师的服务者,是企业与外包商沟通联络的纽带。

(4) 对外部培训师进行培训评估考核,包括通过问卷及访谈形式调查学员的满意度以及培训部对外部培训师的评价两个方面。

(5) 对外部培训师的激励管理。根据考核结果,适当对外部培训师进行合理的奖励或者更换。

## （二）内部培训师的培养与管理

外部培训的内容宽泛，与企业实际工作结合的东西较少，培训费用很高，培训质量难以控制等问题较为突出。这就迫使很多企业不得不建立自己内部的培训部门并培养自己的培训师。但是，由于对培训方面的相关知识缺乏系统的认知和了解，又不重视内部培训师的培养与管理，导致企业的培训部门无法发挥有效的作用。内部培训师的培养与管理包括七个步骤，如图 5-1 所示。

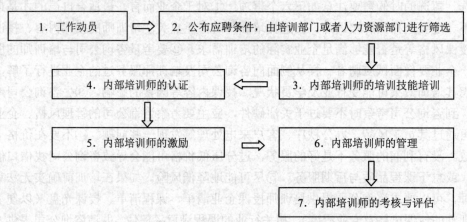

图 5-1　内部培训师的培养与管理步骤

### 1. 工作动员

这是建立内部培训部门的首要环节。由于大多数内部培训师都是兼职的，因此要做好这项工作，必须在动员的基础上，争取其所在部门的支持及其本人的同意。通常，要想使这项工作开展得更好，就应当获得企业高层管理者的支持，使选聘内部培训师的工作得到重视。

### 2. 公布应聘条件，由培训部门或者人力资源部门进行筛选

首先，公布内部培训师的任职资格条件。资格条件包括学历、目前从事工作的业务知识和技能、培训经验与技能等。

其次，整理报名名单，通过与报名者的直接主管进行沟通、对参与过报名者主讲课程的员工进行调查、访谈报名者的同事、与其本人进行沟通等方式，详细了解报名人员专业知识和技能、培训工作潜力和工作意愿等方面的信息。

再次，对候选人进行筛选，可采用试讲、面谈的方式考查其开展培训的能力（如组织能力、表达能力、逻辑能力），同时测试其水平。

最后，初步确定内部培训师的人选。一般一个部门或一类部门有 1~2 个名额，然后上报至高层管理者进行审批。

### 3. 内部培训师的培训技能培训

这是对内部培训师队伍进行培训的至关重要的一个环节，由于企业内部培训师以前很少或没有接触过企业培训，因此对于培训的专业技巧掌握得很少，即使已经具备一些，

也需要加以规范和强化,所以要对内部培训师进行大量相关的培训。

**搜狗销售培训师实用技能培训**

4. 内部培训师的认证

现代企业对培训工作的重视程度在日益提升,我国劳动和社会保障部在2002年公布了企业培训师国家职业标准,把培训师资格认证分为助理培训师、培训师和高级培训师三个等级,2017年该认证被取消,但社会上的培训师认证则受到追捧。例如,职业培训师培训(Training the Trainer to Train,TTT)是国际职业训练协会(International Profassional Training Association,IPTA)的培训师认证课程,受训学员通过考核后可获得由IPTA颁发的国际职业培训师证书(付立红,2015)。企业内部培训师也可以效仿这种做法进行内部认证。通过严格选拔并获得认证的内部培训师将更加珍惜来之不易的内部培训师资格,并努力做好培训工作。

内部培训师认证包括如下三个步骤。

(1)从学历、经验和能力等方面设计内部培训师的认证资格。

(2)成立由公司高层参加的培训师评审委员会,获取高层的支持。

(3)设置不同的认证级别,如初级培训师、中级培训师、高级培训师、资深培训师等,并规定相应的工作经验、业绩表现、培训时长以及评估分数等。

**国家电网的 TTT 培训**

5. 内部培训师的激励

大多数内部培训师都要兼顾自己的本职工作和培训工作,因此,对他们的体力和精力都有更高的要求,这也是一些员工不愿意成为内部培训师的原因之一。另外,内部培训师对授课的准备程度也会影响企业培训工作的实际效果。因此,应该采取一些能够激发他们的积极性和主动性的措施,包括精神激励(如颁发资格证书)、物质激励(如按课时给予报酬，提供职位晋升的空间）、定期培训激励等。

**广东新明珠陶瓷集团举办内训师教师节**

6. 内部培训师的管理

如何处理好培训师的本职工作和培训工作之间的关系呢？这就需要采取有效的管理模式与方法，包括以下七个方面。

（1）对于本职工作，由其所在部门进行管理，人力资源部门不应该干涉。人力资源部门要做的就是与其所在部门及直接上司沟通好，以保证内部培训师对培训工作的必要投入。

（2）对兼任培训师的员工，人力资源部门要给予必要的帮助和监督，需要明确的是内部培训师和培训部不是领导与被领导的关系，而应是合作伙伴的关系。

（3）保持培训师开发实施培训的相对独立性，培训部要及时给予协助、指导，并进行必要的监督。

（4）在课程开发、课程编写和培训活动策划上，要尽量保证内部培训师是基于本部门的实际情况，培训部在必要时要给予协助。

（5）培训部要把各个部门培训师的培训开发课程纳入整个培训计划予以统筹安排。例如，对于需要加以推广的课程，就可以扩大学员范围。

（6）在培训实施过程中，培训部要协助内部培训师，以便于指导和监督培训的过程和质量。

（7）对于培训的跟踪评估，应由培训部来做。一方面是基于对培训的全局控制和监督的考虑，另一方面是由于存在内部培训师本身的专业性、本职工作的压力、工作时间限制等障碍。

7. 内部培训师的考核与评估

首先应该明确的是关于内部培训师的岗位职责，不同的企业会制定不同的标准，但通常来说会包括以下三个方面。

（1）内部培训师需要收集资料，总结本专业领域的管理、技术或操作经验。

（2）内部培训师需要不断学习，消化外部培训课程，提高讲授水平。

（3）内部培训师不能推脱或无故缺席，若有特殊原因无法到场，应提前做好安排。

另外，内部培训师的不同态度对企业培训工作的实际效果有直接影响，所以需要对内部培训师进行考核与评估。在做到充分量化、客观公正的基础上，评估分数可以与内部培训师的绩效考核挂钩，或成为其职位晋升的要求之一。绩效考核和职位晋升与培训师的切身利益相关，因此能够在很大程度上督促内部培训师做好培训工作。

**例证 5-5**

中信银行信用卡中心：内部海选培训师

## 第二节 培训实施前的准备工作

培训工作需要做好培训前的接待、协议、通知、场所、设施、环境、后勤等方面的准备工作。下面我们将对这些准备工作逐一进行介绍。

**例证 5-6**

中兴通讯的员工培训工作

### 一、签订培训协议书

培训是企业的一种投资行为，需要耗费许多，包括人、财、物和时间。为了保证企业的利益和有助于企业的发展，同时也为了明确和保障企业与员工之间的权利和义务，有必要在培训之前签订培训协议。特别是企业出资较多的培训活动，签订协议是必不可少的手续。

#### （一）员工培训协议书

目前的确存在这样一种现象：企业花费很多金钱和精力送员工去培训，如送员工去攻读学位，或是送员工出国培训，但是培训结束后员工却以此为资本跳槽，而企业事先却没有向员工提出任何条件加以约束，白白地为他人做了嫁衣。为避免类似情况的发生，与员工签订培训协议书是完全必要的。

## 例证 5-7

**员工教育培训协议书（样例）**

结合例证 5-7 可归纳出员工培训协议书主要包括以下七个方面。

（1）培训费用的支付说明。培训费用的支付，可以由公司根据实际情况或培训学习的内容灵活决定，既可以采取公司完全支付的方式，也可以采取公司和员工按照一定比例分别支付的方式。一般来说，在接受培训之前，员工需要向企业交纳一定的保证金。

（2）培训学习期限的说明。规定培训学习的起止时间，并按照实际学习的时间计算。

（3）纪律要求。员工在学校代表的是企业的形象，不可以因个人行为而使公司的形象受损。例如，员工不得无故旷课，有违者，以旷工处理。

（4）员工的待遇、福利规定。在员工培训期间，对其应享受的待遇、福利做出规定和说明，特别是一些特殊事项，要做出详细的说明，使员工免除后顾之忧，安心地接受培训。

（5）奖惩规定。对于培训期间表现良好、考核成绩优异的员工，应给予奖励；对于表现比较差，学习结束后无法通过考核的员工，要给予一定的惩罚。奖惩结合，才能激发员工的学习热情，获得良好的培训效果。

（6）违约。一旦员工出现违反协议的行为，应按照事先签订协议的相关规定处理。

（7）免责声明。员工在外学习，企业无法完全了解其情况，也无法约束员工的行为。因此，员工因个人行为造成的法律责任或因自身的过失或不正当行为而致病（伤），公司对此不负任何责任。

### （二）对外培训协议书

对外培训协议书是指企业向社会上的专业培训公司聘请培训师时所签订的协议。外部培训协议书是与培训公司签订的，而非与培训师个人签订。培训协议书也可以直接与培训师个人签订。两者在格式或行文上并没有很大的区别，主要是内容上有所不同。对外培训协议书应当包括以下几方面内容。

（1）教授的课程。明确讲师对企业员工进行哪方面课程的培训。

（2）讲授的人选。企业有权力选择自己认为合适的讲师来负责培训。企业可以要求培训公司派遣培训师进行试讲。

（3）课程大纲和内容。在协议书之后，应附有课程的大纲或详细的内容介绍。培训师进行培训时，应严格按照协议上的规定进行培训。

（4）培训时间及地点。严格按照规定的时间和地点进行培训。

（5）培训形式。明确培训活动的形式，是在室内上课还是野外拓展，都应该有清楚的说明。

（6）培训费用及其支付方式。协议应明确规定，公司就此次培训应向培训公司或培训师支付的所有费用，并列出支付费用的明细。

（7）违约。明确任何一方出现违约情况时，应承担的责任和向对方赔偿的费用。

（8）其他事项。例如，培训师的接待事宜。

## 二、培训场所的选择与管理

培训时要提前选好培训场所，并且最好有其他备选场所。通常根据学员人数的多寡和培训的内容选择培训场所。

### （一）培训场所的选择与布置

1. 培训场所的选择

（1）影响培训场所选择的因素。①空间大小。培训场所的面积要适当大一些，既需要考虑放置培训资料和设备的位置，也需要考虑学员和讲师的座位空间，还要保证坐在后排的学员可以看清屏幕。②教学设施。多媒体工具、麦克风、桌椅等设备是否齐全。③交通便利。培训场所应选址于交通便利、方便学员到达的培训地点；确保有足够的停车位。④饮食方面。选址时应考虑学员就餐方便且具有多样化的选择。⑤经费预算。严格根据场地租用的经费预算进行选择；培训费用包括住宿费、伙食费、场地费、讲课费、资料费、交通费和其他费用等。⑥企业文化。选址应符合培训学员的组织文化。

（2）注意事项。挑选培训场所时，应特别注意以下事项：①检查邻近是否有干扰，如其他培训班、工作人员办公室等，因为噪声会分散人的注意力，影响培训效果；②培训教室是否有通风设备，是否运转良好，如何控制，等等；③检查休息室、饮用水、茶点的状况；④检查灯光、空调的运转情况和控制按钮是否良好。

2. 培训场所的布置

培训室可用多种不同方式加以布置。布置时主要考虑的因素是必须满足培训的要求，并且使学员感到舒服。房间越具备灵活布置的可能性就越适合作为培训场所。

要注意有些房间并不适合做某种布置。对于一次为时短暂的培训课来说，这并不构成什么严重的问题，然而，假如学员连续三天因注视位置放置不当的屏幕而头颈酸痛，那么他们的学习效果将会大打折扣。因此，场所布置人员最好能走到每一个座位旁，从不同角度评估屏幕的位置是否合适。如果课程有较多的游戏、讨论等活动，空间的宽敞就显得很重要了。室内布置的要求必须事先明确通知场所提供者，并随后做实地检查。

当培训内容需要学员以分组形式配合，或学员人数比较多时，采用圈形的布置比较合适，如图 5-2 所示。这种形式便于让学员形成一个临时的团队来进行讨论、练习或游戏。当然，这样布置有个不方便的地方是可能有的学员会背对着书写板或培训师，但培训师是可以走动的，所以可以减轻这种不便带来的影响。

如果培训内容是以培训师演讲为主，可以采用 U 形布置培训场所，如图 5-3 所示。

这可以使培训师走在 U 形圈内来和每个学员进行有效的沟通，培训师可以全面照顾到每个学员；学员之间也方便讨论和目光交流。U 形布置的一个不方便之处是：如果让每个学员都上台演示，有的学员可能要绕一大圈才能走过去。

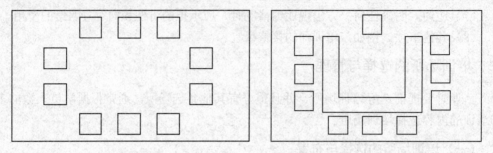

图 5-2　培训场所的布置示意图：圈形　　图 5-3　培训场所的布置示意图：U 形

剧场形也是比较常用的一种形式，尤其在进行一些人数较多的培训时，如图 5-4 所示。它的一种变形方式是将图 5-4 中的两组合并为一组。这种形式对培训师和学员之间的沟通没什么影响，但对全体学员之间的沟通可能有一些影响。因为学员之间的目光交流没有前两种形式那么方便，甚至有的学员因个头高，挡住了坐在后面的学员的视线。因此，在布置现场时，要慎用这种形式。

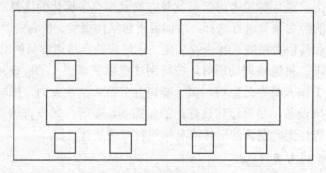

图 5-4　培训场所的布置示意图：剧场形

做完培训场所的布置后，需要进行全面自查。自查清单上可以列出以下问题，以找出需要进一步改善的地方。

(1) 经过布置的培训课室感觉舒适吗？是不是太拥挤？
(2) 培训讲台的空间是否足够宽敞以便于培训师做演讲和演示？
(3) 座位安置便于讨论、做练习、做游戏和演示吗？
(4) 课室内的音响效果如何？影响培训吗？
(5) 留出的工作空间够大吗？
(6) 通风如何？课室里需要开空调吗？温度设置为多少合适？
(7) 培训期间如果出现停电、火灾等意外情况是否有应急措施？
(8) 是否为培训中场休息准备了足够的点心、饮料等？
(9) 是否做好洗手间方位的指引？
(10) 消防设备，如消防栓、灭火器等是否齐全？

## （二）培训场所的管理

选好培训场所之后，还需要注意一些细节，具体包括以下五项。

（1）电源插口。进行培训前要到现场检查电源插口的位置和数量。检查培训所需设备的电源线是否够长，设备插头能否使用现场的插口。为了防止授课时挪动电源线，或有人在走动时被绊倒，最好将电线贴在地面上。

（2）灯光。在室内培训要保证灯光充足，以使学员能够清楚地看到演示板和投影。使用太强烈的灯光会分散学员的注意力；在培训中若需要关灯或调暗灯光来播放录像，培训师应确切知道灯光开关按钮的具体位置，哪个开关控制哪盏灯。灯光有可能会在某个角落干扰人的视线，因此，要从多角度观察灯光的效果，从而及时发现并解决这个问题。

（3）空调的温度是否适宜、舒适。不要因空调的问题影响学员的学习，这个问题要及早发现并解决。

（4）学员的饮水是否准备到位，应包括矿泉水、热饮、咖啡、茶水等品类，饮品补充是否及时也将影响学员培训的听课效果。

（5）场内其他设施是否运转正常，如音响、话筒、激光笔、通风设备等。有关详情，一定要向相关管理人员了解清楚。如果有可能，要亲自核查所有的设备情况，以保证不因场所的问题影响培训效果。

## 三、培训的后勤工作

为了保证培训的顺利完成，培训组织者一定要精心安排相应的后勤保障。在一次培训的进行过程中，后勤工作的具体内容包括以下七个方面。

### （一）告知交通信息

培训地点一般要选择交通比较方便的地方。在组织培训时一定要了解到达培训地点需要多长时间。如果距离较远，可安排专车将学员送到培训课室；若距离近，可以告诉学员选择哪种交通工具。可以通过现代信息技术，如使用微信定位发送具体位置，或使用高德地图、百度地图的导航功能精确提供出行方案，包括自驾、公交车出行、地铁出行等具体路线，并建议学员在何时到达较好。

提到交通时，不得不考虑天气因素，因为天气情况也将直接影响学员到达培训地点的时间，而且如果在室外培训，天气是最大的影响因素。培训组织者要密切留意培训前一周的天气情况，如果发现天气（如台风、暴雨）不利于培训，应立即与培训组织部门协商是否改期。

### （二）准备教学设备及辅助工具

投影仪、计算机、激光笔、白板等教学设备是否已经准备好？是否需要带相关接线板？已经具备，还是要临时租用？若是租用，已经联系了吗？对它们有没有进行必要的检查？还要准备哪些印刷品材料？这些教学设备和辅助工具由谁负责带到培训现场？上述工作应明确分工并落实到人,才能保证不会遗漏所需的设备和材料。

### (三) 设定技术维护人员

培训时既然要使用一些教学设备,那么事先设定技术维护人员就是自然而然的事了。不过,这一点比较容易被忽略,如果被忽略,到了有故障发生时,现场就难免会出现慌乱。

因此,即使在设备状况良好的情况下,也要对谁能提供技术服务心中有数,一旦出了问题,立即与他联系,及时排除故障。如果可能,在安排后勤工作时就要考虑工作人员是否有相关的技能。

### (四) 安排茶点和膳食

如果培训课就在企业内的会议室或培训室进行,茶点和膳食安排会较为灵活,可以结合培训课程的进度以及经费预算加以安排或调整,如茶歇时间提供饼干、糕点、水果、矿泉水、咖啡、热茶等,有的企业干脆在学员的座位上或资料袋里放一瓶矿泉水。考虑到学员的用餐习惯及口味,也可以安排学员课后在企业的食堂就餐,从而节约培训经费。

但是,如果培训的场所是租用的,如酒店的会议室,茶点膳食的供应有一定的时间规律,就需要将实际情况向学员交代清楚。例如,一到就餐或茶点时间就有专人提醒学员去取用茶点。

**培训期间因就餐产生的困扰**

### (五) 安排住宿

外出培训一般需要安排住宿,住宿通常安排在培训和就餐地点附近。住宿房间要根据培训对象、价格、服务、卫生、安全等具体情况确定。很多情况下,两三个学员可能需要合住一个房间,这就需要事先将学员进行分组,为个别需要照顾的学员安排单间。培训专员手头最好持有一份入住名单,详细记录学员的姓名、单位、电话和房号,方便联系。有的培训则提供酒店和住房信息,公司与酒店签订入住优惠协议,让学员自行选择和入住。

### (六) 熟悉培训现场的周围环境

一般人都有这样的经验,到了一个陌生地方,首先要了解衣、食、住、行的情况。同样,到了培训地点,有必要清楚了解卫生间和电梯的位置、安全通道的路径。虽然发生意外的概率很低,但不是说绝对不可能,事先知道了安全出口,到真正有危险时,就能临危不乱。熟悉了周围环境，还有一个好处就是可以向有需要的学员建议住宿、饮食、坐车（停车）、娱乐、购物、体育锻炼、休闲的合适地点。

### （七）适当安排自由活动时间

设计培训方案时，应给在异地的参训者和培训师安排一些可以自由支配的时间。如果遇到周六或周日，应空出一天或半天时间让大家自由活动。如果把培训时间安排得过于紧凑，则会显得不通人情。人们到达一个新地方，都会希望看看外面的世界。走出培训课堂，看看外面的风景，也可以开阔人们的眼界。短暂的放松有利于恢复精力，否则，人们也会以各种理由（如身体不适等）请假外出，寻找机会达到他们的目的。

## 第三节　培训实施过程中的控制、纠偏与危机处理

培训在实施过程中存在很多变数，以致不能够很顺利地进行，因此要进行有效的控制以保证培训的顺利实施。在出现意外情况时要及时去处理并进行纠偏，保证培训活动不受这些意外因素的影响，使其按照计划顺利进行下去（王少华，姚望春，2008）。

### 一、培训实施的基本原则

#### （一）安全第一的原则

生命安全永远是排在第一位的。在进行培训时需提前做好预防措施和备选计划，及时购买意外伤害保险，以减少培训风险的发生，保证培训安全。此外，培训应考虑政治安全，在选择培训讲师时需评估其政治立场，确定其授课大纲和内容是否符合中国社会主流价值观。

#### （二）效果优先的原则

培训的效果在很大程度上体现了培训的水平和质量，这要求在培训实施的过程中遵循效果优先的原则。具体而言，在培训开始前需对培训期望实现的效果有一个预估，并在培训的形式及内容上适当进行调试，以最大程度地实现期望的培训效果。在培训的过程中，需依据学员的临场状态和反应对错误导向、不适用的培训方法及培训内容进行调整。在培训结束后，需对培训的效果进行反思和总结。

#### （三）过程管理的原则

培训实施的重点在于培训的过程，因此，需要组织者和培训者做好过程管理。具体而言，在培训的过程中，培训师需要讲好培训的内容，控制好培训现场，并调动学员的参与性和积极性；组织则应协助培训师做好培训管理，重点管理培训的考勤、现场的培训纪律等工作，以确保培训可以有序进行。

### (四)责任到人的原则

一个高质量且有效果的培训需要遵循责任到人的原则。具体而言,需在培训开始之前做好任务分工和安排,详细列出工作任务清单,再将工作划分给各个工作人员。在培训的过程中采取责任制方法进行管控,将培训过程中的各项事务进行细化,确保各事项皆有专人负责,保证培训过程中出现的问题及矛盾能够及时得到专人处理。

## 二、培训实施过程中的控制工作

在培训实施过程中,要做好两个方面的控制工作:一方面是在培训的过程中要避免意外发生,也就是安全问题;另外一方面与培训本身有关,那就是培训工作的合理分配。

### (一)安全工作

1. 室内培训的安全问题及应急预案

在室内培训,最大的安全隐患就是火灾。培训组织应成立应急处置小组应对安全隐患。遇到火灾时,应避免出现以下行为:纵容学员慌不择路地拔腿就跑;纵容学员慌忙收拾贵重财物;纵容学员不顾浓烟跑出门,并期望通过电梯尽快逃离火灾地点。以下为正确的应急程序。

(1)迅速切断电源。

(2)立即拨打电话报警并向培训组织者报告。

(3)紧急事件应急小组负责火情勘察,并组织学员自救和撤离。要让学员保持镇静,切忌慌乱,不加选择就跑,有可能跑入死角或者其他被火势阻拦的地方;生命比任何财产都重要,不可因为"抢救"财物而浪费了宝贵的逃生时间;发生火警时,告诫学员切勿乘坐电梯,因为在火灾中,电梯随时有断电的危险,后果不堪设想。在安全情况下通知学员出口指示牌方向及火源相反方向,利用防火通道(即楼梯)进行火灾逃生。

(4)若火势难以控制,向消防中心报警后,应急小组负责派工作人员到主要路口等待并引导消防车辆。

(5)火灾扑救后应急指挥部负责处理有关善后事宜,并协助调查火灾原因。

此外,室内培训容易发生群体性事件或个体重大突发事件,此时培训组织者应根据事态的严重程度,边处置情况边向组织部门报告;组织部门应迅速赶到现场控制局面。如有人员受伤,立即通知或送往就近医院进行救治;如是斗殴事件,除迅速控制局面、平息事态外,应将双方主要责任人和有关人员带到办公室,并劝散其余人员,随后对事件进行处理。

2. 室外培训的安全问题及预案

室外培训要特别注意人身安全问题,需要特别注意如下五个方面。

(1)采用质量可靠的培训器材。由于在野外培训会使用一些特殊的器材,学员会使用这些器材做一些具有一定危险性的动作,获取某种体验,来达到培训的目的,因此在培训的过程中，要采用质量合格、可靠的器材进行培训。在培训进行之前，要对器材进行安全检查，确保无误后，方可交由学员使用。

（2）采取保护措施。当学员在器材上做动作时，应该在器材的周围或下方设置安全网、软垫，或在学员的身上系安全绳索。如果学员动作失误，从器材上掉下，这些设施可以很好地保护他们的人身安全。

（3）专人指导。在活动之前，应由专人负责动作演示和讲解，并指导学员做出正确的动作，直到熟练后，方可独立活动。

（4）统一行动，严禁擅自行动。很多意外发生的原因就是学员不听指挥，擅自行动。事故的发生不但给自己造成伤害，也会给他人带来麻烦。因此，在进行培训之前，一定要强调纪律的重要性，严禁擅自行动。

（5）掌握一些具体的意外伤害的应对措施。这些意外包括被蛇咬伤、被昆虫叮咬或蜇伤、外伤出血、骨折或脱臼、触电、中暑等。例如，被昆虫叮咬或蜇伤时，用冰或凉水冷敷后，在伤口处涂抹氨水；如果被蜜蜂蜇了，用镊子等将刺拔出后再涂氨水或牛奶。

（二）工作分配

高效的培训需对工作进行合理的分配。在分配工作时，培训经理需考虑工作分配的可行性和实效性。一种行之有效的方法就是按照培训实施的时间和工作任务顺序，列出一个工作清单，内容包括工作任务、完成时间、执行人、检查人、检查时间等，这样的工作清单能够起到提醒的作用，每当做完和检查无误后打钩，直到培训工作完成。

以下为工作清单的内容。

（1）培训时间的安排。

（2）培训对象的确定。

（3）与培训机构的联系。

（4）培训师的确定。

（5）培训师的聘请。

（6）培训地点的选择。

（7）培训内容的选择和设计。

（8）培训所需各种物品、仪器、材料的准备。

（9）参加培训人员的食宿安排。

（10）培训经费的预算。

（11）培训经费的申请。

（12）培训经费的核销。

（13）培训场地器材的管理。

（14）协助各类培训考试。

（15）收集培训后的信息反馈。

（16）培训效果评估。

（17）分析、总结培训经验。

（18）监督、检查培训实施情况。

（19）员工培训的宣讲报道。

（20）员工培训协议的签订。

（21）员工培训档案材料的记录。

（22）员工培训档案材料的提交归档。

在分配工作的过程中，需要注意以下九个问题。

（1）确保工作完全被分配下去，不存在遗漏。

（2）分配到个人的工作量大致平均，不超出其工作能力范围，工作不超负荷。

（3）由专人负责每一项工作。

（4）重点工作由主管或经理监督完成。

（5）有明确具体的进度安排。

（6）有明确的工作时间安排。

（7）对可能发生的意外情况做出准备，不拖延进度。

（8）在分配工作时进行必要的指导。

（9）人力上不造成浪费，并准备少量机动工作人员。

### （三）培训纪律

由于场地的局限和人员的相对集中，室内培训需要排除的干扰因素比较多，其中最主要的是人为因素。因此，为了保证培训的顺利进行，培训师要对学员在行为上进行约束，要求学员必须遵守课堂纪律。

例证 5-9

**泰康人寿的培训纪律管理**

### 三、培训进行过程中的纠偏工作

培训实施过程存在很多变数，使培训活动不能够很顺利地进行。在出现意外情况时，要及时进行纠偏，保证培训活动不受这些意外因素的影响，按照计划顺利地进行下去。

培训中经常发生的意外情况包括如下四种：①培训环境意外；②培训设备出现故障；③后勤工作不到位；④培训师意外。

上述意外的发生都会影响培训的顺利实施，小到投影仪的插头松动，话筒出现故障，大到培训教室发生火警，都会使培训大受影响，但是这些问题对于有一定经验的培训管理者来说，不是什么很难解决的问题。在这里，我们要讨论的是培训活动中最常见也是最难以解决的问题——培训师意外。

培 训 风 波

现实中，例证 5-10 提到的现象并不少见，只是程度不同而已，我们不妨以这场风波为例分析其中的问题。

### （一）问题出在哪里

**1. 所谓名师**

当下，在培训市场上很多人崇拜和追捧所谓的名师。殊不知，在"名师"的头衔下有一部分人是名不副实、徒有虚名的。市场上的很多培训师宣称自己可以讲多种类型的课程，从管理、销售到人力资源。好比一个开餐馆的，除了所谓的招牌菜，还能提供一系列的中、西餐。在现实生活中，全能型的培训师也有，但很少见，因此打着全能培训师招牌的人就不乏徒有虚名之辈了。

为了避免选到不合适的培训师，对其背景进行必要的了解非常重要，其中包括这位名师的"出身"（曾工作过的企业和职位）、合作过的培训公司、培训经历（给哪些企业的哪些人上过什么样的课程）等，通过多方考察，才能比较准确地锁定一个企业需要的培训师。

**2. 培训师的课程设计不合理**

讲授培训课并不是照本宣科，而是针对不同层次的学员设计不同内容的课程。如果不了解受训需求就进行授课，其结果只可能是"牛头不对马嘴"。

找到水平合适的培训师，受训前与之进行有效的沟通是非常必要的。因为课程的不合理，一则可能是因为培训师的水平有限，无法设计出令人满意的课程；二则可能是因为受训前没有和培训师进行必要的沟通，使他没有充分了解学员现有的水平和需求。

**3. 培训师的工作态度不端正**

有些培训师被很多公司邀请去做培训，如此一来，由于工作超负荷，很难为每一场培训都做好准备，培训过程中就有可能出现敷衍了事的情形。

### （二）解决措施及危机处理

培训师意外的解决步骤包括严格把关、事前和培训师进行沟通、尽可能地调整改进。

1. 严格把关

培训师的质量决定了培训的实际效果,这要求对培训师进行严格的把关。

首先要聘请有经验的培训师。如果要进行一次有关销售方面的培训,那么一个称职的培训师应该有充足的企业管理和市场营销的学识和实务经验,具有良好的职业精神,掌握各种培训方式并拥有丰富的培训经验。

实践证明,聘请纯粹学院派的教授很难做好销售培训,因为他们缺乏必要的销售实战经验,很难给学员提供有效的技术性指导;而纯粹的经验派人士也难以担当培训师的角色,因为他们往往缺乏必要的理论修养和培训经验,没有掌握多样化的培训方式。

当前,一些咨询公司和高校已经有了一批有经验的培训师可供聘请,只是这类师资往往费用要求较高。这也成为许多企业选聘培训师的障碍。

2. 事前和培训师进行沟通

要在培训前 1~2 个星期与培训师进行充分的沟通。仍以销售培训为例,首先向培训师提供必要的材料,如产品介绍、营销战略与计划、学员构成、企业的销售政策与策略、绩效考评办法与薪酬制度,并向培训师说明本次培训的目的;然后请培训师设计相应的培训内容与方式,制订计划,并请培训师就此与有关学员在培训前进行必要的座谈,以确定最后的培训方案。根据经验,事前沟通越充分,培训就越容易满足对方的需求,培训效果就越好。

3. 尽可能地调整改进

如果很不幸地请到了不合适的培训师给学员培训,那么当务之急,就是想办法把可能出现的损失降到最低。

方法一:与培训师进行沟通,要求他按照学员的意见对课程内容做出相应的修改,以符合培训的实际需要。

方法二:对于那些不敬业的培训师,可以要求他认真对待本次培训,因为根据事先签订的培训协议,企业有权要求对方保证培训的质量。如果行不通,可以向培训公司反映情况,要求更换培训师,或事后投诉。

方法三:和培训公司进行沟通,就本次培训活动出现的问题进行磋商,或是更换培训师,或是修改课程后进行弥补。因为对方原因而造成的企业的损失,可以根据培训协议要求赔偿。

总之,在培训实施的过程中,对于出现的问题要及时解决,以保证培训能按照原定的计划进行。

### (三)培训师面对困境时的应对策略

作为培训师,面对困境时需要做到以下八点。

(1)将面对的问题视为教学中不可避免的一部分。

(2)需要有随时接受挑战和批评的心理准备。

(3)切忌大声指责学员,不要与学员争执不休,不要轻视或挖苦学员,不要故意为难学员，否则可能使问题变得更为复杂或恶化。

（4）找出问题的症结所在，最好与当事人一起对问题进行探讨，而不是单纯地根据以往的经验判断，自作主张。

（5）陈述自己的观点，对自己的决定进行说明和解释，以便取得学员的理解和支持。

（6）不要孤军作战，要征询大家的意见，让大家帮助你共同解决问题。

（7）一旦做出合理的决定，应坚决执行，如有人不愿服从，不要强迫他们，可劝他们退出培训。

（8）不要忘了运用目光注视和距离控制（走近或远离学员）的方式，这往往比语言更有分量，效果也更好。

## 第四节　员工培训的风险防范

培训工作有其自身的风险。如何对企业培训的风险有一个正确的认识并且进行防范，将风险发生的可能性降至最低，是培训工作组织者和企业领导层需认真考虑的问题。

### 一、员工培训风险防范的类别

一般来说，企业员工培训的风险有以下四种。

#### （一）培训工作导向错误的风险

每一项培训工作的原意都是为了解决企业的绩效问题，在提高员工绩效的同时实现企业绩效的最大化，但是现实中往往事与愿违。如果培训工作的指导思想和具体目标定位发生偏差，就会导致培训工作走向一条歧路：培训内容并不是员工所需要的，或者培训方式是不能够为员工所接受的。这样培训工作就完全达不到预期的目的，反而浪费了大量的人力和物力，更为严重的是会让员工对企业的培训工作产生怀疑而萌发抵触情绪，给以后的培训工作带来极大的阻力。

#### （二）培训师选择工作的风险

培训师的选择可以说是对整个培训工作影响最大的一个环节。培训师素质的高低直接决定了培训工作所取得的成效。选择培训师是一个非常难的问题，如果培训师的政治倾向有问题，或者素质、资历不够，很可能导致学员对培训工作产生怀疑，从而对培训工作失去积极性。这会使企业花费的培训费用收不到预期的收益，还可能造成整个培训工作的困难局面。

#### （三）培训员工流失的风险

随着科学技术的迅速发展以及外部环境的急剧变化，企业的员工流失和人才流动越来越频繁，这导致许多企业面临着员工流失的风险。如果培训后人才流失，由于该员工对本企业的经营和运作情况非常了解，就可能为竞争对手制定相应的竞争战略，这样就对本企业构成了威胁。此外,员工经过培训必然会提高自身的知识水平和社会竞争力,具有更强的适应能力和选择机会,这时个人的回报要求如果得不到完全满足,就会出现员工流失现象。结果,企业不仅投入的培训经费和时间没有回报,还危及整个企业的人才稳定。同时,由于跳槽人员的待遇必然高于其在原企业时的待遇,对在本企业的人员势必造成负面影响,有的可能消极怠工,有的可能通过培训提供的途径流失。

### (四)企业自有技术泄密的风险

任何一家企业在生产经营过程中,总有自己的管理经验和专有技术,这是一家企业在市场中立于不败之地的根本保证。这种自有技术必须牢牢控制在企业手中,才能形成持久的竞争力,但是企业自有技术也需要通过具体的员工去操作,才能使之转化成生产力和具体的产品。这就需要通过培训使参与这一工作的人员掌握这些自有技术,显然,掌握自有技术的人越多,秘密外泄的可能性就越大。

**大庆油田勘探开发研究院员工培训风险**

## 二、员工培训风险防范的主要措施

显然,上面几种情况都是企业所不愿意看到的,这就要求企业在其他层面上对这些情况做出正确的预计,并制定相应的防范措施化解这些风险。培训风险的防范可以从以下六个方面入手。

### (一)依法建立劳动和培训关系

《中华人民共和国劳动法》及有关法规规定,企业应与员工建立相对稳定的劳动关系,明确企业与员工的权利、义务及违约责任。在此基础上,根据《中华人民共和国职业教育法》和员工劳动合同时间长短以及工种、所在岗位的实际情况,制订相应的培训计划,与员工签订相应的劳动合同,明确服务期限以及与违约赔偿有关的条款。对一些培训面广、时间不长的培训,可采取企业发布有关规定的办法明确受训人员的义务和责任。

### (二)加强企业文化建设,增强企业凝聚力

企业文化是企业在发展过程中积累的企业精神财富,对企业的兴衰发挥着重要的作用。先进的企业文化潜移默化地影响着职工,推动工作良性运行,可以让职工与企业合二为一,从而增强企业的凝聚力。为此,企业文化建设要把握两大基本原则,即整合性原则和以人为本的原则,既要重视研究员工的心理需求,建立"以人为本"的人力资源

管理制度，又要创造良好的学习氛围，提高企业文化中学习与创新文化的含量。

### （三）建立有效的激励机制

在人力资源管理中，一个被公认的事实是，人才是企业保持竞争优势的最大和最关键的资源。因此，建立有效的激励机制对培养员工献身精神和改善组织绩效将是不可或缺的选择。企业应根据自己的能力和实际情况建立一套有效的激励机制，对真正的人才和学有所长的专门人员实施有效的激励。一个有事业心的人才是能够理解企业的困难的，只要激励有效，同样能够留住人才，同时也能激励其他人员不断学习，努力提高自己。

### （四）提倡自学，加大岗位培训力度

在市场经济体制下，人们的观念已有了极大的转变，对个人进行智力投资、提高素质、体现价值、增强竞争能力这一观念已被员工普遍接受。因此，员工中愿意自己投资接受培训的比例已明显上升，企业应适时地调整有关的培训政策，对以基础学历教育以及提高自身基本素质为主的培训，应以个人投资为主。对高层次和有较强针对性的培训，可实施政策倾斜，保证培训经费的重点使用。同时，应加大岗位培训力度，增大自学的比重，在不脱产的情况下，采取业余、半脱产、函授、自学、师带徒、在职攻读学位等多种形式的培训。

### （五）完善培训制度，提高培训质量

企业员工培训，特别是脱产的培训，对人员的选拔应有一套完善的制度和长远的计划，培训什么样的人、送什么人去培训，人力资源部或培训部门应做到心中有数并有一定的针对性。同时，对培训后的人员应有一套考核与评价办法。这是培训工作的一个难点，也是企业以后开展培训工作的重点，必须逐步加以完善，这样才能保证质量，提高培训回报率。

### （六）提高员工专利意识，注意保护企业专利

这是现在企业员工培训中容易忽视的一个问题。在竞争日益残酷的现实下，谁有专利技术、专利产品，谁就可以占领市场，打败对手。企业必须向接受培训的员工讲清楚这一点，同时，也必须依靠法律的力量保护企业自己的专利技术和产品，让每一位了解有关情况的员工掌握相关的法律条文。

例证 5-12

**IBM 公司技术秘密保护措施**

## 三、员工流失风险防范的工资政策

企业进行培训投资可能会面临这种局面:员工参加完培训后便辞职,从而使企业只有付出而无收益。在现实中,企业规避这种风险的一种重要办法是利用工资政策。下面我们分析企业如何根据培训种类的不同而采用不同的工资政策。

### (一)普通培训与企业的工资政策

培训按照内容划分,可以分为普通培训和专门培训。普通培训是指培训的技能适用于多个企业,因而它存在外部性,如打字、阅读等。专门培训是指培训的技能只对某一企业有用,这主要是指操纵特殊机器的培训。

在普通培训的情况下,由于企业可能只有付出而无收益,企业一般不会承担员工培训的费用,而是让员工自己承担,但在形式上,往往不是让员工直接支付,而是通过工资政策来实现。

在图 5-5 中,在完全竞争的条件下,员工的工资等于员工劳动的边际生产率(MRP),即 $W=MRP$。根据图 5-5,假设员工在培训之前的边际生产率为 MRPO,此时员工的工资为 WO,参加培训后员工的边际生产率为 MRPG,它等于 WG,培训的成本为 $C$,收益为 $R$。在这种情况下,企业一般在培训期间 $T$ 付给员工的工资为 WU,使 WO−WU=$C$,而在培训完成后,付给员工的工资为 WG(=MRPG)。这样既规避了企业的风险,又降低了员工的流动率。

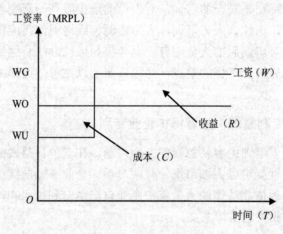

图 5-5 普通培训下的工资

### (二)专门培训与企业的工资政策

专门培训所获得的技能是其他企业所不需要的,因而,受过专门培训的工人不一定比未受过培训的工人的工资高,如图 5-6 所示。

在图 5-6 中,受过专门培训的员工在培训前和培训后的工资率不变,但培训前与培训后工人的边际收益产品曲线如阶梯线所示。在培训期间,企业支付的工资高于 MRPL,成为培训成本的一部分;在培训后,支付的工资低于 MRPL,企业收益弥补了成本。

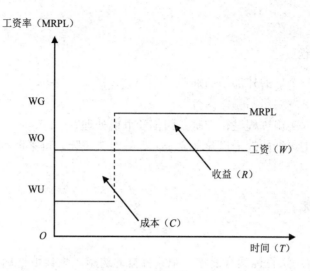

图 5-6　专门培训与工资

然而，企业在专门培训的情况下，可能会遇到如下问题，那就是员工在接受培训后突然离开，在其他公司同样获得 WO 的工资。对员工来讲，这几乎没有损失，但企业就会无法收回培训投资的成本。不让员工流动是不可能的，企业只能考虑采取降低辞职率的办法，其一就是个人和企业分担培训投资的成本和收益，这会对员工产生一定的吸引力。此时，企业的工资政策如图 5-7 所示。

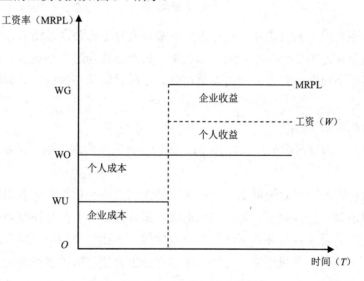

图 5-7　企业与工人分担成本与收益

在图 5-7 中，WO 是员工未培训时的工资，WU 是员工在培训期间的工资，WG 是员工培训后的工资，员工的 MRPL 还是阶梯线。在培训期间，员工承担的成本是 WO 与 WU 之差，企业承担的成本是 WU 高于 MRPL 的部分。培训结束后，企业收益是 MRPL 和 WG 之差，员工的收益是 WG 与 WO 之差。在这种情况下，员工个人承担了一定的成本，也得到了更多的收益，因此，员工不会轻易离开企业，否则，他可能只得到 WO 的工资。

## 思考练习题

1. 如何选择一个好的外部培训师？
2. 培训协议书主要包括哪些内容？
3. 如何对培训实施过程进行控制、纠偏和危机处理？
4. 什么是员工培训的政治风险（安全）？针对该风险，可采取哪些防范措施？

## 培训游戏

### 绕口令

（1）八百标兵：八百标兵奔北坡，炮兵并排北边跑。炮兵怕把标兵碰，标兵怕碰炮兵炮。

（2）窗床墙：量窗量床又量墙，跳上床量窗，靠住墙量床，墙比张床长，床又比窗长，窗长不过床，床又长不过墙，所以墙比床比窗长。

（3）牛郎刘娘：牛郎恋刘娘，刘娘念牛郎，牛郎年年恋刘娘，刘娘年年念牛郎，郎恋娘来娘念郎，念娘恋娘念郎恋郎，念恋娘郎。

### 克服演讲恐惧

每个人都不是天生的演讲家，甚至很大一部分人对于在公众场所大声讲话都感到恐惧。这是正常现象，不必为此感到沮丧和自卑，更没必要为这个全盘否定自己。该游戏也是为了说明这个问题，它告诉学员害怕在公众场所讲话是正常的，并为解决这些恐惧提供了建议。

以下为游戏规则和程序。

（1）在游戏开始前问学员："你们认为在你们各自的生活圈子里，大多数人最害怕的是什么？"

①将答案简明地写在题板纸上，询问大家是否同意这些意见。②发给每人一张由专家列出的恐惧清单。告诉大家，如果信息准确，那么大多数人的恐惧都是类似的——觉得做一场精彩的演说或者开展培训课程是一项挑战。③让学员们回忆或采用头脑风暴的方法，尽可能多地说出克服恐惧的方法。④展开小组讨论，培训者在旁记录。记录学员们认为有效的方法。

（2）选出相对最害怕在公众场合发言的学员，让他上台大声朗读这些克服恐惧的方法给大家听。

## 案例分析

### 松下公司这样培训商业人才

## 参考文献

[1] 陈林凤. 大庆油田勘探开发研究院员工培训项目风险控制研究[D]. 大庆：东北石油大学，2013.

[2] 常金玲，裴阳，任照博. 从企业培训到知识管理的变革：以中兴通讯为例[J]. 中国人力资源开发，2018，35（8）：126-134.

[3] 车平平，张毅. 新形势下企业内训师队伍建设研究[J]. 企业改革与管理，2018（18）：74-75.

[4] 董文军，陈坚，傅洪全. 电力企业专职培训师队伍建设探讨[J]. 大众用电，2018，32（9）：43-44.

[5] 付立红. TTT培训模式的实质及应用要点[J]. 中国管理信息化，2015，18（20）：91-92.

[6] 侯晓虹. 培训操作与管理[M]. 北京：经济管理出版社，2006.

[7] 李荣凯. 加强国际化培训师队伍建设[J]. 中国电力教育，2018（11）：25-26.

[8] 华茂通咨询. 现代企业人力资源解决方案[M]. 北京：中国物资出版社，2003.

[9] 赵曙明. 人员培训与开发：理论、方法、工具、实务[M]. 北京：人民邮电出版社，2014.

[10] 谭杰. 松下公司这样培养商业人才[J]. 商业故事，2010（8）：66.

[11] 王少华，姚望春. 员工培训实务[M]. 北京：机械工业出版社，2008.

[12] 王芝阳. 关于怎样进一步提升企业培训师素质的思考[J]. 人力资源管理，2014（7）：101 102.

[13] 熊永诚. 高新技术企业技术秘密系统保护研究[D]. 武汉：武汉理工大学，2014.

[14] 杨小丽. HR如何做好培训与PPT[M]. 北京：中国铁道出版社，2019.

[15] ROUSE K. Strategic human resource management in the 21st century[J]. Human Resource Management Review, 2009(3): 69-72.

# 第六章
# 成人学习理论

学习目标

1. 掌握成人学习者的特点;
2. 了解成人学习理论;
3. 了解学习风格的模型和理论;
4. 掌握成人学习理论的应用。

**引例**

**设计持久性的学习活动培训班**

2008年6月11日到13日,一个为期三天的"设计持久性的学习活动培训班"在上海国家会计学院举行。这个培训班是亚太财经与发展中心同世界银行学院共同策划和实施的"设计持久性的学习活动"系列培训的一部分,旨在帮助学员灵活整合现代信息技术和混合型学习方法,开发适合于成人学习者的有效的培训课程。该培训班的学员分别来自国家财政部培训机构和省级财务部门机构,以及中国西部开发远程学习网的12个省级学习中心、国家开发银行干部培训局、清华大学教育扶贫办公室、农业广播电视学校网络教育中心、中国城市规划学会等单位。

在三天的培训中,每天都能听到的一个高频词——"学习设计",这是贯穿整个培训的主题。世界银行学院咨询顾问Adnan Qayyum认为,"学习设计"概念的兴起是个非常好的现象。很多人都有这样一种假设,如果学员在学习活动中感到比较满意,那就是成功的学习活动。但实际上,很多情况下,人们即使对学习活动不太满意,也能学到东西。还有,人们在学习活动中学到了东西,就能把它转化为绩效提升。人力绩效提升概念的侧重点在绩效,而非学习成绩。在知识经济时代,已实现从"教学设计"到"学习设计"的转变。教学设计是把重点放在教师身上,把教师放在学习的中心,而学习设计则是把重心放在学习环节。这就引出了另一个趋势——知识管理。把学习放在中心位置,主要是因为对知识的需求越来越强烈。有些知识光靠单纯的教学活动是无法完成传授的,我们要设法管理这些知识，让后来的人有渠道获取这些知识。与更加强调学习设计概念相关的，还有一个趋势——非正式学习，主要是学习者偶发的非意识的学习。

资料来源：郝丹. 为成人学习者设计持久性的学习活动[J]. 中国远程教育，2008（7）：11-14.

引例中"设计持久性的学习活动培训班"在一定程度上反映了成人学习的一些理论。那么，什么是成人学习？成人学习有哪些心理特点？关于成人学习的理论有哪些呢？本章将着重探讨这些问题。

# 第一节 成人学习者

成人学习理论是围绕成人学习者的特点展开的。所谓成人，从法律意义上来说就是指年满十八周岁，具有独立的自我生存能力，以从事社会劳动作为自己主要责任的人。1928年，美国心理学家桑代克（E. L. Thorndike）的《成人学习》（*Adult Learning*）一书的出版标志着西方成人学习理论的诞生。随后，随着成人学习和成人教育运动的广泛开展，成人学习理论越来越受到重视。那么，到底成人学习者具有哪些特点呢？

## 一、成人学习者的特点

了解成人学习者的特点，明确他们的优势和劣势，有助于更好地对成人的学习进行指导。美国著名成人教育理论家马尔科姆·诺尔斯（Knowles，1995）对成人学习进行过深入的研究，认为成人学习者具有四个方面的特点：①随着个体的不断成熟，其自我概念将从依赖性向独立性转化；②成人从社会生活中积累的经验为成人学习提供了丰富资源；③成人学习的计划、目的、内容、方法等与其社会角色密切相关；④随着个体的不断成熟，成人学习的目的逐渐从为将来工作准备知识向直接应用知识转变。现代研究者在诺尔斯的研究基础上，总结出成人学习的六大特点（王霞，王中华，2018）。

### （一）拥有认知需求，自我指导

成人学习者与青少年、儿童在学习的主动性上存在着非常显著的差别。儿童的学习是被动的，依赖于教师的教学活动和教学计划，而成人学习的自主性和独立性在很大程度上取代了对教师的依赖性。成人学习者有强烈的自我意识，有了自己的认知需求，基本具备自己选择学习内容的能力，习惯按自己的方式和进度学习。成人学习的目的不是系统接受教师的讲授，而是有目的地接受知识。

### （二）拥有丰富的学习经验和工作经验

相比于青少年和儿童，成人的学习和工作经验比较丰富。成人学习会以自身的经验为基础，在其自身原有的经验的基础上理解和学习新的知识，即成人原有的知识和经验有助于对现有学习内容的理解和把握，立足于调动过去的经验积累以激发联想、比较、思考等心理过程来接受和理解现在的学习内容。因此，已有经验是新知识同化、改组的基础，是成人学习者的重要资源。值得注意的是，原有的知识和经验也有可能成为其进一步学习的障碍。

### （三）以生活为中心且以问题或任务为导向

成人学习多是为了应对当前工作与生活的需要，是为了生活目标、解决问题或者完成任务而投入学习的，并且希望能够尽快看到成效。他们不像青少年，学习知识是为了将来的储备，他们的学习具有较强的职业性需求，希望通过学习提高工作效率，或者尽快找到理想的工作。

成人学习者通过学习不断提高其能力，还能够有意识地加强学习与工作、生活之间的联系，把学到的新知识自觉地运用到实际中，进行创造性的劳动，并且在实际中检验所学知识和理论的正确性与可行性。

### （四）学习动机来源于内部而非外部

动机是指激发、引导、维持并使行为指向特定目的的一种力量。学习动机分为外部动机和内部动机。外部动机是指因学习活动的外部后果引起的动机，而内部动机是指因学习活动本身的意义和价值引起的动机。成人学习通常都出于自愿，通过参加学习或培训提高工作技能、获得职业提升都是个人选择。这个激励因素是成人学习的推动力，因此，使用一些引人深思的教学材料，挑战常规理念、活跃思维，能够激发学习者的内在学习动力。

### （五）学习能力与青少年、儿童存在较大差异

成人的学习能力在 30 岁时达到顶峰，30~50 岁是平稳的"高原"期，50 岁以后才开始下降。专家估计成人大脑未曾利用的潜力高达 90%。我们的神经系统有一种潜能，它会随着年龄的增长而变得越来越复杂，因为生活中的相关刺激会促进脑细胞的联结，保持大脑的活跃就会形成新的脑联结。因此，成年人未必像儿童一样敏捷，但是他们具有丰富的生活和工作经验，可以与新的知识和事物发生新的脑联结，表现出良好的表达能力和判断能力，以更大幅度和在更大范围内学习知识。

### （六）对学习环境的要求高

教学环境包括教学媒体、课室的布置以及集体的气氛、学员间的关系、社会舆论，甚至是培训师的资质、授课风格。加拿大著名成人教育学家博希尔（Boshier，1971）认为，成人学习的过程实质上是学习者个人与教育环境相互制约和影响的过程，当二者相吻合、协调一致时，教与学才会发生，学习者个人的需要、兴趣与教学进程之间就会形成良性的循环；相反，潜在的学习者即使存在学习需要和兴趣，如对教育环境不满，包括对教师、教学方法、大纲内容及其创造性水平、价值取向、其他同学的行为乃至衣食住行不满意，都会成为成人学习的障碍而中途辍学（毕叔芝，司萌贞，1995）。

## 二、成人学习者的劣势

成人学习者的劣势主要表现在如下五个方面。

### (一)功利性太强

由于成人学习者的学习通常以问题和任务的解决为目的,因此,成人学习具有较强的功利性。成人教育的各种教学项目无不体现出它们的实用性、功利性。功利性太强使得成人学习变得急功近利,学习者为眼前利益所蒙蔽,违背了学习的初衷,失去了学习知识和技能的乐趣,使学习变得索然无味。

### (二)时间紧迫或不规律

在互联网时代,企业培训趋于碎片化、移动化、游戏化和社区化。现代人都提倡"碎片化学习",把整体的学习内容和时间划分成若干小份,每次只学其中一段,一段的学习时间为 5~15 分钟。碎片化学习的时间和场地不受限制,培训更有灵活性、针对性,更高效,因此,碎片化学习被广泛应用于企业培训。然而,碎片化学习和培训通常会具有简化推演过程、逻辑性不强、学习时间不连续等弊端,成人学习者的学习需要适应碎片化学习的这些特点。此外,碎片化的学习以及在家庭和工作等多种角色之间的转化常常会导致成人学习时间的紧迫性和不规律性。

### (三)外界压力过大

现代社会对人的要求越来越高,人与人之间的竞争越来越激烈,人们的工作压力越来越大,生活节奏越来越快。许多成人生活在工作与学习的夹缝中,工作要做好,否则就会被炒鱿鱼;学习也不能放松,否则就会失去竞争力,难以保住优势地位。但许多人常常顾此失彼,当工作与学习发生矛盾时首先放弃的就是学习。若要两者兼顾,就要付出比常人更多的努力。如果对这种压力处理不当,就会使成人对学习失去信心,严重时甚至自暴自弃。

### (四)自信心不足

成人由于生理功能的老化,记忆力和感知能力下降,容易使成人不能及时地捕捉外界信息和对信息进行加工、整理、分析、综合、评价和总结,从而产生自己学习能力已经不如青少年、儿童的想法,甚至怀疑自己的学习能力。另外,许多成人再次学习时,已经放下课本很长时间,因此对自己的学习能力充满了疑惑。也有一些成人即使有迫切的学习愿望,却惧怕学习,认为自己已经过了学习的年龄。

### (五)多重身份,易受多种因素干扰

成人学习者有很多事情需要平衡:家庭、交友、工作、公益以及对于有质量的个人时间的需求。成人很难挤出大块的时间用于学习,多数的学习是在业余时间进行的,要做到工作、生活与学习兼顾,这很容易使他们产生疲劳感。这种感觉不仅会影响成人学习时注意力的集中,还会让他们以为自己学习能力下降而降低自信,削弱其学习的积极性。

## 第二节 成人学习理论

成人教育作为一个重要的实践性专业,自 20 世纪 20 年代诞生以来,研究成人如何

学习一直是该领域的核心问题。本节将介绍成人学习理论的基础、成人学习理论的学派以及成人学习理论的新进展。

## 一、成人学习理论的基础

桑代克的《成人学习理论及其启示》（Edward L. Thorndike，1914）标志着研究者从行为主义心理学的角度开始对成人学习进行研究。成人教育的两个最重要的理论，即成人教育学和自我导向学习，在20世纪70年代和80年代后得到了广泛的关注。

### （一）成人教育学

美国成人教育学者诺尔斯发展了"成人教育学"（andragogy）。他首次描述了发展中的美国成人教育运动，是第一个系统评述了非正规成人教育实践的学者，也是第一个试图以成人教育学建构普遍的成人学习理论的学者（梅里安，2006）。

诺尔斯（1950）把成人教育定义为"帮助成人学习的科学和艺术"，是成人学习的"一种新标志和新技术"。他区分了成人教育学和普通教育学，认为成人教育的任务是帮助全世界千百万成长中的个体变成成熟的成人，成人学习的氛围应该是成人化的，是被接纳、被尊重和被支持的。他认为，过去大多数成人教师只知道运用在强迫入学条件下教授儿童的经验进行教学，由此造成成人学习者的反感；在知识更新日益加快的情况下，必须把教育解释为探索未知知识的终身过程，而不仅仅是传递已知知识的过程；他指出成人教育的目的在于引导成人学生主动学习，并对自己的学习承担责任。

诺尔斯的成人教育学理论自提出以来一直饱受争议和批评，尤其是在成人教育学是否能作为学习的一种理论以及成人学生的特点这两个方面争议最大。最终诺尔斯反思了他的模型，认为成人教育学和学校教育学是一个连续体，而不像刚开始时认为的那样是一个对立体。

### （二）自我导向学习

自我导向学习（self-directed learning）理论的出现时间与诺尔斯成人教育学概念的提出时间比较接近。塔夫（Tough，1967）最先对自我导向学习进行了全面细致的描述，认为自我导向学习是由学习者制订计划和引导学习活动进行的自我学习。他以"学习计划"作为衡量自我学习的单位，并将之界定为"一系列有关的活动，时间总数至少七个小时，每一次活动至少有一半以上的动机是为得到或保留某些相当明确的知识或产生某些持久性的行为改变"。这种新型的学习形式一经提出立即成为成人学习理论的一大突破。

早期的关于自我导向学习过程的一些理论模型多为直线模型。例如，塔夫和诺尔斯等人提出的模型，包括从需求分析、资源评估、教学形式到结果评价的一系列过程。后来的模型不仅考虑了学习者因素，还将学习环境、学习内容等因素考虑在内，并增加了更多的互动性。例如，在丹尼斯（Denis）提出的模型中，将学习策略、学习阶段、学习内容、学习者的特点和学习环境等因素全都考虑进来以分析自我导向学习过程。在教学情景下，教师如何才能引导学生实现自我导向学习的模型中，最著名的是格罗（Grow）提出的分阶段自我导向学习模型。按照学生的准备程度将其划分成四种类型，分别为依赖型、兴趣型、参与型和自我导向型（1991）。

梅里安和凯芙瑞拉（Kayfreera）在1999年对自我导向学习进行了总结，认为自我导向学习的目的由于学者的哲学取向不同而不同，主要有三个：持人本主义哲学观的学者认为自我导向学习的目的是学习者自我导向能力的发展；麦基罗（Mezirow）认为学习过程的核心是学习者的批判反思，并提出了质变学习，认为帮助成人获得自我导向学习的能力是成人教育家的工作；布鲁克菲尔德（Brookfield）和考林斯（Tony Cowling）提倡自我导向学习要有一种更具批判性的政治性的分析，他们把学习定位于对社会和政治的影响而非对个人的影响（梅里安，2006）。

## 二、成人学习理论的学派

成人学习理论有四个学派，分别为行为学派、认知学派、建构学派和人本学派。

### （一）行为学派

行为主义理论强调学习是因环境而导致的行为的改变。行为主义学习理论试图解释行为的变化与环境刺激之间所存在的关系，即在特定的条件下，通过重复性的反射作用使动物的某种习惯得到强化并逐步固定下来。行为主义心理学家认为根本就没必要去研究意识，为了使心理学研究更加客观化，它必须以行为作为其唯一的研究对象。

行为学派的奠基者和捍卫者华生认为必须使学习得到可信的测量，而这个测量的工具就是行为。华生认为所有的学习皆可用条件反射来解释，学习即一系列刺激和反应的过程，学习的实质是形成刺激与反应之间的连接，这就是"刺激—反应"原理。

但并不是所有的学习都是自动的、无意的，人的大部分学习是主动或自愿产生的。随着操作环境的改变，我们学会了某种行为方式，桑代克的联结主义解释了这一学习过程。该理论认为，学习的实质在于形成刺激反应联结。这种联结是在尝试各种失败和错误的过程中自动形成的。桑代克提出在某个行为之后的刺激影响了未来的行为。

在行为主义理论的指导下，学习者开始开发出一些自我调节技术，如Boekaerts自我调节学习的循环过程模式，该模式包括三个互相关联的部分：自我评价与监控；目标设置与策略计划；策略执行与控制和策略结果的监控（王云，闻素霞，2014）。在这些阶段，自我调节活动被逐渐建构到五个领域，即认知的、动机的、情感的、行为的和情境的。自我调节学习的内在影响因素主要包括自我效能感、元认知、目标、情感、归因等。自我调节学习的相关行为反应包括三种，即自我观察、自我判断、自我反应。自我调节学习的外在环境影响因素分为两类，即社会环境和物质环境。所有这些都为成人学习理论的发展奠定了基础。

**华为利用行为主义理论在法国12个城市开展培训项目**

## （二）认知学派

认知主义学习理论起源于德国格式塔心理学派的完形理论。"格式塔"是一个德语名词，含义是完形，指被分离的整体或组织结构。格式塔心理学派形成于1910年。格式塔心理学以反对元素分析、强调心理的整体组织为其基本特征，它认为每一种心理现象都是一个整体。

认知主义学习理论坚决反对行为主义学习论，反对研究实验室中动物的学习行为，它强调人类的认知活动对学习的作用，使学习理论的研究更加切合人类学习的实际，从而在学习理论研究中开始占据主导地位。

认知主义学习理论重在研究学习者对环境刺激的内部加工过程和机制，研究人是如何形成概念、理解以及如何思维和解决问题的。它强调学习是一种主动的心智活动，是一个内在认知表征的形成、丰富或改组的过程。

从20世纪五六十年代开始，随着对复杂学习活动以及语言发展等相关问题研究的深入，认知主义学习理论逐渐进入了发展与兴盛的时期。在这一时期，认知学习理论主要包括两种倾向，即信息加工的学习理论和认知结构理论。

1. 信息加工的学习理论

1）学习的信息加工过程

在学习过程中，学习者会接触大量信息，但是只有部分信息能够被保留下来，那么人究竟是如何加工、保留信息的呢？综合阿特金森（Atkinson）和谢夫林的记忆模型以及教育心理学家加涅（Robert M. Gagnè）的学习模型，我们可以用图6-1来解释学习的信息加工过程。

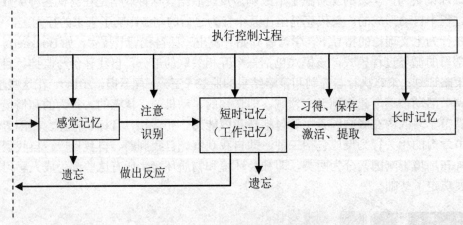

图6-1 学习的信息加工模型

资料来源：陈琦，刘儒德．教育心理学[M]．北京：高等教育出版社，2005．

如图6-1所示，人的学习和记忆包括一系列的信息加工流程，首先从外界接收采集到的信息，通过感觉记忆进行初步加工，识别编码以及保存，形成短时记忆，同时从长时记忆中提取有关内容，等到需要此类知识时再从长时记忆中提取出来。

2）学习的基本阶段

关于学习和记忆的基本模型，加涅分析了学习过程中必须按顺序完成的以下八个基本阶段（Gagnè，1985）。

（1）注意。学习者首先调节自己的注意力，使自己对当前可接收的信息保持敏感和关注。

（2）目标预期。学习者所需要达到的具体目标就是目标预期，目标可以由老师定，也可以由学习者自己定。目标的确定会给学习者以引导并对信息进行加工选择以及确定反应方式。

（3）提取先前知识。学习者在学习之前还应针对当前的学习内容回忆自己学习过的知识。

（4）选择性知觉。学习者必须感觉到新信息，辨认它是否重要，以将其识别并转化成有意义的模式，进入记忆系统。

（5）语义编码。对进入工作记忆的信息进行加工组织，并与长时记忆联系起来，形成对新信息的理解，然后进入长时记忆。这是学习记忆过程中最关键的环节。

（6）做出反应。学习者从长时记忆中提取某些知识和技能，利用这些知识和技能完成某项工作或活动。

（7）反馈强化。针对实际的学习进展和活动的反应情况获得有关反馈信息。例如，学习者通过学习达到了某个预期目标就会获得这类积极的经验，从而起到强化的作用。

（8）提取应用。提取所习得的知识，并将其推广到新的情境中，这个阶段需要在若干天之后进行。学习者在新的情境中根据线索提取和运用有关知识和技能，这样有利于将所学到的知识和更多情境联系起来，从而进一步促进对知识的提取回忆及灵活运用。

在以上八个阶段中，前三个阶段是学习的准备活动，目的是形成对学习的动机和期望；接下来的四个阶段是学习的核心，是实际上完成学习任务的阶段；最后一个阶段是学习的升华和迁移。

2. 认知结构理论

认知结构理论的代表人物是瑞士心理学家皮亚杰（Jean Piaget）、美国心理学家布鲁纳（J. S. Bruner）。认知结构是学习者通过学习使新材料或新经验和旧材料或旧经验结为一体，形成的一个内部知识结构。认知过程是学习者主动地形成认知结构的过程。他们认为，认知结构就是学习者头脑里的知识结构，它是学习者全部观念或某 知识领域内观念的内容和组织。

1）皮亚杰的认知结构理论

皮亚杰成功将图式、同化、顺应和平衡这几个概念引入了心理学，他指出认知结构是以图式、同化、顺应和平衡的形式表现出来的。所谓图式就是人们为了应付某一特定环境而产生的认知结构。面对一个新的刺激情境时，当有机体能够主动利用已有的图式把刺激整合到自己的认知结构中，这就是同化；当有机体不能利用原有图式接受和解释这个刺激，其认知结构由于刺激的影响而发生改变时，就是顺应；而平衡是主体发展的心理动力，是主体的主动发展趋向。皮亚杰认为心理发展就是个体通过同化和顺应日益复杂的环境而达到平衡的过程，个体也正是在平衡与不平衡的交替中不断建构和完善认知结构，实现认知的发展。

2) 布鲁纳的认知发现说

布鲁纳的认知学习理论受完形说思想的影响，但又与完形说有区别，其中最大的区别在于完形说理论是建立在对动物学习进行研究的基础上的，所谈的认知是知觉水平上的认知，而布鲁纳的认知学习理论是建立在对人类学习进行研究的基础上的，所谈的认知是抽象思维水平上的认知。其基本观点主要表现在以下三个方面。

（1）学习是主动地形成认知结构的过程。布鲁纳认为，不是被动地接受知识，而是积极主动地选择和学习知识。学习包括三种几乎同时发生的过程，即知识的获得、知识的转化和知识的评价，这实际上就是学习者主动地建构新认知结构的过程。

（2）强调对学科的基本结构的学习。布鲁纳非常重视课程的设置和教材建设。他认为，无论教师教什么学科，要务必使学生理解学科的基本结构，即概括化了的基本原理或思想，也就是要求学生以有意义的、联系起来的方式理解事物的结构。所有的知识都是一种具有层次的结构，这种具有层次结构性的知识可以通过一个人发展的编码体系或结构体系（认知结构）而表现出来。人脑的认知结构与教材的基本结构相结合会产生强大的学习效果。

（3）通过主动发现形成认知结构。布鲁纳认为，教学一方面要考虑人已有的知识结构、教材的结构，另一方面要重视人的主动性和学习的内在动机。他认为，学习的最好动机是对所学材料的兴趣，而不是奖励、竞争之类的外在刺激。因此，他提倡发现学习法，以使学生更有兴趣、更自信地主动学习。

布鲁纳认为发现学习的作用有如下四点：①提高智慧的潜力；②使外来动因变成内在动机；③学会发现；④有助于对所学材料保持记忆。认知发现说强调学习的主动性，强调已有的认知结构、学习内容的结构、学生独立思考等的重要作用。因此，认知发现说是值得重视的一种学习理论，对培育现代化人才具有积极的意义。

（三）建构学派

建构主义是认知学习理论的新进展。20世纪80年代中期，建构主义作为一种新的认识论和学习论在教育研究界产生了非常深刻的影响，其强调，意义不是独立于我们存在的，个体的知识是由人建构起来的，学习者以自己的知识经验为基础建构自己对现实世界和客观环境的了解及解释。此外，建构主义学习理论认为，学习不单是知识由外到内的转移和传递，而是学习者主动建构自己的知识经验以及内部心理表征的过程。它不仅包括结构性知识，而且包括在具体情境中形成的大量非结构性的经验背景。具体来说，知识主要不是通过教师传授得到的，而是学习者在一定的情境，即社会文化背景下，借助其他人（包括教师和学习伙伴）的帮助和利用必要的学习资料，通过意义建构的方式获得的，即通过人际间的协作活动而实现的意义建构过程。因此，建构主义学习理论认为情境、协作、会话和意义建构是学习环境中的四大要素或四大属性，强调学生是认知的主体，但也不能忽视教师的指导作用。

1. 认知建构过程

我们是怎样建构对知识的理解的呢？美国的维特罗克（Wittrock，1992）提出了生成性学习理论。他认为学习就是学习者生成信息的意义的过程。意义的生成是通过原有认知结构与从环境中感受到的信息相互作用而实现的。

意义建构需要学习者采用建构性的加工策略，它与学习者先前的知识水平是相互联系的。建构要经历一个不断深化的过程，而知识的学习不在于所获得知识的数量积累，更重要的是知识的迁移运用。

为了促进知识的建构，建构主义鼓励以学习者为中心的探究性学习。该学派认为学习是一个积极主动的意义建构过程，应该以深层理解为核心，将学习活动设置在有意义的问题情境中，一旦发现问题，通过跟进性探究进行持续性的知识建构。

2. 社会建构过程

学习是作为社会文化的内化过程，是通过对活动的参与实现的。所谓内化就是把存在于社会中的文化变成自己的文化，从而有意识地指引和掌握自己的各种心理活动。活动是指主体与客观对象进行相互作用的过程，是一种感性实践过程。我们在活动时获得知识的理解，这些理解又影响我们的活动，活动又进一步影响我们的理解，这样就形成了一个循环的过程。

在学习过程中，应该使学习的活动具有真实性，以反映该活动作为一种社会实践活动的关键特性。学习者首先看到问题情境，然后运用已有的知识尝试理解情境中的现象和活动，最后运用自己的理解方式体验和思考问题。

## （四）人本学派

人本主义学习理论建立在存在主义哲学和现象的基础之上。它立足于人本主义人性观，旨在强调充分发挥人的学习潜能和价值，探索怎样使一个人成为具有完美人格的人。人本主义心理学认为，学习的实质是形成与获得经验，学习的过程实际上就是经验获得的过程。美国心理学家罗杰斯（Rogers，1969）认为我们正在面临一个全新的教育环境，在这个多变的环境中，要把学生教育成能够充分发挥潜能的人。"只有学会如何学习和如何适应的人，只有意识到没有任何可靠的知识、唯有寻求知识的过程才是可靠的人，才是有教养的人。"他的学习观是：人的学习以自主学习的潜能的发挥为基础，以学会自由和自我实现为目的，以自主选择的自认为有意义的知识经验为内容，以"自我—主动学"为特征。这种学习过程不仅包括认知过程，还包括情意过程，并涉及学习者个性的发展，影响非常广泛，包括学习者的态度、认知、情感、意志、行为和个性等方面。这种学习理论突出了以人为本的理念，重视学习者学习过程中的主动性和自主性，强调学习内容的社会实践意义。

罗杰斯在《学习的自由》一书中详细地总结了他所坚持的十个学习原则。

（1）人生来就有学习的潜力。

（2）学习者觉察到材料有意义而且学习内容与自己的目的相关时，意义学习就会发生。

(3) 涉及改变自我组织（自我看法）的学习是具有危险性的，往往受到抵制。

(4) 当外部的威胁降到最低时，就比较容易察觉并同化那些威胁到自己的学习内容。

(5) 当对自我的威胁很小时，学习者就会用辨别的方式来知觉经验，学习就会取得进展。

(6) 大多数意义学习都是从做中学的。

(7) 主动自发并全身心投入的学习才会产生良好的学习效果。

(8) 涉及学习者整个人的自发学习才是最持久、最深刻的。

(9) 当学生以自我批判和自我评价为主要依据时，独立性和自主性才会得到促进。

(10) 在现代社会中，最有用的学习是了解学习过程、对经验持开放态度，并将自己结合进变化过程的学习。

此外，罗杰斯虽然非常不赞同指南式的教学方法，但他还是针对他所坚持的十个自由学习的原则，提出了在他看来有助于学习者自由学习的十种方法。

(1) 创设真实的情境。学习者面临对他们有个人意义的问题时会全身心地投入学习。

(2) 提供学习资源。这样有助于学习者学习的投入和兴趣的培养。

(3) 使用合约。有助于学习者在自由的学习氛围中有责任地学习。

(4) 利用社区。可以提供真实的情境，以及一些有用的人力、物力资源。

(5) 同伴教学。使双方都有更强的自信和学习动机。

(6) 分组学习。学习者也应该辅之以被动的学习。

(7) 探究训练。变化是当今社会的性质，应该让学习者达到自主的发现。

(8) 程序教学。有助于学习者直接体验满足感，理解学习过程，掌握学习内容。

(9) 交流小组。有助于形成一种意义学习的气氛，使每个交流者都面临一种与人坦诚交流的情境。

(10) 自我评价。学习者只有在负责自己决定评价的准则和目的以及达到目的的程度时，才是在真正地学习，也才会对自己的学习负责。

总之，整个教学的过程就是要以学生为中心，教师为学生提供学习的手段，学生最终要知道怎么去学，怎样成为一个完美的学习者。

### 三、成人学习理论的新进展

成人学习理论的新进展探究了质变学习、非正式和偶发学习、情境认知论、权力与成人学习以及教育神经科学与成人学习。

#### （一）质变学习

学习需要循序渐进的积累，质变往往发生在积累的过程中。具体而言，可从以下四个视角看质变学习（梅里安，2006）。

1. 解放教育观

保罗·弗莱雷（Paulo Freire）强调，被动地听、被动地接受事实这种填鸭式的教育会使学习者备受压迫。他认为教育的目的是解放，即解放教育观。学习者要通过意识的提升或觉悟启蒙，以一种不同于以前的方式判断这个世界。

### 2. 理性认知论

麦基罗提出的质变学习的理性认知论和弗莱雷的解放教育观有共同的理论基础，他们宣扬成人教育必须赋予人力量，运用建构主义的方法研究质变学习，并认为知识要由学习者对新的体验进行不断的解释创造出来。在不断的解释过程中，赋予事物的意义会发生变化，这就是麦基罗的"观点质变"（1991）。麦基罗的理论强调在质变学习过程中理性思考和反思的重要性，并强调了学习过程中情感的、情绪的和社会情境等因素在意义形成过程中的重要性。

### 3. 发展观

达罗斯（L. A. Daloz）发现，学生经常会处于一个发展的转变期，所以他认为，教育帮助学习者从已经支离破碎的生活意义结构中找回生活的意义。他还发现，质变学习依赖于知觉，发生在一定的情境基础上，是一个整体知觉的过程。

### 4. 强调精神和学习之间的联系

德克斯（J. M. Dirk）认为想象力是通过心灵的作用促进学习的。海利（Highley）则研究了那些喜欢沉思的人的质变学习的过程，这些人都有膨胀的自我意识，从而导致了更深的自我理解和关注。

麦基罗认为认知冲突的解决会导致质变的发生，认为质变是一个自我从不同侧面加以整合的超理性过程。麦基罗建立了质变学习的理论框架后，泰罗（Frederick Winslow Taylor）对这一领域进行了批评性继承。他认为质变学习比原来想象的更具有个性化、流动性和循环性，是一个与思想和感情有关的复杂过程。质变学习是一个长期累积的过程，它并不是一个独立的行动，而是建立在信任基础上的一种相互依赖的关系。

## （二）非正式和偶发学习

正式学习是由学习机构发起的、基于课堂的、组织严密的学习。非正式学习的掌握权主要在于学习者。偶发学习则是各类学习的副产品。

沃特金斯（Watkins, 1990）的研究表明，非正式和偶发学习与许多文化和情境中的实践相关联。他认为，"搭桥"学习（受不同文化熏陶和情境影响的人的相互学习）有助于不同背景的人们相互理解，并更有效地一起工作，所以我们可以通过提供交流和互动的机会，激发学习者的学习热情，使他们相互学习技术和知识并进行运用。

只要人们有需求、有动力、有机会去学习，非正式学习和偶发学习就会发生。马席克与沃尔浦（Marsick, Volpe, 1999）总结了以下非正式学习的六个特征。

（1）与日常生活结为一体。
（2）由内在或外在的触动引起。
（3）通常不是有意识的。
（4）受偶然因素的影响。
（5）是反思和行动的归纳过程。
（6）与其他学习相关联。

如图 6-2 所示，这是一个增强非正式和偶发学习的模型，由马席克和沃特金斯提出，切赫（Cseh）做出修正。这个模型描述了一个意义建构的过程，新知识的获得是不断回顾并质疑早期对事情的理解的循环过程。这个模式虽然是环式的，但是步骤之间既不是循环的，也不是线性的。

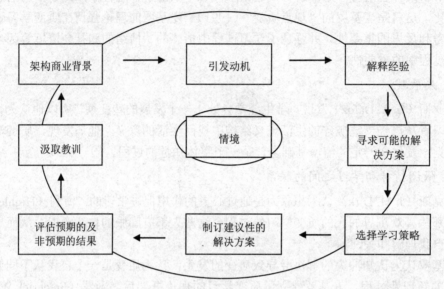

图 6-2　马席克和沃特金斯的非正式和偶发学习模型（经切赫调整）

非正式和偶发学习往往能够提高学习者的自我意识，帮助他们把握生活中的各种学习机会，加强自我学习偏好。因此，我们可以利用非正式和偶发学习这类工具帮助成人学习者学习，以使他们具有更强的自我导向性。尤其是在互联网时代，企业培训基于互联网成为未来的主流趋势，利用微信、微博等社交平台展开的碎片化学习越来越受到人们的青睐，而众多的企业大学也相继开发了员工社区平台，如腾讯学院的 MLearning、百度旗下的专业教育平台百度传课、平安大学的知鸟移动学习平台等，都是为员工提供正式学习与非正式学习的平台。

京东激发员工自主学习

### （三）情境认知论

20 世纪，苏联心理学家维果茨格认为，所有人类活动都发生于某种背景中，活动中充满了各种不同层次的交流，共享的信念、价值观、知识、技能、结构性的关系和符号系统，这些交流使语言学上的意义有了共享性的社会意义。这些观点很多都被整合进了另外一种基于情境的理论，即情境认知论。情境认知论的核心观点是：学习的本质是社会性的，学习是交往、交往工具、活动本身以及活动所发生的背景的综合。成人在社会环境中活动并与其相互作用，存在社会关系以及工具的现实社会情境是最好的学习环境。

从情境的视角来看，当人们参与并密切地介入一个社群或者某种学习文化，与社群中的其他成员进行交流，并开始学会理解和参与形成社群的历史、假设及其文化价值观和规则的时候，人们就是在学习。因此，学习就是处在意义社群里的外围参与者与全程参与者的相互交流。这些相互交流发生在实践环境中，并以模仿掌控实践的能力和模仿获得掌控能力的过程为特征。这些观点整合了学习的情境观点，其中认知学徒制和实践社会群突出地显示了学习和社会的互动性。

1. 认知学徒制

认知学徒制试图借鉴某种行业中师傅带徒弟的传艺模式，以使学习者参与真实的情境性活动。简而言之，认知学徒制是指知识经验较少的学习者在专家的指导下参与某种真实性的活动，从而获得与该活动有关的知识和技能。例如，在汽车维修行中徒弟所进行的学习就是一种情境性的学习方式。在这种学习活动中任务是真实的，环境是真实的，知识和技能是蕴涵在真实活动之中的，徒弟学到的是可以解决实际问题的本领。

认知学徒制的基本步骤有五个，即模仿、接近、渐退、自我导向学习和概括。这五个阶段按照一定的顺序进行。其中，模仿分为行为模仿和认知模仿两个部分，行为模仿，即学习者观察团体中有经验的成员在活动时的行为；认知模仿，即共享有经验成员的工作秘诀。接近，即在教练的辅导下学生尝试进行这种活动。渐退，即随着活动的进行，外部支持、引导逐渐减少。自我导向学习是学习者对自己所学到的知识以及技能、策略进行思考，用语言进行总结。概括，即学习者对自己的学习过程及进展进行反思，将自己的活动表现和最初表现进行对比，并与教练的做法进行比较。最后，学习者会尝试使用学到的新知识和技能来解决他们所遇到的问题或面临的任务。

2. 实践社会群

温格（Wenger，1998）将实践性社群中的关系维度描述为以下三个概念。

（1）成员的相互约定。允许这些参与者做他们需要做的，并把所有的成员联结为一个社会实体。

（2）共同的事业。源于集体的协商过程，这种集体的协商反映了相互约定的复杂性。

（3）公共资源的全部共享。这些属于实践性社群的公共资源包括方针、语言、工具、做事的方法、故事、手势、符号、风格、行动或概念等，它们是在生存过程中形成或被认可的，并成为社群的一部分。

承诺、对团体专业知识的认同、资源共享是团体成员紧密联系在一起的原因。成员能够自己组织，自己制订计划，建立自己的领导体系。团体的生命周期是由团体成员认同的共同因素决定的。

真实的环境文化背景、工具以及在自身领域进行学习这三个因素将会促进成人学习者的社会交流，发现知识，形成知识并使自己的知识显性化。认知学徒制和实践社会群的观点为成人教育工作者提供了重新设计工作场所和学习工具的指导。未来的成人学习将会考虑到活动、文化以及工具的重要性。

**例证 6-3**

### We Team——工作、学习更轻松的社交平台

#### （四）权力与成人学习

在现实社会中，普通学习者往往不能通过预期的方法获得知识，他们在关注知识的同时不得不考虑权力。知识和权力之间存在着直接和紧密的关系。那么批判主义和后现代主义是如何看待知识和权力的关系的呢？

**1. 批判主义**

批判主义认为，知识是人类兴趣理性的产物；权力为主体所拥有，具有压迫性，通过压迫性的真理主张对他人施加压力。权力和知识相关意味着知识是服务于某些个人或者集团利益的，真正的知识能够使学习者从强权中脱离出来并实现自由。学习是通过批判性反思和意识的提升获得的，是一个挑战真理、获得批判意识的过程，它不服务于某些个体或集团利益。

由于权力是属于不同个体或集团的，因此，一些批判主义理论家反对学习的个人主义，试图用团体学习理论替代个人学习理论，他们把目光集中在个人与社会的关系上。

**2. 后现代主义**

后现代主义理论认为，知识是短暂的、多面的，但是不一定是理性的。知识与动机和兴趣相联系。权力不是被一个人或者一个集团所掌控的，而是存在于他们之间，是由主体来表达的，具有生产性，但是没有人能够拥有它。权力既提供了让人难以忍受的束缚，又提供了丰富的机会。权力和学习交织在一起，知识是权力的行使，同时有权力的人才能够认知。知识是权力的一种表达。

通常，人力资源专家都会使用"赢得认同"来形容他们是如何从组织中的其他人，特别是规划制定者们那里获得认同和合作的。但这里的赢得认同实际上并不是真正地把其他人融入决策过程，这种发言权可能并非真正存在，也有可能是霸权产生的压制性实例，即权力的作用。因此，学习被认为是霸权反思的过程，是用决定意识和解放性知识替代霸权的过程。学习是通过解构、实施、折中而获得的。

#### （五）教育神经科学与成人学习

经过科学家的研究，我们已经对大脑有了基本了解，并形成了对大脑各个相关功能

区定位的脑地图,如图 6-3 所示。我们知道,人的大脑中约有 100 万亿个突触。信息是通过突触由一个细胞传向另一个细胞的,而大脑的功能就是通过信息流在大脑和身体中的复杂的神经细胞工作网络中的传递而实现的。所有的这些相互联系使得大脑对不同环境产生各种不同的反应。

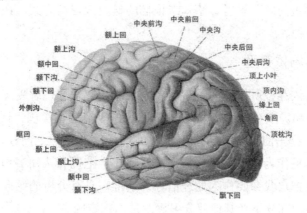

图 6-3 脑的主要结构

大脑是由大量持续变化的细胞连接组成的,这些连接通常受到学习者经历的极大影响,显示出极大的可塑性。大脑会趋向于习惯性和选择性地接收信息。当我们面对真实的情境或者刺激时,我们的记忆通常就会更深刻,能达到最佳的回忆效果。

教育神经科学是将心智、大脑与教育联结起来为教育奠定科学基础的具有巨大发展潜力的新兴学科,它探索有关学习的认知与脑机制,并依据研究成果设计更加有效的教学。目前,神经科学对教育的重要性已经形成广泛共识,教育神经科学已经初步形成了跨学科网络来从事这一领域的研究,如英国剑桥大学的教育神经科学中心(Centre of Neuroscience in Education)、丹麦教育大学的丹麦学习实验室(Learning Lab Denmark)、德国乌尔姆神经科学与学习转化中心(ZNL)、中国教育科学研究院教育神经科学实验室(Institute of Neuroscience)、北京师范大学认知神经科学与学习国家重点实验室(National Key Laboratory of Cognitive Neuroscience and Learning)等都已走在前列(经济合作与发展组织,2010)。教育神经科学的研究主题包括阅读障碍、体育锻炼、情绪、记忆、记忆的巩固以及营养与学习的关联性,一方面通过脑成像技术揭示学生学习的脑机制及其影响因素,另一方面制定基于"教育生态环境"的教育干预措施。

虽然随着年龄的增长,人的记忆力会出现一定程度的衰退,但是在四五十岁之前,大脑的学习能力基本上不会出现明显的变化。这说明对于成人学习者而言,年龄的增长并不等同于学习能力的消退,人脑需要各种智力活动和新奇的体验来保持脑细胞的活跃。真实的生活情境可以调用人的多种感官体验和感受,在大脑中建立各种不同的联结,帮助激活学习联结路径,形成成人学习者的学习和记忆。

有关大脑和意识的知识能够更好地帮助成人形成一个良好的学习基础。大脑会保持一生的可塑性;情绪和感觉参与整个学习过程;意识结合个人经历产生新的相应的学习。这就是大脑、意识和成人学习之间的关系。

# 第三节 学习风格

风格是个体解决问题、思考、感知或记忆的典型或习惯方式。在学习风格上,经典的风格包括如下五种。

## 一、场独立型和场依存型

场独立型和场依存型所描述的是学习者对信息的感知或理解受周围场或情境场影响的程度。场独立型和场依存型这两个概念最早是在1954年由美国"认知风格之父"威特金(Witkin,1977)提出的。场依存型是指在知觉、记忆、思维、问题解决以及人格领域,习惯于将外部的信息作为自己判断的依据,从整体上把握和认知事物,是外部定向者。而场独立型则习惯把自我参照作为处理信息的基准,具有分析的倾向,善于区分部分与整体,使问题的某一部分不受其他部分干扰,是内部定向者。

威特金指出,场独立和场依存不是简单地被定义为一组风格,它是包含能力在内的一种结构。例如,判断某人是偏向于场独立型或场依存型,可以给其一张特殊的画。这张画可能乍一看是有花、有树的森林,但事实上,画里花草中隐含着一些动物、鸟类,它们的线条是由树枝、树叶不规则地排列组成的,有时你必须将画倒着看或侧着看。如果你能迅速找出画中的动物、鸟类,说明你的学习风格是偏向场独立型的;反之,如果你首先看见的是森林全貌而没能分辨出里面的东西,或者花较长时间才能分辨出来,则你的学习风格偏向场依存型。

在认知活动中,场独立型常以分析的眼光看问题,能将背景中某个具体相关项分辨出来,知觉比较稳固、自主,能够独立对信息进行重组;而场依存型常以整体或全局的眼光看问题,对隐含在场中的相关项不容易分辨,其感知易受外界环境的影响,认知改组技能较差。在人际交往方面,场独立型表现得更有自主性,较少考虑他人的意见;场依存型则更多地考虑他人的意见,对别人的想法和情感更加敏感。例如,在社会交往活动中,场依存型表现得热情、老练、容纳他人;而场独立型则表现得冷漠、不体谅别人、与他人保持距离。表6-1列出了场独立型和场依存型具有的一些基本特征。

表6-1 场独立型和场依存型的基本特征

| 场 独 立 型 | 场 依 存 型 |
| --- | --- |
| 分析的、创造结构、内部导向、不关注社会信息、哲学认知者、个人主义、社会关系疏远的、内在的、冷漠的、开拓性的、创设自己的假设、概念导向的、获得与概念图示匹配的信息、受结构和形式影响较少、非感情导向的、对社会暗示不敏感、忽视外部压力影响 | 整体的、接受结构、外部导向、关注社会信息、冲突解决者、喜欢社交、从属关系导向的、人际的、需要友谊、传统的、易受突出特征影响、事实导向的、获得无关联的事实、受结构和形式影响、考虑别人的感受、对别人敏感、受压力影响 |

## 二、库勃的学习风格模型

一般的认知学习理论强调认知的影响,美国教育心理学家库勃(David A. Kolb)则着重强调了经验的作用。他认为,任何经验都会从原有的经验中获得有价值的东西,又会以某种方式改变今后的经验质量。库勃对学习风格的研究就是立足学习本身,围绕经验和变化展开的。他把学习看成经验的改造、产生知识的过程,在成人学习的整个过程中特别重视经验的挖掘、提炼、改造以及总结和推广。

库勃(1984)对学习过程周期进行了独特的分析,认为学习者的学习过程周期由四个相互联系的环节组成,即具体经验、反思观察、抽象概括和积极实践。其中,具体经验是让学习者完全投入一种新的体验,强调由情感体验和实际经验导致的学习,善于与学习伙伴沟通和交流;反思观察是学习者在停下的时候对已经历的体验加以思考,这一阶段的学习特点为通过看和听学习,依赖仔细观察做出决定;抽象概括是学习者必须达到能理解所观察的内容的程度,并且吸收它们使之成为合乎逻辑的概念,这一阶段注重对符号的理解,擅长在非人际环境中以及权威指导下的学习;积极实践阶段强调学习者要验证这些概念,并通过行动学习新的东西,注重实践并关注所学内容产生的实际效果。

此外,库勃认为,学习过程有两个基本结构维度,即领悟维度和改造维度。领悟维度包括两个对立的掌握经验的模式:一是直接领悟具体经验;二是间接理解符号代表的经验。改造维度包括两个对立的经验改造模式:一是通过内在的反思改造;二是通过外在的行动改造。在学习过程中,领悟维度和改造维度两者缺一不可。经验学习的过程是不断的经验领悟和改造的过程。

图 6-4 所示的库勃学习风格模型揭示了人们在学习中须经历的循环过程,库勃认为当学习者经历过四个阶段的一个循环过程之后,就能够更好地运用各种学习风格。

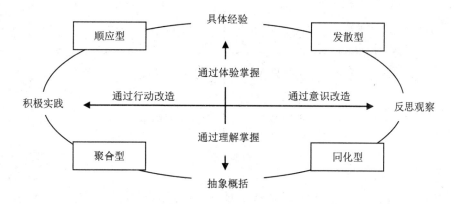

图 6-4 库勃学习风格模型图

## 三、荣格的学习风格理论和 MBTI[①]

瑞士心理学家卡尔·荣格(Jung,1921)从心理类型的角度定义了四分法。他认为,

---

① MBTI,即 Myers-Briggs. Type Indicator,迈尔斯-布里格斯人格类型测验。

我们可以通过具体的感官或者抽象的直觉感知信息，也可以通过逻辑思考或者主观感受判断信息。这四种人格维度，每一种都对应于一种明显的有意识的经验获得方式。感官告诉你某些事物存在，思考告诉你这是什么，感受告诉你是否愉快，直觉告诉你何去何从。他还考虑过，一个个体在与外界互动时，是活跃的还是沉思的（外向的还是内向的）。荣格模型的核心依旧是我们熟悉的四分法，如图6-5所示。

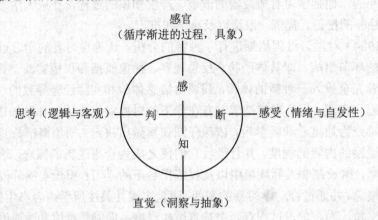

图6-5 荣格的四分法

哈维·席尔瓦（2003）以荣格的学习风格理论为基础，探讨了四种学习风格的搭配，创立了一个以过程为导向的学习风格模式，如图6-6所示。

图6-6 席尔瓦的四种学习风格模型

掌握型学习者喜欢有组织、有效率的方式，偏好动手操作或技术性的学习，更多地关注事而不是关注人；理解型学习者喜欢采取有逻辑的、有组织的、系统的方式进行学习，喜欢将人纳入事物，喜欢独立工作；自我表达型学习者渴望探索观念，喜欢提出新问题的解决方法，他们的兴趣会经常变化，所以他们的工作动力就是他们的兴趣，他们是独立的、不顺从的一群人；人际型学习者会采取一种人性化的方式进行学习，喜欢受到人的关注，表达价值、感受及个体记忆的机会最能调动他们的积极性。

凯恩琳·库克·布理格斯和她的女儿伊莎贝尔·布理格斯·麦尔斯（Cainlin Cook Briggs, Isabel Briggs Miles, 1948）根据荣格的学习风格理论创立了一种学习风格测试模型，即 MBTI。迄今为止，MBTI 已成为认识正常的个体之间差异的使用最广泛的手段。MBTI 常常被用于测试自身发展、职业的发展与开拓、关系的评估、学术评估、组织的发展、团体的组建、问题的解决、管理人员和领导人员的培训以及其他多元文化培训等方面。表 6-2 所示为 MBTI 的人格维度。

表 6-2　MBTI 的人格维度

| 维　度 | 偏　好 |
|---|---|
| 人与世界是如何相互影响的，即精力引向何处：搜索信息的方式 | 外倾（E）—内倾（I） |
| 我们自然而然注意的信息类型：加工信息的方式 | 感觉（S）—直觉（N） |
| 我们如何做决定：评估信息的方式 | 思维（T）—情感（F） |
| 愿意以一种较固定的方式生活（做决定），还是愿意以一种更自发的方式生活（理解信息）：行为表达方式 | 判断（J）—感知（P） |

搜索信息、加工信息、评估信息、行为表达这四个方面恰好构成了一个完整的学习过程，即接触→加工信息→评估信息→行为输出。这四个维度、八种偏好的组合有可能产生 16 种人格类型，如表 6-3 所示。

表 6-3　MBTI 性格测试类型

| 主导功能 | 辅助功能 | MBTI 类型 | 主导功能 | 辅助功能 | MBTI 类型 |
|---|---|---|---|---|---|
| 内向实感 | 外向思考 | ISTJ | 内向思考 | 外向实感 | ISTP |
| 内向实感 | 外向情感 | ISFJ | 内向思考 | 外向直觉 | INTP |
| 外向实感 | 内向思考 | ESTP | 外向思考 | 内向实感 | ESTJ |
| 外向实感 | 内向情感 | ESFP | 外向思考 | 内向直觉 | ENTJ |
| 内向直觉 | 外向思考 | INTJ | 内向情感 | 外向实感 | ISFP |
| 内向直觉 | 外向情感 | INFJ | 内向情感 | 外向直觉 | INFP |
| 外向直觉 | 内向思考 | ENTP | 外向情感 | 内向实感 | ESFJ |
| 外向直觉 | 内向情感 | ENFP | 外向情感 | 内向直觉 | ENFJ |

这 16 种类型各有自己的长处与短处，区别只在于学习者的性格偏好不同导致行为差异。学者们将这 16 种类型的性格分类归结为 SJ 型、SP 型、NT 型以及 NF 型四个类型（朱辉荣，2011），以下为这四个类型的具体表现[①]。

SJ 型人的共性是有很强的责任心与事业心，他们忠诚、按时完成任务，推崇安全、礼仪、规则和服从，他们坚定，尊重权威、遵守等级制度，持保守的价值观，充当着保护者、管理员、监护人的角色；SP 型人有冒险精神，反应灵敏，在任何要求具备较强技巧性的领域中游刃有余，他们常常被认为是喜欢在危险边缘寻找刺激的人，他们为行动、冲动和享受现在而活着，被称赞为天才的艺术家；NT 型人有着天生的好奇心，喜欢追求

---

① 资料来源：朱辉荣. 论 MBTI 性格测评在创新人才选拔中的应用[J]. 黑龙江高教研究，2011（12）：129-131.

梦想，有独创性、创造力、洞察力，有兴趣获得新知识，有极强的分析问题和解决问题的能力，独立、理性、有能力，人们称 NT 型人是思想家、科学家的摇篮；NF 型人在精神上有极强的哲理性，他们善于言辩，充满活力，有感染力，能够影响他人的价值观，被称为传播者和催化剂，他们约有一半在教育界、文学界、咨询界以及心理学、文学等领域显示着他们的非凡成就。

## 四、邓恩的学习风格理论

在邓恩（Dunn，2001）看来，学习风格是指学习者关注、加工、内化学习内容以及记忆新的或困难的学习内容的方式。

邓恩认为，学习者所表现出的学习偏爱是各不相同的，这体现为学习风格的不同，而学习活动所涉及的因素是多方面的，包括物理环境、心理环境、社会人际环境等，它们共同构成了学习风格的要素。因此，邓恩从环境、情绪、社会、生理、心理五个维度对学习风格的要素进行了分析，他的学习风格模型共包括 21 个独立的要素，如表 6-4 所示。

表 6-4　邓恩的学习风格要素

| 五个维度 | 环境 | 情绪 | 社会 | 生理 | 心理 |
| --- | --- | --- | --- | --- | --- |
| 具体要素 | 声音<br>光线<br>温度<br>坐姿 | 动机<br>坚持性<br>责任<br>学习内容 | 自我<br>结伴<br>团队<br>成人<br>多样化<br>程序化 | 感觉与知觉<br>摄食<br>时间<br>活动 | 分析与综合<br>大脑左右半球<br>沉思与冲动 |

资料来源：安会云，吕琳，尚晓静. 学习风格研究综述[J]. 现代中小学教育，2005（4）：4-7.

虽然一个人并不会受表 6-4 中所有 21 个要素的影响，但通常来说，会有 6~14 项因素影响学习者的学习。当然，学习风格具有一定的稳定性，并会在某一段时间内表现出强烈的风格偏好，而当教师运用与这些风格偏爱相一致的教学策略时，学习者更容易完成学习任务。

邓恩认为，学习者的特征如果仅从外部进行观察，则很容易被人误解，所以需用准确的工具测量学习风格，只有可靠、有效的综合性工具才能揭示哪些学习者受到了哪些因素的影响。在教学策略问题上，没有可以应对不同学习风格的单一的教学策略。因此，对于教师而言，需要尝试各种教学策略，让学生选择哪些策略更有趣，哪些策略可以帮助他们更容易理解学习内容。

## 五、斯腾伯格的心理自我管理理论

美国耶鲁大学的斯腾伯格（R. J. Sternberg）于 1985 年提出，当个体具有某种能力却没有合适的使用它的方法时，或者个体原先具有的偏好遭遇某种惯性的压制而不得不转向自己所不擅长的风格时，这种能力就形同于浪费。因此，要使能力得到实质的发展，就要使能力与风格相匹配，即首先要明确个体的风格。

斯腾伯格吸收并整合了以认知为中心、以人格为中心和以活动为中心的风格理论，提出了一种关于心智活动的理论，即心理自我管理理论（Sternberg's Theory of Mental Self-Government）。斯腾伯格认为学习风格不是能力，而是个体带有个性特征的学习方式，是学习策略和学习倾向的总和，是运用能力的偏好程度（Sternberg, 1988）。风格实际上不是静态、单一的，它的形成和塑造除受外因的影响之外，其内部的决定因素恰恰就是智力，所以学习风格更应该被视为一种智力或认知系统发展的内在需求。

斯腾伯格（1997）将学习者的思想和行为与政府机构相类比，发现学习也同样具有功能、水平、倾向、形式和范围方面不同的特点，他按照五个维度一共划分了13种学习风格。

（一）功能维度

功能维度包括立法型、执行型、审判型的学习风格。立法型学习风格的人喜欢那些可以应用新创意，产生新方法和新结论的工作；执行型学习风格的人喜欢有既定解决规则的任务；审判型学习风格的人更注重评估工作进程和他人工作成果。

（二）水平维度

水平维度包括全局型和局部型的学习风格。局部型学习风格的人喜欢做一些详细、具体的工作；而全局型学习风格的人喜欢那些概况性的和需要抽象思维的工作。

（三）倾向维度

倾向维度包括激进型和保守型的学习风格。激进型学习风格的人喜欢那些可以超越既有的规则和结构的工作，喜欢那些可以带来质变结果的任务；而保守型学习风格的人喜欢那些熟悉的工作，因为可以使用既有的规则和结构。

（四）形式维度

形式维度包括等级型、平等竞争型、专制型和无政府型的学习风格。等级型学习风格的人喜欢对同时存在的几个任务进行优先排序，从而更好地分配他们的注意力和精力；平等竞争型学习风格的人喜欢在一段时间内专注解决一件事情；专制型学习风格的人也喜欢同时解决几个不同的任务，但他们不会对任务进行排序；无政府型学习风格的人喜欢那些没有系统、弹性比较大的工作。

（五）范围维度

范围维度包括内倾型和外倾型的学习风格。内倾型学习风格的人喜欢那些可以独立完成的工作；而外倾型学习风格的人更喜欢与他人互动合作来完成工作。

斯腾伯格认为，学习风格既不属于能力范畴，也不属于人格范畴，而是介于能力和人格之间的一个连接界面。

学习风格决定如何运用思维模式，不同的学习风格会运用不同的思维模式，也有可能运用多种模式的综合来解决问题。在学习者的学习过程中，思维的培养有针对性，运用的策略才有效，思维才会得到全面的发展，能力才会得到全面的提升。

## 第四节　成人学习理论的应用

了解成人学习的特点以及研究成人学习理论，主要目的就是在成人学习以及培训开发工作中能够充分利用这些特点和理论，以使企业员工培训与开发能够达到事半功倍的效果。

### 一、培训的原则

通过对成人学习理论的学习，我们总结了企业员工培训与开发的七条原则。

#### （一）注意原则

培训师在培训中要不断地联系未来情境，强调培训中所学东西一定会有利于员工今后的工作和职业发展，同时不断强化培训的目标有助于员工端正态度，积极参与。员工在培训中希望学习到自己不懂的和知之甚少的东西，不愿培训师重复讲授他们已经知道的内容。因此，培训师应在教学中注意创设问题情境，巧妙地置疑设难，引导员工溯本求源，探索知识的应用价值，自然能使员工兴趣盎然，求知欲浓厚。

#### （二）目标订立原则

培训的目标设定太难和太容易都会失去培训的价值，因此，培训的目标设置要合理、适度，同时与每个学员的具体工作相联系，使接受培训的学员感到目标来自工作，又高于工作，能够促使自己发展。

#### （三）以学员为中心原则

相比于传统的以培训师为中心的培训，现代培训多注重以学员为中心。依据成人学习理论的发展观点，成人拥有丰富的知识和阅历，需要培训师给予有针对性的指导和帮助，这要求培训以学员为中心。

#### （四）呈现与保持原则

对员工的教育培训应从实际操作练习开始，通过实际操作发现问题，针对问题由培训师讲方法、讲理论依据。培训设计过程中必须考虑学习情境和培训师的引导，必须给员工以示范操作、参与讲授、进行体验性操练、角色扮演、游戏等多种方法对培训内容进行理解和记忆，调动员工的积极性，使他们参与学习活动。这样，学员的工作能力会在较短的时间内明显提高，必然会受到企业界的欢迎。

#### （五）反馈原则

培训师应不间断地对学员的反应给予及时反馈，使每个学员可以准确知道自己已经取得了哪些进步，还需要做出哪些努力。总之，要在培训中让员工产生成就感，降低挫折感，增强自信心。反馈的信息越及时、准确，培训的效果越好。

### （六）迁移原则

成人学习的主要目的是更好地履行责任和完成任务，培训师应该在培训中不断地联系员工未来的发展情境，强调培训中员工所学到的知识一定会有助于今后的工作和发展。假如员工认为，企业培训的内容与个人发展目标趋于一致，有助于自己在工作变动较多的情况下应对不同的任务和问题，就会加倍努力工作与学习。因此，培训一定要使员工能够把知识和技能迁移到其他情境中。

例证 6-4

三星"传达教育"

### （七）练习与强化原则

成人是通过"做"来学习的。他们学新东西时，总希望亲自动手实践一下。因此，培训期间，训练内容越真实，身体力行的内容越多，培训效果就越好。培训经理要确保培训目标所需要达到的主要能力都能在培训中得到练习和应用，最好将课堂教学与员工的工作、生活实践结合起来，使学习过程和工作过程相互促进，形成一个良性循环。培训学习完毕以后，必须对员工所学的知识进行不断强化和加深印象，这要求企业在工作安排中注重让学员学以致用以增强培训的实效性。

## 二、成人学习心理特点的应用

成人学习者的特点显现出丰富的多元性，分析成人学习心理特点的现实意义就是使企业和培训机构能够重视成人学习的心理特点，关注成人知识、技能内化的先决条件，全面理解学习动机。针对成人学习心理特点，企业员工培训与开发必须着重注意以下四点。

### （一）相互启发和合作指导

成人都是具有独立人格的个体，培训师可以采取提问、分组讨论、让学员示范操作、参与讲授、进行体验性操练、角色扮演、游戏、户外拓展训练等多种方法调动员工的积极性，使他们参与培训，在学习中相互启发。同时，培训师在学习过程中要细心引导，与员工相互合作,共同进步。

## (二)将经验作为范例应用于培训

员工工作中的成败得失是培训中的案例"金矿",培训师在教学前一定要了解员工的知识、经验及需求,培训中要注意激发员工回忆起以前学过的相关知识,要注重员工的成败经验和教与学的设计结合。由于培训中运用的案例都是员工在工作中发生的,具有典型性和真实性,培训师使用这样的案例进行培训,受训员工更容易理解且印象更深刻。最好是将培训与员工的工作、生活经验结合起来,使学习过程和工作过程相互促进,以形成一个良性循环。

**例证 6-5**

海尔"即时培训"

## (三)根据兴趣和能力进行开发指导

不了解学员需求,就难以做到有的放矢,提高员工培训效果也就无从谈起。由于学员对自己的需求往往不是很清晰,培训公司或培训师需要通过调查和沟通,主动发现和识别学员的真正需求。为了掌握学员的需求,应让培训公司根据企业情况设计专门的培训需求调查表,真正掌握员工的培训需求,然后设计相关的培训内容,结合员工选择适合的培训方案组织实施培训,因此,确保培训有效性的第一步必须调查清楚学员的培训需求是什么,然后针对问题进行培训。

## (四)以问题定位学习,并立即应用所学内容

企业组织员工培训的目的在于通过培训让员工掌握必要的知识和技能,以完成规定的工作,最终为提高企业的经济效益服务。培训内容必须是员工个人与工作岗位需要的知识、技能以及态度等,必须是他们当前所能应用的内容。因此,在培训项目实施中,把培训内容和培训后的使用衔接起来才能体现到实际工作中,才能达到培训目标和预期效果。企业员工教育培训与普通教育的根本区别在于它的针对性和实践性。企业发展需要什么、员工缺乏什么就培训什么,要努力纠正脱离实际、向学历教育靠拢的倾向,不搞形式主义的教育培训,而要讲求实效。

## 例证 6-6

**通用电气公司的变革加速计划**

### 思考练习题

1. 简述成人的心理特征以及学习的特点。
2. 如何在企业员工培训与开发中考虑成人学习心理的特点？
3. 简述库勃的学习风格模型。

### 培训游戏

#### 代号接龙

1. 内容

这个游戏在于训练个人的反应力和记忆力，以最快的速度判断自己所在的位置。

2. 方法

（1）人数在 10 个人以内最适合。

（2）参加者围成一个圆圈坐着，先选出 1 人做"鬼"。

（3）参加者以"鬼"的位置为基准，从"鬼"开始算出来的数字就是自己的代号。每个当"鬼"的人都是 1 号，"鬼"的右边第一位是 2 号，依次为 3 号、4 号……

（4）游戏从"鬼"这里开始进行。如果"鬼"开始说"1、2"，就表示代号由第 1 个人传给第 2 个人。2 号在接到口令后，要马上传给任何一个参加者，例如"2、5"，2 当时就是自己的代号，5 则是自己想传达的目标人员代号，此数字可以自由选择。

（5）如此一直进行下去，直到某人的代号被叫到却没有回答，那么此人就要做"鬼"。

（6）"鬼"的代号是从 1 开始的，所以当"鬼"换人时，所有人的代号都要更改，游戏进入下一轮。

重点：本游戏主要考查参与者反应速度的快慢。

### 心理测试

#### 库勃学习风格测试

试根据实际情况运用数字进行排序。

| 1 | 2 | 3 | 4 | 备注 |
|---|---|---|---|---|
| 最不符合 | 一般符合 | 比较符合 | 最符合 | 用1、2、3、4这四个数字表示从最不符合到最符合，对每一题四个空格进行排序；每题四个空格均须填写1～4的数字，每题四个空格中的数字不能相同 |

| 序号 | 问题 | 以下四项是你的学习方式的偏好，请根据你的实际情况对它们进行评分。注意，每一题四个空格给分不能相同 | | | |
|---|---|---|---|---|---|
| 1 | 我在学习过程中 | 喜欢调动自己的情感体验 | 喜欢看和听 | 喜欢思考 | 喜欢做中学 |
| 2 | 我感觉什么时候学习效果最好 | 相信自己的预感和体验的时候 | 认真聆听并观察的时候 | 借助逻辑思考的时候 | 努力将事情做完的时候 |
| 3 | 我在学习过程中 | 有强烈的情感反应 | 安静而沉稳 | 喜欢推理 | 认真负责 |
| 4 | 我采用什么方式学习 | 情感体验 | 观察 | 思考 | 实践 |
| 5 | 我学习的时候 | 对新体验、新经历采取开放的态度 | 会多方位地观察问题 | 喜欢分析事物，将整体分解成各部分 | 喜欢试验 |
| 6 | 我在学习的时候 | 看重直觉 | 乐于观察 | 偏重逻辑思维 | 积极活跃 |
| 7 | 通过什么途径我会学得最好 | 人际间互动 | 观察 | 合理的理论 | 有机会试验和实践 |
| 8 | 我学习的时候 | 喜欢全身心投入学习 | 喜欢看到自己的学习成效 | 喜欢理念和理论 | 倾向于行动前做充足的准备 |
| 9 | 什么时候我学得最好 | 凭借感觉时 | 依赖观察时 | 思考时 | 自己尝试做时 |
| 10 | 我在学习中 | 是个乐于接受的人 | 是个心静、含蓄的人 | 是个理性的人 | 是个负责的人 |
| 11 | 我学习时 | 乐于投入其中 | 喜欢观察 | 喜欢对事情做评价 | 乐于积极行动 |
| 12 | 什么时候我可以得到最理想的学习效果 | 乐于接受、思想开放时 | 认真仔细时 | 进行思考、分析时 | 学以致用时 |

计分：在12道测试题中，1、5、9作答的第1栏，2、6、10作答的第2栏，3、7、11作答的第3栏，4、8、12作答的第4栏，将它们的得分加总后即为库勃学习风格理论

的"具体经验"分数；1、5、9作答的第4栏，2、6、10作答的第3栏，3、7、11作答的第2栏，4、8、12作答的第1栏，将它们的得分加总后即为"主动实验"分数；1、5、9作答的第3栏，2、6、10作答的第4栏，3、7、11作答的第1栏，4、8、12作答的第2栏，将它们的得分加总后即为"抽象概括"分数；1、5、9作答的第2栏，2、6、10作答的第1栏，3、7、11作答的第4栏，4、8、12作答的第3栏，将它们的得分加总后即为"反思观察"分数。具体经验、主动实验、抽象概括、反思观察的Cronbach's Alpha分别是0.70、0.68、0.70和0.60。具体经验、主动实验、抽象概念、反思观察的均值和方差（$M±SD$）分别为28±6.2、33.5±6.0、30.7±6.1、27.9±5.2。低分和高分可以根据分数偏离方差的程度加以判断，比如低于两个方差值属于典型的低分。

**思考讨论题**

根据测验结果，你的学习风格有何特点？试举例说明，并与小组分享。

### 案例分析

**奇瑞公司的非正式学习**

### 参考文献

[1] 席尔瓦，斯特朗，佩里尼. 多元智能与学习风格[M]. 张玲，译. 北京：教育科学出版社，2003.

[2] 梅里安. 成人学习理论的新进展[M]. 黄健，译. 北京：人民大学出版社，2006.

[3] 毕淑芝，司荫贞. 比较成人教育[M]. 北京：北京师范大学出版社，1995.

[4] 海尔. 浅析海尔的员工培训[J]. 人才资源开发，2005（9）：71-72.

[5] 陈琦，刘儒德. 教育心理学[M]. 北京：高等教育出版社，2005.

[6] 郝丹. 为成人学习者设计持久性的学习活动：全程体验"设计持久性的学习活动培训班"[J]. 中国远程教育，2008（13）：11-14.

[7] 经济合作与发展组织. 理解脑：新的学习科学的诞生[M]. 北京：教育科学出版社，2010.

[8] 李乐. 我国企业员工培训中的问题及模式构建[D]. 开封：河南大学，2010.

[9] 李斌. 三星集团培训管理案例研究[D]. 北京：北京师范大学，2012.

[10] 刘强东. 看京东如何用互联网思维培训6万员工[J]. 中关村，2014（10）：86.

[11] 王霞，王中华. 三十年来我国成人学习理论研究的检视与反思[J]. 成人教育，

2018（2）：1-4.

[12] 王云，闻素霞. 自我调节学习研究综述[J]. 赤峰学院学报（自然科学版），2014，30（4）：204-205.

[13] 姚远峰. 西方成人教育学史略[J]. 湖北大学成人教育学院学报，2006，24（3）：33-35.

[14] 颜世富. 培训与开发[M]. 北京：北京师范大学出版社，2007.

[15] TOUGH A. Learning without a teacher[M]. Toronto: The Ontario Institute for studies in education, 1967.

[16] BOSHIER R. Motivational orientations of adult education participants:a factor analytic exploration of houle's typology[J]. Adult Education Quarterly, 1971, 21(2): 3-26.

[17] BRIGGS C C, BRIGGS MILES I. Gifts differing: understanding personality type[M]. Boston: Kluwer Academic Publishers, 1948.

[18] ROGERS C R. Freedom to learn: a review of what education might become[M]. Columbus, Ohio: Merrill, 1969.

[19] KOLB D A. Experiential learing: experience as the source of learning and development[M]. Englewood Cliffs, New Jersey: Prentice-Hall, Inc., 1984.

[20] WENGER E. Communities of practice[M]. New York: Cambridge University Press, 1998.

[21] THORNDIKE E L. Learning theory of adult and its enlightenment[M]. New York: Columbia University Press, 1914.

[22] FISCHER K W. Mind, brain and education: building a scientific ground work for learning and teaching[J]. Mind, Brain and Education, 2009, 3(1): 3-16.

[23] GROW G. Teaching learners to be self-directed: a stage approach[J]. Adult Education Quarterly, 1991, 41(3): 125-149.

[24] WITKIN H A, ASCH S E. Studies in space orientation[J]. Experimental psychology, 1948, 38（4）：325-337.

[25] WITKIN H A, MOORE C A. Field-dependent and field-independent cognitive styles and their educational implications[J]. Review of Educational Research, 1977, 47(1): 1-64.

[26] MEZIRROW J. Transformative dimensions of adult learning[M]. San Francisco: Jossey-Bass, 1991.

[27] KNUSDEN E I. Sensitive periods in the development of brain and behavior[J]. Journal of Cognitive Neuroscience, 2004, 16(8): 1412-1425.

[28] MARSICK V J, VOLPE M. The nature and need for informal learning[J]. Advances in Developing Human Resources, 1999(1): 1-9.

[29] KNOWLES M S. Informal adult education[M]. Chicago: Association Press, 1950.

[30] WITTROCK M C. Generative learning processes of the brain[J]. Educational

Psychologist, 1992(9): 531-541.

[31] KNOWLES M S. Designs for adult learning[M]. Alexandria: American Society for Training and Development, 1995.

[32] GAGNÈ R M. The conditions of learning and theory of instruction[M]. 4ed. New York:Holt, Rinehart and Winston, 1985.

[33] STERNBERG R J. Thinking styles[M]. New York: Cambridge University Press, 1997.

[34] STERNBERG R J. Mental self-government: a theory of intellectual styles and their development[J]. Human development, 1988(31): 197-224.

[35] WATKINS K. Informal and incidental learning in the workplace[M]. New York: Routledge and Kegan Paul, 1990.

# 第七章
# 培训方法

 学习目标

1. 掌握常用的企业培训方法;
2. 了解常见培训方法的适用情形;
3. 掌握培训方法的选择原则。

引例

## IBM 公司的销售人员培训

IBM 是一家大型跨国企业,其年销售额约为 800 多亿美元。它是世界上经营最好、管理最成功的公司之一。在计算机这个发展最迅速、经营最活跃的行业里,其销量居世界之首,多年来,在《幸福》杂志评选出的美国前 500 家公司中一直名列榜首。IBM 公司追求卓越,特别是在人才培训、造就销售人才方面取得了非常成功的经验。

IBM 公司的销售人员和系统工程师要接受为期 12 个月的初步培训,主要采用现场实习和课堂讲授相结合的教学方法。其中,学员 75% 的培训时间是在各地分公司度过的,25% 的时间在公司的教育中心学习。分公司负责培训工作的中层干部将检查学员的教学大纲,这个大纲包括学员的素养、价值观念、信念原则以及整个生产过程中的基本知识等方面的内容。学员们与市场营销人员一起拜访用户,从实际工作中得到体会。此外,IBM 公司还经常让学员在分公司的会议上,在经验丰富的市场营销代表面前,进行他们的第一次成果演习。有时,有些批评可能十分尖锐,但学员们却因此增强了信心,并赢得了同事们的尊敬。

IBM 销售培训的第一期课程主要包括与 IBM 公司的经营方针相关的内容,比如销售政策、营销实践、计算机概念和 IBM 公司的产品介绍等。第二期培训课程主要是学习如何销售。在第二期培训课程上,IBM 公司的学员了解了与公司后勤系统相关的知识和应用技巧,学习研究和发展业务技能,以及如何在实践中应用培训所学的理论知识。

经过理论学习之后,IBM 公司会让学员到分公司进行实践,应用他们在培训课上所学的知识。另外，IBM 公司常常让新学员在分公司的会议上，在多位经验丰富的销售代表面前，进行第一次成果演习，接受前辈们的批评。有时，一些批评会十分尖锐，但学员们不会被严苛的批评打倒，反而因此增强了自信心和斗志。

IBM 公司从来不会派不合格的销售代表会见客户，也不会送不合格的学员接受培训，因为这不符合优秀企业的概念。近年来，IBM 公司更换的第一线销售人员少于3%，所以从公司的角度看，IBM 的员工培训工作是成功的。

资料来源：严旭，朱靖. 国际市场营销[M]. 上海：上海财经大学出版社，2016.

引例中 IBM 的现场实习、课堂讲授和模拟销售角色的方法成功地为企业造就了人才。由此可知，企业员工培训的成功与否很大程度上取决于培训方法的选择。那么，什么是培训方法？有哪些培训方法？应该如何选择培训方法？这是本章要探讨的内容。

## 第一节 培训方法概述

人力资源是企业的一种特殊经济资源，企业只有将这种特殊的经济资源与其他资源有机地结合起来，充分发挥人才的作用，才能在激烈的竞争中占据一席之地。然而，人力资源培训离不开高效且适用的培训方法。

### 一、培训方法的概念与特点

培训方法是指为了有效地实现培训目标而确定的手段、技术和方法（邱羚，2014）。培训师在培训过程中，必须结合公司的培训需求和员工的个人需求，借助相关的具体方法，对培训对象的知识进行扩展或者深化，并对其某方面的技术或者能力进行训练和提升。培训师可以借助的培训方法有很多，但其最终目的都是取得较好的培训效果，满足公司和员工的培训需求。因此，培训方法的实施是实现培训效果的必经阶段，培训方法具有以下三个主要特点（赵涵诺，2021）。

#### （一）持续性，引导学员保持"空杯"心态

随着外部环境的不断变化以及信息技术的飞速发展，一个人要在社会立足，必须具备"空杯"心态，秉承"活到老，学到老"的终身学习的观念。对于企业而言，由于员工属于成年人，本身拥有了一定的学习经历、实践经验和人生阅历，在工作和个人发展的过程中，难免会受到自己过往经验的限制和约束，从而阻碍企业的创新和长久发展，这要求企业在培训的过程中引导员工树立"空杯"心态，谦虚地学习和积累相关的知识和技能。

#### （二）针对性，按照需要进行培训

培训方法有一定的侧重点，培训对象、培训目标、培训时间和培训投入的不同决定了培训方法的不同。比如，对于刚入职的员工，企业可以选择拓展训练法、军事训练法

以及团队培训法等团建方法,既可以让新员工快速了解并学习企业文化,融入团队,增进员工间的相互了解,让员工之间相互包容、相互信任,让队员之间相互尊重;也可以让队员之间充分认识到个体的差异性,让队员相互学习对方身上的优点,努力地向更好的方向进步。该方法有助于自我意识能力、问题解决能力、冲突管理能力和风险承担能力的开发。因此,培训方式与方法的选择应因时、因人、因地而异,有针对性地对员工进行培训,才能最大限度地激发员工的兴趣和动力,开发员工的潜能。

### (三)知行合一性,将知识落实到实践和行动中

企业在培训的过程中需要注重知行合一,因为很多培训会教给员工一些方法论或者工作中需要的理论知识,但是这些知识一定要让员工自己真正地去实践和练习,才可以内化为员工自身的能力,因此,企业在培训的过程中需要注重将知识落实到实践和行动中。

## 二、培训方法的分类

培训方法的分类依据有很多种,如按培训载体分类、按培训师与学员之间的关系分类、按培训时所使用的设备分类等。本节仅介绍以下两种常见的分类方法。

### (一)按培训的载体分类

根据培训载体的不同,培训方法可以分为传统培训方法和新技术培训方法。

#### 1. 传统培训方法

传统培训方法是指以培训师直接面对学员为主要形式的培训方式(徐庆文,裴春霞,2004)。这类方法主要以粉笔、黑板、挂图、幻灯片、投影机等为工具,一般不需要借助新技术传递信息。它具有直观、生动、形象、成本低、便于面对面交流等特点,是目前员工培训中普遍采用的方式。然而,传统的培训方法有其固有的缺陷:①它所使用的工具简单,无法展示复杂的内容,略显单调;②企业大多运用传统的授课模式——"老师讲,学生听,考试测",弊病是枯燥、效果差。

#### 2. 新技术培训方法

新技术培训方法是指通过网络、电子信息传递技术等现代通信技术培训员工的一种方式。新技术培训方法主要可归纳为媒体辅助远程培训、计算机辅助培训、多媒体远程培训、技术辅助远程培训、利用电信技术的培训、网络培训等。这种培训方法以技术为支持,使培训和教育超越了传统课堂的限制,以学员为中心,为学员提供更多自我探索和自我学习的机会。

### (二)按培训师与学员之间的关系分类

根据培训师与学员之间关系的不同,培训方法可以分为单向讲授方法和双向互动方法。

1. 单向讲授方法

单向讲授方法是指培训师在培训过程中与学员保持单向沟通的培训方法。这种方法比较简单，容易操作，但是这种单向的讲授方法缺乏针对性和互动性，不利于调动学员的学习积极性，并且讲授的对象一般是全体成员，没有区别对待学员的个别问题。

2. 双向互动方法

双向互动方法是指培训师在培训过程中与学员保持双向沟通的培训方法。培训师采用"启发式"教学法，鼓励员工积极参与培训过程，在双向沟通中，引导与启发学员思考和讨论。这种方法有利于提高学员的学习积极性和学习效率，但是这种方法要求培训师有较强的课堂控制能力，能够合理、有序地安排与学员的沟通和互动。

### 三、培训方法的发展趋势

随着信息技术的不断发展和完善，培训方法出现了新的发展趋势，主要体现在与新技术的融合性增强、多种培训方法组合使用以及培训内容的针对性增强三个方面。

#### （一）与新技术的融合性增强

新技术的应用主要体现在网络多媒体技术和虚拟现实技术的应用方面，基于互联网开发网络培训法（E-learning）、数字化培训法等在线学习或远程培训教育。其先进的教学设备和教学手段的应用是培训方法的一大特点。以先进技术作为媒介和教学手段，提高了学员学习的积极性和主动性，也在一定程度上增加了培训时间和内容的灵活性，极大地增强了培训效果。其中，网络培训法和数字化培训是比较典型的两种代表。

网络培训法即网络化学习或者在线学习，利用互联网平台进行培训，让受训者通过计算机上网、通过网络进行学习的一种全新的学习方式（王亚丹等，2016）。网络培训法包括互联网在线学习和内部网在线学习两种基本学习方式。这种方法比较依赖多媒体网络学习资源、网上学习社区以及网络技术平台，营造了一种网络学习环境，并在网络学习中汇聚了大量的程序、数据、兴趣讨论组、教学软件等学习资源，构成了一个高度综合的资源库。从员工的角度看，网络学习法彻底打破了时间和空间的限制，让员工随时随地可以在网络上接受最新的理论和技能培训，极大地提升了培训的效率和质量。从企业的角度看，网络培训节省了传统培训所必需的差旅费、住宿费、误工费等费用，大大降低了公司的培训成本。

数字化培训是指学习者在数字化的培训环境中，利用数字化的培训资源，以数字化培训独有的手段和方式接受培训的过程（许倩，2020）。在当前数字化培训快速发展的大环境下，很多企业采用数字化的培训模式对员工进行培训且取得了一定成效。数字化培训是时代发展的必然，对企业的发展具有重要的意义。首先，数字化的培训可以让员工接受更多的专业化培训，在过去很长的时间里，很多企业因为缺乏培训讲师、场地、设备等资源而放弃了对员工的培训，而数字化的培训模式正好解决了这一问题，将员工培训交给了负责数字化培训的第三方平台，仅需给付一定的费用即可实现员工培训。其次，数字化培训可以帮助企业节约员工的培训费用。因为其节约了培训所用的场地、员工往返培训地点的成本等培训费用。最后，数字化的培训突破了时间和空间的限制，可以为员工设计定制化的培训服务，增强了培训的灵活性和针对性，从而提升了企业员工培训的质量与效果。

**西南航空公司飞机驾驶员模拟培训**

### （二）多种培训方法组合使用

由于新的培训方法不断地发展，企业使用的培训方法不再局限于过去的传统方法，而是更多地融合了多种培训方法。传统的培训方法一般都是以讲座的形式为主，教学工具简单，不能满足企业所有的培训要求。现代企业所采用的培训方法主要有案例研究、管理游戏、电子学习、仿真模拟等，教学工具先进，极大地增强了培训效果。因此，越来越多的企业针对不同的培训需求和培训目标，开始结合多种培训方法对员工进行培训，包括混合式培训。

### （三）培训内容的针对性增强

一方面，企业面临的市场竞争越来越激烈，面对的外部环境越来越复杂，这要求企业在制订培训计划之前，需要对培训对象进行评估，再根据测评的结果设计相应的培训方法和内容，以提高培训的效率和质量。依据公司业务的需要，并针对每一个员工个人的长处和短板，综合考虑员工未来的职业兴趣和未来工作的需要选择或者改善相应的培训方法，这无疑增加了培训方法的针对性。

另一方面，随着信息技术和网络技术的应用，员工接受培训的形式、时间、地点和场合越来越多样化和灵活化，员工对于培训内容的选择权也逐步增加，这说明培训内容的针对性越来越强是员工培训的一个无法避免的发展趋势。

**破解培训针对性难题——美的学院管理技能状况评估**

## 第二节 培训的主要方法

不同的培训方法适用于不同的培训目的和培训需求，培训方法与培训技术的采用将直接影响培训的效果。按照培训载体的不同，培训方法可以分为传统培训方法和新技术培训方法。这两类培训方法在企业员工培训过程中均有不同程度的应用，本节将介绍这两类培训方法的基本概念、优缺点以及适用范围。

### 一、传统培训方法

传统培训方法是指以培训师直接面对学员为主要形式的培训方式，一般不需要借助新技术传递信息。传统培训方式具有直观、生动、形象、成本低、便于面对面交流等特点，是目前员工培训中普遍采用的方式。本节讨论的传统培训方法分为三类，即演示法、传递法和团队建设法（诺伊，2015）。

#### （一）演示法

演示法（presentation methods）是指学员被动接受知识和技能的培训方法。它的主要特点是学员在培训过程中具有被动性。演示法常见的类型有讲座法和视听法。

1. 讲座法

讲座法是指培训师用语言把知识、技能等培训内容传授给学员的培训方式，它是最传统的培训方式。在这种培训方式中，培训师讲授培训内容，学员只是单纯地吸收知识。也就是说，培训师与学员之间的沟通属于从培训师到学员的单向沟通。讲座法可以分为标准讲座、团体教学、客座发言、座谈小组和学生发言等不同形式，表 7-1 描述了上述五种不同形式的讲座方法及其优缺点。

表 7-1 不同的讲座方法及其优缺点

| 方　法 | 具体描述 | 优　点 | 缺　点 |
| --- | --- | --- | --- |
| 标准讲座 | 培训师讲；学员听，并吸取知识 | 有效地传递大量信息，成本最低，最节省时间 | 单向沟通，缺乏反馈 |
| 团体教学 | 两个或两个以上的培训师讲不同的专题或对同一专题的不同看法 | 给培训带来更多的技术和观点 | 培训师必须与其他培训师协调 |
| 客座发言 | 客座发言人按事先约定的时间出席并讲解主要内容 | 可以给学员相关的例子和实际的应用，激发他们的学习动机 | 对某一领域不了解的学员难以理解重点 |
| 座谈小组 | 两个或更多的发言人进行信息交流并提问 | 有利于学员充分表达自己的立场、观点 | 对某一课题不了解的学员难以理解重点 |
| 学生发言 | 各学员小组在班上轮流发言 | 提高培训的价值及学员的关注程度 | 若学员发言技巧匮乏，将导致学习受阻 |

虽然讲座法是一种单向的沟通方式，但是它按照一定的组织形式有效地传递大量信

息，成本最低，时间最节省。它可以快速、简单地向一大群学员传递信息，还可以作为其他培训方法（如行为示范）的辅助手段，这也体现了不同培训方法之间的相互补充性。另外，讲座法还有以下四个优点。

（1）易于安排整个讲述程序。

（2）比单纯的阅读成效高。

（3）适合任何数量的听众。

（4）培训师能够集中向学员介绍较新的研究成果，具有较强的针对性。

讲座法的局限性在于缺少学员的参与、反馈以及与实际工作环境的密切联系，阻碍了学习和培训成果的转化，具体表现在以下四个方面。

（1）由于讲座法强调的是信息的聆听，学员处于被动的位置，不容易调动其积极性。

（2）不容易找到所谓的"名嘴"或"讲手"。培训师的水平是增强培训效果的关键因素之一。虽然培训水平高的培训师不一定能够保证培训的效果，但是培训水平低，甚至培训经验不足的培训师一定不能确保培训的效果。

（3）不适当的环境（如场地、音响、辅助媒体等）容易影响倾听的效果。

（4）由于是单向沟通，学员的反馈有限，培训师很难迅速、有效地把握学习者的理解程度，学习的成效并不高。为克服这些问题，讲座法常常会附加问题讨论和案例研究。

因此，为了促进学习和培训成果的转化，组织好讲座，应该注意以下四个问题。

（1）选择好的培训师。培训师是讲座法的灵魂，培训师水平的高低直接关系到培训的效果。好的培训师应该能够在了解学员基本情况的基础上，有针对性地准备讲课的课件，事先发给学员讲演的大纲与摘要，以便于学员了解演讲者的意图、方向和重点，在课堂上还要求培训师能够自如且清晰地向学员传递信息或者技能。

（2）妥善安排演讲的环境，如场地、音响、辅助媒体等，使所有的学员特别是坐在后排的学员都能清晰地听到培训师的声音。

（3）避免在太短的时间内灌输给学员太多的资讯，以免造成接收不良。

（4）演讲结束后，适当安排问答、讨论或者案例研究，以便于双方沟通，提高学习成效。

2. 视听法

视听法是利用幻灯片、电影、录像等视听材料进行培训的一种方法，它是一种多感官参与的培训方法，多用于对新员工的培训（徐庆文，裴春霞，2004）。这种方法不仅可以用来培训学员的沟通技能、谈话技能和服务技能等，还能用于详细说明某一生产步骤。目前的视听法培训多强调计算机科技和光碟设备的应用，如投影仪、录像、电视、电影、计算机，以满足员工个人差异、自学步调与双向沟通的需求。

视听法最大的优点是可以提供个性化的教学。由于视听媒体具有重播、慢放或快放等功能，培训师可以根据学员的水平灵活调整培训内容，还可以让学员接触到难以解释说明的设备、难题和事件，如设备故障、顾客抱怨或其他紧急情况。同时，一些视听设备（如CD、DVD）和优酷、抖音短视频等有互动功能，容易引起学员的学习兴趣。换句话说，在培训课程的每一个阶段，学员可以根据学习能力和学习需求的差异，安排自己的学习步调。因此，不管是单独使用还是与其他培训方法结合起来使用，视听法越来越受到企业的重视。

视听法的主要问题在于所使用的创作方法具有较多局限性。例如，视听设备和材料的成本较高，且容易过时；视听内容本身的缺陷会削弱培训效果；学员容易受视听设备或场所的限制；等等。

采用视听法进行培训要做好以下三点：①视听法教学要求培训师按照培训主题选择合适的视听材料，并事先准备好适当的教学软件、计算机、音响等培训设备；②视听培训之前，培训师应先说明培训的目的，并配合培训的内容进行讨论，增加理解，以期达到理想的培训效果；③培训师应在讨论之后总结重点或谈谈将培训知识应用于实践的具体方法。

## （二）传递法

传递法（hands-on methods）是指培训师以某种方式把知识、技能传递给学员，并要求学员互动参与的培训方法。传递法以学员为中心，培训师充当引导和激发学员学习动力的角色，力求启发学员积极参与学习，掌握相应的知识和技能。这类方法主要包括在职培训、仿真模拟、案例分析法、管理游戏法、角色扮演法、行为示范法等。它提供了亲手操作的工作体验，有利于开发学员特定的技能，理解技能和行为的实际应用。

1. 在职培训

在职培训（on-the-job training，OJT）是指员工在不离开工作岗位的前提下，管理者在日常的工作中指导、开发下属技能、知识和态度的一种训练方法。在职培训是最好的培训方法之一，它在工作场所有计划、有组织地对员工进行培训。一般情况下，在职培训多用于如下四种情况：①在实际工作中培训新员工；②帮助有经验的员工进行新技术升级培训；③在统一单位或部门内进行交叉培训；④岗位发生变化或得到晋升的员工的新工作适应培训。在职培训尤其适用于发展员工在工作中所需的特定技能，特别是很容易上手，并有现成设备和设施供实际操作的技能。

在职培训有以下五个优点：①在材料、培训师的工资或指导方案上投入的时间或资金相对较少；②某一领域内的专家和同事都可以作为指导者；③学员可以边工作边学习；④企业一般已具备在职培训所需的设备和设施；⑤学员在实践中学习，培训师可以及时对学员的学习过程进行反馈。

然而，在职培训对培训师的要求比较高。培训师自身必须经过严格的训练，并提供必要的培训材料；培训师还须熟练运用演示、实践和反馈等技巧，有组织、有计划地对学员进行有效的在职培训。其中，师带徒和自我指导学习是在职培训最常见的两种形式。

（1）师带徒。师带徒（apprenticeship）是指员工结合在职培训和课堂培训进行学习的一种培训方式。它是最为传统的现场培训方式，常用于诸如机械师、实验室技术员或电工等技能行业（伯兰德，斯内尔，2006）。它是由经验丰富的员工作为师傅，传授技艺给一个或者几个新员工，主要有示范、实践和评估三个步骤。师傅首先要确认徒弟已具备对某一操作过程的基本知识，然后向徒弟演示这一过程的每一个步骤，并强调安全事项和关键步骤，最后师傅还要为徒弟提供实际操作该过程的机会，直到师傅认为徒弟已经可以安全且准确地完成该项工作为止。师带徒的步骤如图7-1所示。

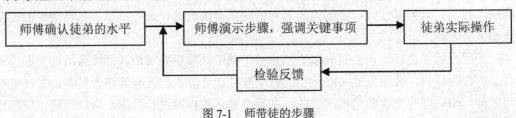

图 7-1　师带徒的步骤

师带徒培训方式的主要优点是可以让学习者在学习的同时获得收入，一般学徒培训会持续几个月甚至几年的时间，所以带薪学习对员工很重要。毋庸置疑，随着学习者技能水平、工作熟练度的提高，以及师徒之间人际关系的发展，具体工作的协调和开展将会更加顺利。

其缺点如下：①由于新技术与新的管理技术在企业中的运用，培训的技能可能无用武之地；②由于工作性质的变化（新技术运用和跨职能部门团队运作的结果），一些企业认为师带徒培训出来的员工技能不具有推广性，不愿意聘用"师带徒"计划中成长起来的工人；③师傅担忧"带会徒弟，饿死师傅"，因而传授时有所保留。

**例证 7-3**

学徒制教育——瑞士表业成功的法宝

（2）自我指导学习。自我指导学习（self-directed learning）即我们通常所说的自学，是指员工全权负责自己的学习，包括选择什么时间学习以及确定请谁参与学习过程。这种方式不需要任何指导者，学员按照自己的进度和需要，自主自愿进行个性化的学习。培训师不控制学员的学习过程，他们只负责评估员工的学习情况并回答所提出的问题。也就是说，培训师只是一个辅助者，学习过程完全由学员自己掌握。

从个人角度讲，自我指导学习过程中学员可以按照自己的节奏制订学习计划，安排学习并得到有关学习绩效的反馈；从公司角度讲，自我指导学习仅需要少量培训师，减少了聘请培训师、租用会议室、交通等相关费用，也使在多种场合下培训成为现实。

自我指导学习自主自愿的性质也是其主要缺点所在。一方面，由于它基于学员的自主性，要求学员必须有良好的学习能力和动机，自觉、自律地安排自我学习；另一方面，公司的自我指导学习开发成本较高，时间较长。要想真正实现员工的自我培训，企业必须全面做好各方面的准备，建立、健全培训激励机制。随着企业激励机制的发展，自我指导学习将会变得越来越流行。

企业培训的有效途径：契约式学习

### 2. 仿真模拟

仿真模拟（simulation）是指把培训对象置于模拟的现实工作环境中，让他们依据模拟的情境做出及时的反应，分析和解决实际工作中可能出现的各种问题，为实际岗位的工作打下基础的一种培训方法（石金涛，2009）。仿真模拟培训针对特定的条件、环境及工作任务进行分析、决策和运作，可以让学员在一个人造的、无风险的环境下看清他们所做决策的影响。该方法常常被用来传授生产和加工技能、管理能力和人际关系技能等，如培训飞行员的飞行模拟器的模拟飞行。

仿真模拟可分为模拟设备和模拟情境两类。前者主要是以模拟设备为基础，对学员使用该设备的技能进行模拟训练。在模拟设备的操作训练过程中，学员可以反复练习，不用担心失误会带来不良后果，也可以在训练过程中进行自我反馈和自我纠正。后者主要是根据培训的需求和实际的工作环境，模拟某一工作情境，让学员在一个现实的社会环境中对未来的职业岗位有一个比较全面的理解，特别是某些行业特有的规范。情景模拟有助于全面提高学员的职业素质。

由于仿真模拟复制了学员在实际工作中所使用的物理设备，不必担心错误的操作会带来不良的后果，可以用最少的成本支出确保培训时最大的安全性。同样地，用于管理和人际关系技能训练的仿真模拟也不会真正地造成人际关系的破裂，学员可以放心地进行模拟训练。

当然，仿真模拟也有以下三个不足之处。

（1）模拟训练的情况与现实情况之间始终会有一些差距，因此，模拟的解决方式不一定完全适用于现实情况。

（2）模拟设备的关键在于要具有与工作环境相同的因素，而且随着外部环境和内部环境的变化发展，模拟设备必须及时更新，因此其开发成本通常都比较高。

（3）培训师必须对各项技能的训练非常熟悉，才能使学员通过仿真模拟得到真正的训练。

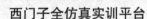

**西门子全仿真实训平台**

3. 案例分析法

案例分析法又称为案例研究法或案例研讨法,是一种体验式培训方法。案例分析法是指把实际工作中出现的问题作为案例,交给学员研究、分析、评价所采取的行动,指出正确的行为,并提出其他可能的处理方式,以此培养学员们的分析能力、判断能力、解决问题及执行业务能力的培训方法。

案例分析法由哈佛大学于1880年开发完成,后被哈佛商学院用于培养高级经理和管理精英的教育实践。该方法一般以会议讨论的方式进行,适用于新进员工、管理者、经营干部、后备人员等,其培训目标主要是提高学员解决问题的综合能力,使他们在以后的工作中出色地解决各类问题。

案例分析法主要有以下三个优点。

(1)案例分析的过程需要学员高度参与互动,进行讨论,最终得出结论。也就是说,与讲座法只听讲而不参与相比,其参与性要强得多。

(2)通过对个案的研究和学习,能够明显地增加员工对公司各项业务的了解,获得有关管理方面的知识和原则,提高员工解决问题的能力。

(3)它是一种信息双向交流的培训方式,有助于培养员工良好的人际关系,增强企业内部的凝聚力。

虽然案例分析法出现得比较早,经历了一百多年的发展,但是它仍然存在以下两个不足之处。

(1)案例所提供的情境不是真实的情境,学员不能身临其境,不可避免地存在失真性。

(2)对案例的实用性要求很高。在案例的编写和收集时,不仅要注意其与培训内容的关联性,还要看其是否能激发学员的研究兴趣。

**英特尔公司领导力开发途径**

4. 管理游戏法

管理游戏法（management games）又称为商业游戏法（business games），是指由两个或多个参与者仿照商业竞争的原则，相互竞争并达到预期目标的方法。商业游戏主要用于管理技能的开发，它要求学员收集信息，对其进行分析并做出决策。管理游戏法原先是作为企业培训的一种高级训练方法，这种培训方式是从 MBA 案例教学讨论发展而来的，一般统称为"做中学"（learning by doing）。它是让学员走出办公室，在相对集中的一段时间内参与管理游戏，在游戏过程中培养与人相处的一种健康心态，并通过管理游戏，培养学员的管理思维方式（朱良辉，2008）。

管理游戏法的优点体现在以下两方面。一方面，参与者积极参与游戏，而且游戏仿照了商业竞争的常态，情境逼真，可以刺激学习，培养学员对学科的兴趣；另一方面，在培训时，往往以小组的形式进行，整组学员齐心协力才能取得游戏的最终胜利，因此在不知不觉中培养了学员的领导才能和团队精神，极大地增强了公司员工的凝聚力。最重要的是，学员在决策时会面临各种各样的矛盾，成功与失败的可能性都存在，需要学员积极地参加训练，运用相关的理论与原则、决策力和判断力对游戏中所设置的各种难题进行分析研究，采取必要措施，取得胜利。因此，该培训方法在增强学员学习兴趣、培养学员团队精神的同时，也训练了学员由此及彼的思维能力和创造能力，提高了学员解决实际问题的能力。

管理游戏法也有一定的局限性。应用这一方法，从前期的游戏选择、道具准备到游戏开始，直至最后的结果和行为分析，都需要相当长的时间，并且在游戏设计、规则制定、胜负评判等方面都有较大的难度，对培训师把握游戏的能力有相当高的要求。

在管理游戏中能否做到有效引导，并把握好现场的互动，往往是影响管理游戏实施效果的关键因素。首先，要学会巧妙提问。通过提问帮助学员逐一理解游戏规则，发现学员偏离游戏规则时，应通过提问，给予及时辅导。在分享阶段，应通过设计精辟的问题，让学员自己寻找答案。其次，善于组织小组讨论及大组分享。一般游戏方案的制订、游戏结果的分享，都是通过小组讨论进行的，对精彩之处，要及时给予肯定，并加以总结和发挥。另外，要重视角色的扮演。角色的产生一般采用主动报名的方式，培训师应给予必要的辅导。表演结束后，由表演者谈感想，然后观察者给予赞赏性和建设性两个方面的反馈，最后由讲师进行总结性辅导。

5. 角色扮演法

角色扮演法是指在一个模拟的环境中，规定参与者扮演某种角色，借助角色的演练理解角色的内容，模拟性地处理工作事务，从而提高问题处理能力的一种培训方式。角色扮演法最常用于人际关系的培训，它可展示人际关系与人际沟通中的不同手段与观念，为体验各种行为并借此进行评价提供了一种有效的工具。另外，这种方法也可用于询问、电话应对、销售技术、业务会谈等基本技能的学习与训练。它与仿真模拟的区别在于学员可选择的反应类型及情境信息的详尽程度。角色扮演法提供的情境信息十分有限，而仿真模拟所提供的情境信息通常比较详尽。

角色扮演法作为颇受欢迎的培训方法之一，具有以下三个优点。

（1）学员的参与性强，学员与培训师之间的互动交流比较充分。这样有助于提高学员的学习积极性，变被动为主动，让学员积极参与培训。

（2）特定的模拟环境和主题有助于训练基本技能，有利于增强培训的效果。角色扮演法往往都是先根据学员的个别情况和培训需求设计特定的模拟情况，这就增加了培训的针对性和有效性，摆脱了传统培训泛泛而谈的缺点。

（3）亲身体验和观察其他学员的扮演情况与行为，有助于学员发现问题，提高学员的观察能力和解决问题的能力，并帮助学员学习各种交流技能。

当然，角色扮演法并非十全十美，也存在以下两点不足：①学员的角色扮演不一定是完全成功的，一次失败可能会挫伤学员的积极性；②角色扮演法具有较强的人为性，该方法的效果好坏主要取决于培训师的水平，一个既符合培训目的又能使学员积极参与的角色扮演往往对培训师的水平有很高的要求。

6. 行为示范法

行为示范法（behavior modeling）是指让培训对象观摩行为标准样例或录像视频、幻灯片等，并进行实际操练的一种培训方法。行为示范法结合了几种不同的培训方法和学习原则，主要包括以下四项基本内容（伯兰德，斯内尔，2006）。

（1）学习重点。开展教学活动时，需要列举培训计划重要的目标和目的，指出学习的关键点所在。

（2）模拟。通过观看示范者的标准样例或录像视频、幻灯片等，让学员进行模拟训练。示范者主要展示应付情形的方法，并讲解学习的重点。

（3）练习和角色扮演。培训的大部分时间都用于这一部分，即学员模拟示范者的行为进行训练。

（4）反馈和强化。反馈可以向学员提供强化信息以表扬他们执行的正确行为，并且告诉他们如何改进自己的行为，以此强化培训效果。整个培训阶段应强调如何把培训转化到工作中。

行为示范法包括四个步骤，具体如图7-2所示。

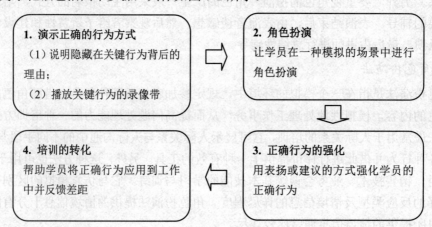

图7-2 行为示范法的四个步骤

行为示范法以社会学习理论为依据,强调学习是通过观察示范者演示的行为及替代强化而发生的。行为示范法更适合于学习某一种技能或行为,而不太适合于事实信息的学习。行为示范法是传授人际关系和计算机技能的最有效的方法之一,该方法能够让参与者比较好地领会参与的目的,为他们创造一个实践的良好机会,有利于员工在培训中学到人际关系的交往能力和特殊的工作技能。

但是,行为示范法存在着不少不确定的结果和未验证的假设,特别是有关学员将培训内容应用于现实环境中的困惑。大多数培训师只依靠训练标准评估该方法的培训效果,而没有评估这些行为的工作产出。另外,现存的行为示范模式或太简单,或冗长,或不现实,其系统因缺少变化而缺乏吸引力。

### (三)团队建设法

团队建设法(group building methods)是指用来提高团队或群体成员的技能和团队有效性的培训方法。它注重团队技能的提高,以保证进行有效的团队合作,这种培训让学员共享各种观点和经历,建立群体统一性,了解人际关系的力量,审视自身及同事的优缺点,并制订计划以将培训中所学的内容应用于团队绩效上。它包括拓展训练法、军事训练法、团队培训法和行动学习法。

#### 1. 拓展训练法

拓展训练(adventure learning;outward bound)也称野外培训、户外培训、冒险性学习法,它是利用结构性的户外活动来开发团队协作和领导技能的一种培训方法。拓展训练又称外展训练(outward bound),原意为一艘小船驶离平静的港湾,义无反顾地投向未知的旅程,去迎接一次次挑战。这种训练起源于第二次世界大战期间的英国,当时大西洋商务船队屡遭德国人袭击,许多缺乏经验的年轻海员葬身海底。针对这种情况,汉思等人创办了"阿伯德威海上学校",训练年轻海员在海上的生存能力和船触礁后的生存技巧,使他们的身体和意志都得到了锻炼。战争结束后,许多人认为这种训练方法可以保留,于是拓展训练的独特创意和训练方式逐渐被推广开来,训练对象也由最初的海员扩大到军人、学生、工商业人员等各类群体,训练目标也由单纯的体能、生存训练扩展到心理训练、人格训练、管理训练等。

拓展训练法最适用于开发与团队效率有关的技能,如自我意识能力、问题解决能力、冲突管理能力和风险承担能力等。拓展训练采用的户外活动必须与所要开发的技能类型相关。同时,需要由具备丰富经验的培训师带领大家讨论拓展训练带来的启发以及如何将拓展所学到的技能应用到实际的工作情境中。例如,在活动中发生了什么事?学到了哪些东西?发生的事情与实际工作情境有无相似之处?若有所收获,应如何将其应用到现实工作?

拓展训练法获得成功的关键因素在于坚持让整个培训小组一起参与这种学习,这样才可以显示出妨碍群体有效性的因素,并对其加以讨论。只有这样,拓展训练法才能发挥其优点,让学员在对人际交往方式有更深刻的理解的同时,增强个人的领导技能和团队的协作能力,进而增进企业内部的凝聚力。

拓展训练法的不足之处在于以下两个方面。

（1）它对学员的身体素质有相当高的要求。

（2）学员在练习中常常发生身体接触，会给组织带来一定风险，这些风险有时是因私怨、感情不和而导致的故意伤害，不能将其归咎于疏忽。因此，采用拓展训练法时应当慎重。

2. 军事训练法

军事训练简称军训或军事拓展，是拓展训练法的一种典型表现形式。军事训练就是借助军事化训练和管理的理念，将军队的先进管理理念进行商业化应用，主要培训学员面对困难、克服困难的能力，培养学员坚强的毅力、超强的执行力，提升其在团队中的人格魅力，良好的沟通和协作力，百折不挠、打不烂、拖不垮的铁血精神，对待生活的正确态度，全面提升个人综合素质，从而帮助其成为中国未来的商业精英和主流社会的领袖。

"迎接挑战，共筑未来"军事拓展活动

3. 团队培训法

团队培训法（team training）是指通过协调在一起工作的个人绩效，实现共同目标的培训方法。其培训内容包括知识、态度和行为三个方面。知识培训，是指不断对员工实施完成本职工作所必需的基本知识及迎接挑战所需的新知识的培训。通过知识培训能够使团队队员记忆力好、头脑灵活，使其能够在新的情况或意料之外的环境中发挥作用。态度培训是指不断对员工实施心理学、人际关系学、社会学和价值观方面的培训，从而建立公司与员工之间的相互信任关系，满足员工自我实现的需要。行为培训则是对员工日常工作行为规范方面的培训，包括日常办公秩序、行为举止等。行为培训能够促使团队成员在接到一项任务时，尽快采取沟通、协调、适应且能完成任务以实现目标的行动。

团队培训法不仅可以利用讲座或录像等视频向学员传授沟通技能，也可以通过角色扮演或仿真模拟给学员提供讲座中强调的沟通性技能的实践机会。它的方式有交叉培训、协作培训和团队领导技能培训。①交叉培训，即让团队队员熟悉并实践所有人的工作，以便团队队员离开团队后其他成员容易承担其工作。②协作培训，即对团队进行如何确保信息共享和承担决策责任的培训，以实现团队绩效的最大化。③团队领导技能培训指团队管理者或辅助人员接受的培训，包括培训管理者如何解决团队内部冲突，帮助团队协调各项活动或其他技能。

团队培训法目前仍然是企业管理中的基本培训方式之一，它在协调团队成员关系、促进成员之间的合作方面发挥着很重要的作用,极大地推动了组织目标的实现。另外,团队的士气、凝聚力、统一性与团队绩效密切相关。研究表明,受过有效培训的团队能够设计一套程序,做到能发现和改正错误、协调收集信息及相互鼓舞士气。无论在国企还是在私营部门(如家电装配、民航客机),其工作都是由所在机组、所在群体或者所在班组共同完成的。成功的绩效取决于在决策活动中的相互协调能力、团队的业绩以及处理潜在危险情况的思想准备。

4. 行动学习法

行动学习法是由英国管理学思想家雷格·瑞文斯(Reg Revans)提出的。所谓的行动学习法培训就是通过行动实践来学习,又称为"干中学",即在一个专门以学习为目标的背景环境中,以组织面临的重要问题作载体,学习者通过对实际工作中的问题、任务、项目等进行处理和反思,总结个人的经验,与团队成员互相学习并讨论,在这个过程中让团队成员之间产生情感、态度、思想、行为方面的变化,从而达到开发人力资源和发展组织的目的。瑞文斯将学习分为两类——$P$ 和 $Q$,并用公式 $L=P+Q$ 来描述行动学习法。其中,$L$ 为行动学习;$P$ 为结构化知识,指那些已经成型的、可以通过阅读书籍或者其他研究方法获得的能够用来评价理论或概念的知识;$Q$ 为洞察力,指某一情境中问题的应用以及结构化知识如何在这一情境中应用,特指提问、洞察的能力。换句话说,行动学习发生的前提是:通过质疑,把已经成型的知识应用到难题中(沈明霞,2013)。

行动学习法的明显特征是以实践活动为重点,以学习团队为单位,以真实案例为对象,以角色扮演为手段,以团体决断为要求。它与传统培训方法存在明显的差异,如表 7-2 所示。

表 7-2 传统培训与行动学习的主要差异

| 传 统 培 训 | 行 动 学 习 |
| --- | --- |
| 讲授 | 引导 |
| 告知—命令 | 调动参与 |
| 教师/管理者 | 引导者 |
| 学员/员工 | 参与者 |
| 课堂 | 行动学习 |
| 以教师为核心 | 以学员为核心 |
| 以个人为核心 | 以团队为核心 |
| 教师是内容专家 | 引导者是过程专家 |
| 以理论为核心 | 以实际应用为核心 |

资料来源:钟敏,何平. 组织变革与行动学习[J]. 新经济杂志,2006(10):63.

行动学习法将结构化的团队对话渗透到"学习→行动→再学习→再行动"的循环过程中,从而使学习者及时将行动体验上升到认识水平,并将新认识及时转化为行动,继而在行动中检验认识,并产生新的学习体验,极大地增强培训效果。其本质是通过努力观察人们的实际行动,找出行动的动机和其行动可能产生的结果,从而达到认识自我的目的(Crul,2014)。

行动学习法是一种严谨的方法，主要应用于经理人员培训和解决战略与运营问题，一般包括以下四个要点（Goldsmith，2009）。

（1）创造一种让学习者参与的经历，以此选出参与其中的领导者，给公司带来真正的价值。

（2）简要汇报经历——从"结果"和"过程"两个方面回顾所发生的事情。

（3）从结果中进行归纳，即不仅要明白发生了什么，还要明白结果对于学习者和公司所产生的影响。

（4）学以致用，也就是用学到的主要东西帮助参与者成为更好的领导者，帮助公司更好地迎接相关的挑战。

行动学习法具有以下五个优越性：①内容丰富，时间灵活，可长可短；②通过互相学习分享经验，通过反思碰撞解决具体问题，最大限度调动学员积极性，增强组织凝聚力；③有效降低企业成本；④可对团队成员的表现进行及时反馈和有效跟踪；⑤加强组织学习能力，促进个人和组织的共同发展（沈明霞，2013）。由此可见，行动学习法是员工培训、组织发展的利器，顺应了21世纪发展中的人本主义管理哲学，受到世界一流企业的关注，正在影响着全球从工商界、非营利组织到公共管理机构等不同类型的组织，未来它在企业培训中的应用会是一大趋势。

当然，行动学习法也存在一定的局限性。它要求培训师组织一系列的有效活动，因此该方法使用的项目设计及其内容尤为重要。另外，学员有时过多地将重点放在结果上，而对学习过程不够重视，缺乏充分的反馈和反思。也就是说，行动学习法要求有一个优秀且客观的培训师，引导学员对整个过程进行反思和积极反馈。

**"行动学习法"在中粮学习型党组织建设中的应用**

## 二、新技术培训方法

随着现代科学技术的发展，大量的信息技术不断地应用于培训领域，其中包括多媒体技术、远程学习、专家系统、电子支持系统和培训应用软件、VR技术等。新技术的应用使得数字化合作成为可能，降低了传递培训课程所耗费的成本；互联网的诞生更是推动了学习的变革，使学习过程动态化、形象化和灵活化。

下面简述四种基于新技术的培训方法。

## （一）多媒体远程培训

多媒体远程培训是指采用多种媒体手段，利用现代化的技术将声音、图像传递到各个教学地点，学员一般会在各地专门的教室中接受远在外地的教师的培训。支撑多媒体远程培训的设备有计算机网络，包括路由器、网络电缆、服务器、数据库、DNS 服务器等。另外还需要开发教学系统，该系统的功能须包含课件点播系统和同步广播授课系统，如多媒体计算机辅助教学（multimedia computer assisted instruction，MCAI）软件。多媒体远程培训具有跨地域性、沟通多向性、及时同步性、便捷性的特点。

远程学习适用于在地域上较为分散的企业向员工提供关于新产品、公司政策或程序、技能培训以及专家讲座等方面的信息时使用。它是参与培训项目的受训者同时进行学习的一种培训方式。远程培训的好处之一在于企业可以因此节省一大笔成本，它还为分散在不同地点的员工获得培训提供了机会。当然，远程学习的不足是限制了培训者和受训者之间的互动。然而受训的员工和培训者之间的沟通是十分重要的，因此，在远程培训的过程中，有必要由一些现场的指导人员或协调人员回答一些问题，并且调整提问和回答的阶段性安排。

## （二）计算机辅助培训

计算机辅助培训（computer-based training）是指将培训材料传输到计算机终端，使学员可以利用计算机进行互动学习的培训方式。与传统课堂的指导和学习不同，它包括互动性录像、光驱和其他一些计算机驱动系统，学员通常都是通过安装在计算机上的特定软件进行学习，主要有计算机辅助指导（computer assisted instruction，CAI）和计算机管理指导（computer managed instruction，CMI）两种类型。计算机辅助指导系统可以提供个性化的教育指导，如操练与实践、情景模拟、游戏指导等，学员可以设定自己的学习速度。计算机管理指导系统则是与计算机辅导指导系统相辅相成的，它可以通过计算机为考题打分，以确定培训水平（张爱卿，钱振波，2008）。随着教学软件的发展和网络的广泛使用，计算机辅助培训也更趋于先进。这种培训方式既有优点又有不足，具体如表 7-3 所示。

表 7-3 计算机辅助培训的优势与劣势

| 优　　势 | 劣　　势 |
| --- | --- |
| 能使学习者在自己选定的时间、空间学习 | 相对不灵活，取决于预制程序 |
| 能提供有直接反馈的高级相互反应机制 | 要求学员有高度自我约束力，并做出承诺 |
| 为学习者提供检验自己学习效果的机会 | 由于个人单独学习，会造成孤立感 |
| 能自动保存学生的记录 | 它不允许直接的个人强化，降低了培训的动机 |
| 当用到屏幕显示信息时，它是多种多样的 | 当需要昂贵的硬件时，成本就变得太高 |
| 节省成本，依据情况而定 |  |

资料来源：尚娟. 人力资源管理[M]. 西安：西安电子科技大学出版社，2014.

### （三）互联网培训

互联网培训又被称为基于网络的培训，是指通过互联网或者公司的内部局域网传递、展示培训内容的一种培训方式。目前，互联网作为一种方便、快捷的通信工具，具有很广泛的应用，是收发信息、共享资源的好方式。随着互联网技术的发现和应用，互联网培训已经成为一种不可抵挡的趋势，越来越多的企业开始使用互联网对员工进行培训。一般情况下，培训师将培训课程存储在培训网站上，散布在世界各地的学员利用网络浏览器进入该网站接受培训。在培训过程中，无论是资料的即时更新、数据的分发和共享，还是学员之间的交流都没有障碍。

2012年掀起了大型开放式网络课程（massive online open courses，MOOC）的浪潮。MOOC主要由Coursera、Udacity、edX三大提供商提供。作为一种新型的学习和教学方法，MOOC易于使用，费用低廉，绝大多数课程都是免费的，平台收录了来自全球最好大学的921门课程，逐步引进商业方面的精品职业课程，学习资源丰富，面向人群广，为用户自主学习提供了良好的平台。MOOC网上课程多以短视频呈现，每节课不超过10分钟，教程中融入动画特效、流行词语，内容具有趣味性，授课方式易于引起用户的兴趣。类似于MOOC的网络课程还有微课网、翻转课堂等，它们已在国内市场上遍地开花。

与传统的培训相比，互联网培训具有以下五个优势。

（1）互联网培训可降低培训的费用。一般来说，传统的培训需要将学员从各地召集到一起进行培训，他们的差旅费用本身就是一笔巨大的开支。在国内，每家公司的培训费用中约有70%的费用用于支付交通费、食宿费和讲课费。而在互联网培训中，则不存在这一问题，学员只需通过网络便可接受培训。

（2）互联网培训能够及时地、低成本地更新培训内容。随着人类社会的不断进步，知识更新的速度不断加快，培训的内容也必须紧跟时代的节拍。但是更新课程要付出巨大的成本，如重新印制教材、刻录光盘等。通过互联网这个载体，课程设计者可直接在网上删除过时的内容，将更新后的内容传送到网上，学员只需点几下鼠标就可以学习更新后的内容。

（3）互联网培训能够提高学习兴趣。互联网培训课程中有大量的声音、图片和影音文件，课程生动有趣，有利于提高学员的学习兴趣。

（4）互联网培训便于学员学习。在课堂培训中，学员不得不中断工作，集中一段时间进行脱产培训，这样多少会影响工作。而互联网培训则可使学员在其有空闲时，按照自己的进度在办公桌上接受培训。

（5）互联网培训能够促进企业文化的良性改变，调动学员的学习积极性，使整个企业变成一个学习型组织，紧跟最新的技术和市场变化。

虽然互联网培训的好处很多，但同时它也存在一定的缺陷。例如，需要对使用者进行控制并向用户收费；编写的学习课程或超媒体无法满足直线学习法（如先学A，然后学B，最后再学C）的要求。

### 例证 7-9

**腾讯 Q-learning 培训模式**

### （四）虚拟现实培训

虚拟现实（virtual reality）培训是指利用虚拟技术为学员提供三维学习体验的一种培训方式。虚拟现实是发展到一定水平的计算机技术与思维科学相结合的产物，它的出现为人类认识世界开辟了一条新途径。虚拟现实的最大特点是：用户可以用自然方式与虚拟环境进行交互操作，改变了过去人类除了亲身经历就只能间接了解环境的模式，从而有效地扩展了自己的认知手段和领域。它特别适用于军事人员、飞行器驾驶员、空中交通管制人员、汽车驾驶员、医务工作人员、体育运动员等人才的培训，原因在于学员能够看到自己在工作中可能遇到的任何情境，在这个虚拟的环境中学员能够接触、观看以及进行操作演练，给人一种"身临其境"的感觉。也就是说，他们能从这种培训中获得感性知识和实际经验。

虚拟现实培训的优点在于仿真性、超时空性、自主性、安全性。由于学员在虚拟培训中操作的设备与现实中的设备功能一样，操作方法也一样，因此虚拟现实设备的仿真性不仅可以让学员在没有实际危险的情况下进行一些危险的操作和行为，还可以让学员获得相应的实际操作经验。另外，学员可以自主选择或组合虚拟培训场地与设施，超越了时空的限制，而且可以反复训练，增强训练效果。

虚拟现实培训的缺点在于开发或购买成本较高、质量较差的设备有时达不到让人身临其境的效果，反而会使学员产生不良的生理反应，如眩晕、恶心等。

### 例证 7-10

**大众集团在 MWC 展示 VR 训练模拟实例**

## 第三节 培训方法的比较与选择

培训师面对如此多的培训方法，究竟应该如何选择呢？在选择培训方法之前，又该如何对培训方法进行比较和分析呢？本节将讲述培训方法的比较，并分析影响培训方法选择的原则和因素。

## 一、培训方法的比较

只有选择合适的培训方法，才能够获得有效的培训成果，满足企业发展的要求。因此，在选择培训方法之前，对其进行比较和分析显得很有必要。一般来说，要从培训成果、培训环境、培训成果的转化、成本预算和培训效果五个方面对各种培训方法进行比较，表 7-4 从这五个方面对常见的传统培训方法进行了比较。

表 7-4 常见的传统培训方法的比较

| | | 讲座 | 案例分析 | 角色扮演 | 自我指导学习 | 在职培训 | 仿真模拟 | 管理游戏 | 行为示范 | 拓展训练 | 行动学习 |
|---|---|---|---|---|---|---|---|---|---|---|---|
| 培训成果 | 言语信息 | 是 | 是 | 否 | 是 | 是 | 否 | 否 | 否 | 否 | 是 |
| | 智力技能 | 是 | 是 | 否 | 是 | 是 | 否 | 否 | 否 | 否 | 否 |
| | 认知策略 | 是 | 是 | 是 | 是 | 是 | 是 | 是 | 是 | 是 | 是 |
| | 态度 | 是 | 否 | 是 | 否 | 是 | 否 | 否 | 否 | 是 | 是 |
| | 运动技能 | 否 | 否 | 否 | 否 | 是 | 是 | 否 | 是 | 否 | 否 |
| 培训环境 | 明确的目标 | 中 | 中 | 中 | 高 | 高 | 高 | 高 | 高 | 中 | 高 |
| | 实践机会 | 低 | 中 | 高 | 高 | 高 | 高 | 高 | 高 | 中 | 中 |
| | 内容的意义 | 中 | 中 | 中 | 中 | 高 | 高 | 中 | 中 | 低 | 高 |
| | 反馈 | 低 | 中 | 中 | 中 | 高 | 高 | 高 | 高 | 中 | 高 |
| | 观察、交流 | 低 | 高 | 高 | 低 | 高 | 高 | 高 | 高 | 高 | 高 |
| 培训成果的转化 | | 低 | 中 | 中 | 中 | 高 | 高 | 中 | 高 | 低 | 高 |
| 成本预算 | 开发成本 | 中 | 中 | 中 | 高 | 中 | 高 | 高 | 中 | 中 | 低 |
| | 管理成本 | 低 | 低 | 中 | 中 | 低 | 低 | 中 | 中 | 中 | 中 |
| 培训效果 | | 对言语信息效果好 | 一般 | 一般 | 一般 | 对有组织的OJT效果好 | 好 | 一般 | 好 | 差 | 好 |

资料来源：诺伊. 雇员培训与开发[M]. 6 版. 徐芳，译. 北京：中国人民大学出版社，2015.

### （一）培训成果

培训成果主要表现在言语信息、智力技能、认知策略、态度、运动技能等方面。每一种培训方法在不同培训成果方面都会有不同的影响，如案例分析与拓展训练在态度方面的影响就不同。案例分析主要培养言语信息、智力技能以及认知策略，在态度方面的影响很少；而拓展训练在学员的态度方面影响较大。总之，培训师必须明确企业所需要的培训成果，以便选择适当的培训方法。

### （二）培训环境

讲座法也好，角色扮演法也好，每种培训方法都有特定的培训环境。培训师要清楚学员是否了解培训的目标，培训的内容是否有意义，是否有机会实践培训的内容，能否得到反馈,是否观察并与他人交流。

### (三)培训成果的转化

如果培训的成果无法转化成实际的绩效,那么培训也就没有存在的意义了。因此,培训内容和培训环境应该与实际情况相联系,以便培训成果能在实际工作中进行应用。不同的培训方法具有不同程度的成果转化,一般来说,案例分析、角色扮演、在职培训、行动学习、仿真模拟、行为示范要比讲座法和拓展训练的成果转化程度高。

### (四)成本预算

培训成本一般包括开发成本和管理成本。培训方法的选择在很大程度上受培训预算的限制,在资金宽裕的情况下可以选择那些有利于培训成果转化的方法,若资金紧张则可以选择有组织的在职培训,如成本低且有效的传递法。

### (五)培训效果

培训效果的好坏主要看学员实践的感受。举例来说,讲座法在培训学员的言语信息方面的效果比较好,而有组织的在职培训在这一方面效果也比较好。

在培训领域,新兴的培训方式正在不断涌现。前面比较了传统的培训方法,表7-5对新技术培训方法进行了比较。新技术培训方法的特点是开发费用高,管理费用低。在方法的适用性方面,虚拟现实和智能指导系统适合机械设备与器具等的操作学习,而光盘、互联网等培训方法则适用于事实、图表、认知策略和人际关系能力方面的学习。与传统方法相比,新技术培训方法适用于以下情况:①资金充裕;②学员分布在相距较远的不同地域;③在产品制造或服务领域运用新技术被列为公司的经营战略;④雇员的时间与培训项目的日程安排冲突以致无法协调;⑤学员愿意使用计算机、互联网等新技术(张爱卿,钱振波,2008)。

表7-5 新技术培训方法的比较

| | | 计算机培训 | 光盘培训 | 互联网 | 内部网 | 远程学习 | 智能指导 | 虚拟现实 |
|---|---|---|---|---|---|---|---|---|
| 培训成果 | 言语信息 | 是 | 是 | 是 | 是 | 是 | 是 | 是 |
| | 智力技能 | 是 | 是 | 是 | 是 | 是 | 是 | 是 |
| | 认知策略 | 是 | 是 | 是 | 是 | 是 | 是 | 是 |
| | 态度 | 否 | 是 | 否 | 否 | 否 | 否 | 否 |
| | 运动技能 | 否 | 否 | 否 | 否 | 否 | 是 | 是 |
| 培训环境 | 明确的目标 | 中 | 高 | 高 | 高 | 中 | 高 | 高 |
| | 实践机会 | 中 | 高 | 中 | 中 | 低 | 高 | 高 |
| | 内容的意义 | 中 | 高 | 高 | 高 | 中 | 高 | 高 |
| | 反馈 | 中 | 高 | 中 | 中 | 低 | 高 | 高 |
| | 观察、交流 | 低 | 高 | 中 | 中 | 低 | 低 | 低 |

续表

|  |  | 计算机培训 | 光盘培训 | 互联网 | 内部网 | 远程学习 | 智能指导 | 虚拟现实 |
|---|---|---|---|---|---|---|---|---|
| 成本预算 | 培训转化 | 中 | 高 | 中 | 中 | 低 | 高 | 高 |
|  | 开发成本 | 高 | 高 | 高 | 高 | 中 | 高 | 高 |
|  | 管理成本 | 低 | 低 | 低 | 低 | 低 | 低 | 低 |
| 培训效果 |  | 中 | 高 | 中 | 中 | 中 | 高 | 高 |

资料来源：诺伊. 雇员培训与开发[M]. 6版. 徐芳, 译. 北京：中国人民大学出版社，2015.

表 7-4 和表 7-5 分别比较了传统的培训方法和新技术培训方法，那么传统的培训方法与新技术培训方法之间又有什么不同呢？很显然，传统的培训方法在不少方面无法与新技术培训方法媲美，但是新技术培训方法却对培训设施、培训师提出了更高层次的要求，在开发成本和学员主动性方面的要求也更高，表 7-6 对传统培训、计算机辅助培训和网络培训进行了比较。

表 7-6 不同类型培训方法的比较

|  | 传 统 培 训 | 计算机辅助培训 | 网 络 培 训 |
|---|---|---|---|
| 跨地域性 | 无 | 无 | 应用地域范围极广 |
| 信息流动 | 双向 | 通常为单向 | 通常为单向 |
| 组织形式 | 正规 | 松散 | 松散 |
| 安全 | 有交通危险 | 无 | 无 |
| 培训内容 | 会滞后 | 及时 | 及时 |
| 技术设备要求 | 低 | 中 | 高 |
| 培训师要求 | 中等 | 自适应学习，培训师负责回答与咨询 | 培训师仅负责回答与咨询 |
| 学员准备性 | 低 | 中等 | 高 |
| 学员主动性 | 一般 | 高 | 高 |

## 二、选择培训方法的原则和影响因素

培训方法种类繁多，作为一名管理者或培训师，经常会面临这样的问题：在现有的条件下究竟选用哪种培训方法？下面主要阐述培训方法选择的原则和影响因素。

### （一）选择培训方法的原则

培训方法的选择在培训过程中至关重要，它直接关系到培训工作的成败。由于培训方法的多样性，再加上不同的培训方法具有不同的特点，所以其应用范围也各不相同，这使选择培训方法变得比较困难。选择培训方法时通常要遵循以下五个原则。

1. 目标导向原则

在选择培训方法时，要把培训目标放在第一位。通常企业培训的目标主要有：更新知识；培养能力，包括工作技巧、工作技能和经验决策能力等内容；改变态度（刘厚金，2006）。培训师要首先确定培训能够产生的学习成果，选择一种或几种最有利于实现培训目标的培训方法，再结合开发和使用已选择的培训方法的成本，做出最佳选择，以最大限度地保证培训成果的转化。培训目标不同，其培训方法也不同，如表 7-7 所示。

表 7-7 培训目标与培训方法的对应关系

| 培训目标 | 培训方法 | 原因 |
| --- | --- | --- |
| 更新知识 | 多采用课堂讲授、视听技术等方法 | 知识性培训涵盖内容较多且理论性强，课堂讲授法能够体现其逻辑相关性，对于一些概念性的内容、专业术语内容通常需要讲授，以便于学员理解，而视听技术可以作为补充 |
| 培养能力 | 多采用角色扮演、工作指导、案例分析、座谈研讨等方法 | 技能培训要求学员掌握实际操作技能，如销售技能、生产作业技能等，学员经过角色扮演、工作指导反复练习，使技能熟练到运用自如。对于以培训企业中级以上经营管理人员的经营决策能力为培训目的的，则应选择案例分析法、座谈研讨法，通过案例分析和事件研讨增强其解决实际问题的能力 |
| 改变态度 | 多采用游戏、拓展训练等方法 | 态度培训若采用课堂讲授方法会使学员感到空洞，而角色扮演又较难体现态度转化课程的内容。采用游戏培训，学员可以通过共同参与游戏活动，在轻松愉快的氛围中获得启发，加之培训顾问在方法上的引导，很快就可以改变学员的态度 |

2. 方法为内容服务原则

从表 7-4 和表 7-5 中培训方法的比较可知，不同的培训方法在培训内容上取得的效果是不同的。也就是说，培训师必须根据培训内容的需要有针对性地选择更有效的培训方法，全面考虑不同培训方法的优缺点、使用范围和效果等因素，以方法为内容服务为原则。实际上，没有一种培训方法是万能的，也没有一种方法永远是最佳的。对于培训师来说，重要的是抓住培训的重点内容，并根据各种培训方法的特性，选择不同的方法或者一组最佳的方法组合，让学员能够以最快速度和最节约成本的方式掌握培训的内容。

3. 因材施教原则

应根据学员的不同特点决定需要采用的培训方法。在选择培训方法时，要区分职位的差别，不同的职位运用不同的培训方法。例如，对一线员工和管理人员，培训方法应该有很大差异。即使是管理人员的培训，也应该分出层次，对高层管理者、中层管理者和初级管理者进行培训应选择不同的方法。如果在培训方法上分不出层次，针对不同员工进行的培训效果也不会好。

4. 经济性原则

根据人力资源部门的培训预算成本进行选择。培训方法的选择依赖于培训经费的支持，预算经费紧张时，培训组织者可以选择讲座法，这样既可以节省资源，又可以使培训在比较大的范围内进行。当资金条件比较好时，则可以考虑使用角色扮演、情景模拟等方法。

5. 可操作性原则

一个好的培训方式必须有可操作性，才能切实提高企业人力资源的整体素质。无论多么好的培训方法，如果不切实际、无法操作，便都是空谈。在企业选择培训方法时，不能一味地跟风或追求最新的培训方式，而应该根据实际情况，考虑所选培训方式是否可行，是否能够奏效。

### （二）影响培训方法选择的因素

企业培训方法的选择受多方面因素的影响，主要可以考虑以下五个方面。

1. 培训时间

各种培训方法所用时间有很大的弹性，要根据培训时间的长短选择合适的方法。毋庸置疑，一个好的培训方法必然是建立在合理充分的培训时间安排上的。例如，多媒体教学、录像带教学等需要较长的准备时间，而工作轮换则需要较长的实施时间。影响培训时间的还有学员工作与休闲时间的分配，如果需要利用员工的休闲时间，应该先征得学员的同意。

2. 经费预算

培训的费用不仅包括培训师、教学工具、设备、管理等的支出费用，还应包括学员因参加培训而耽误工作的机会成本。另外，国资委对党政机关、国有企事业单位员工的培训费用进行了严格限制。因此，培训方法的选择不仅需要考虑企业与学员的消费能力和承受能力，还需要参考国家在培训方面的相关规定。

3. 学员

培训对象的情况包括年龄、学历、行业、岗位、可离岗程度。这些因素会影响培训对象的需求，进而对培训方法的选择产生影响。这就要求企业在组织培训之前，应对培训对象的情况有一个清晰的了解，确定培训需求，如万科对其物业经理的培训结合学员职务特点，采取了分组讨论、模拟练习、案例讨论方式，取得了较好的效果。另外，参加培训的员工数量和员工的可离岗程度也会影响培训方法的选择。培训人数较多时，可考虑演讲、多媒体教学、讲座等方法，便于控制气氛，也容易协调；对一线员工等难以离开岗位接受培训的员工应采用分散的培训方式，而对工作可离开程度较高的员工，企业可以统筹安排进行集中培训。

4. 科技支持

有的培训方法需要相关的科技知识或技术工具的支持，如网络多媒体教学需要声光器材的支持。培训单位或组织能否提供相关的技术和器材，将直接影响高科技培训方法的采用。

5. 培训师

培训师的情况包括培训师的水平和培训风格。首先，培训师的水平直接关系到培训效果的好坏。水平高的培训师应该具备充分的专业理论知识、实践操作能力以及授课技巧，一些诸如案例分析法、管理游戏法等培训方法对培训师的水平提出了很高的要求，要求培训师必须有能力掌控、引导整个过程，能够调动培训对象的学习积极性和参与度。其次，培训师的培训风格在很大程度上决定了培训效果。教师的教学风格对其学生的学习风格起指导和支配作用（张国辉，2007），这主要体现在以下三个方面。

（1）教师的教学风格直接影响学生学习风格的形成和发展。
（2）对学生已有的学习风格的丰富和发展起到积极的引导和推动作用。
（3）对学生已有的学习风格的丰富和发展起消极的阻碍作用。

思考练习题

1. 常用的传统培训方法有哪些？各有何优缺点？
2. 常用的新技术培训方法有哪些？各有何优缺点？
3. 如何比较和选择不同的培训方法？

### 运用行动学习法寻找实习单位

假如修读本课程的是高年级学生（大三或大四），很快就要找实习单位和就业，因此开展以下活动。试将班级分成若干小组，每组7～8人，小组聚集在一起，开展行动学习，为期3个月左右，共同解决寻找实习单位和实现高质量就业难题。各组在期末汇报成果。比较本届学生与上一届学生同时期寻找实习单位和就业的情况。

### 泡泡室内操

泡泡室内操：用于课间活动筋骨。

资料来源：管以东. 班级积极心理团体辅导设计[M]. 合肥：合肥工业大学出版社，2016.

### 微软的智力题

有一道来自微软的智力题，据说此题曾被用来招聘微软公司的高级人才，感兴趣的同学可以试试。

有两间房，一间房里有三盏灯，另一间房有控制这三盏灯的开关（这两间房是分割开的,毫无联系)。现在要你分别进这两间房一次,然后判断这三盏灯分别由哪个开关控制,你能想出办法吗?(注意:每间房只能进一次。)

## 案例分析

### 戴尔的员工发展框架:"70-20-10"

### 林伟贤《好员工》

**片长**:54分钟。

**语言**:中文

**内容简介**:该培训录像为员工如何成为一名优秀的员工提供了方向,引导员工不断自我增值、积极合作、实践企业文化,为企业发展做出更大贡献。

**资料来源**:https://www.iqiyi.com/w_19rsg29i05.html

**问题讨论**:

1. 本录像中哪些训练方法有助于激发员工的自信心?
2. 你认为本录像中哪些方法能增强团队凝聚力?

## 参考文献

[1] 段宁贵. 腾讯Q-learning培训模式对在职教师培训的启示[J]. 中小学电教,2008(10):16-18.

[2] 金鑫. 领导力开发的途径[J]. 人力资源,2005(1):62.

[3] 诺伊. 雇员培训与开发[M]. 6版. 徐芳,译. 北京:中国人民大学出版社,2015.

[4] 刘厚金. 企业员工管理开发培训的最新方法及其选择[J]. 企业活力,2006(8):48-49.

[5] 刘栋. 学徒制教育传承瑞士钟表业精髓[N]. 人民日报,2014-09-11(22).

[6] 伯兰德,斯内尔. 人力资源管理[M]. 13版. 魏海燕,译. 大连:东北财经大学出版社,2006.

[7] 石金涛. 培训与开发[M]. 2版. 北京:中国人民大学出版社,2009.

[8] 孙智. S航空公司飞行员管理与开发策略研究[D]. 济南:山东大学,2012.

[9] 沈明霞．论行动学习法在企业培训中的应用[J]．职教通讯，2013（4）：33-36．

[10] 徐庆文，裴春霞．培训与开发[M]．济南：山东人民出版社，2004．

[11] 杨海军，王巨岩．西门子 S7-300PLC 全仿真实训平台[J]．设备管理与维修，2014（7）：35-36．

[12] 所罗门．培训战略与实务[M]．孙乔，任雪梅，刘秀玉，译．北京：商务印书馆国际有限公司，1999．

[13] 邱羚，秦迎林．国际人力资源管理[M]．北京：清华大学出版社，2014．

[14] 赵涵诺．现代企业培训方法和模式创新探索[J]．现代商业，2021（3）：80-82．

[15] 张爱卿，钱振波．人力资源管理：理论与实践[M]．2 版．北京：清华大学出版社，2008．

[16] 张国辉．论教学风格和学习风格的相互作用[J]．中国成人教育，2007（15）：117-118．

[17] 朱良辉．《管理学》MG 教学法的探讨[J]．经济师，2008（7）：116-117．

[18] 朱丽姝．IBM（中国）员工培训改善策略[D]．大连：大连海事大学，2013．

[19] 钟敏，何平．组织变革与行动学习[J]．新经济杂志，2006（10）：63．

[20] 许倩．企业数字化培训存在的问题及对策研究[J]．电脑知识与技术，2020，16（6）：2．

[21] 王亚丹，严国涛．员工培训[M]．上海：上海财经大学出版社，2016．

[22] CRUL L. Solving wicked problems through action learning[J]. Action Learning: Research and Practice, 2014, 11(2): 215-224.

# 第八章
# 培训成果转化

 学习目标

1. 了解培训成果转化的概念、过程和意义；
2. 了解培训成果转化的影响因素；
3. 掌握促进培训成果转化的途径和方法。

引例

**上海烟草公司的培训转化法**

上海烟草公司作为一家生产型企业，极其重视员工培训。每年，企业投入的培训经费占职工工资总额的 1.5%左右，然而，培训的效果却不甚理想，培训对员工行为的改变作用不大，没有带来高回报率，甚至成为企业的无效投资。更为棘手的是，企业难以验证培训的有效性。

为了使知识能够迁移转化和长期保留，企业通过一系列培训转化机制而非一次简单的培训活动去激发员工的学习动机，帮助员工从自我学习中得到提高，并运用客观的指标加以衡量，使企业在人力资源投资中得到回报，获得"可见"收益。自 2010 年以来，公司引入计算培训成果转化率的方法来考核培训效果。培训成果转化率=(培训取得成果的项数/培训组织的项数)×100%。培训组织的项数是指年度企业组织的各类技术、管理等专项培训总数；培训取得成果的项数则指通过参训人员参与培训项目前后的行为对比，达到预期培训目标的项目数。2012 年，公司共组织各类技术、管理等专项培训 16 个，其中内部培训师训练项目培训、5S3 定现场管理培训和质量改进专题培训都获得了较好的培训收益，视为"培训有成果"。

5S3 定现场管理培训是通过对现场管理方法论的学习，以 5S 运动的有效开展来检验培训成果，通过培训改变以往的工作行为，科学有效地对工作现场进行规范管理。首先，公司领导确立了明确的培训目标，即通过培训切实改善企业目前的工作现场及提升员工素质，并对培训前的工作现场进行实地拍照，与培训后的工作现场进行对比，从而验收培训的有效性。其次，在对公司领导及相关人员开展 5S3 定现场管理培训教育后，企业立即成立现场管理推进小组，小组成员对每位员工进行言传身教的二级培训，让 5S 理念深入人心并付诸实际行动，在自己的工作区域内进行规范化管理，形成标准化操作。最后，由推进小组每月对各个工作区域进行检查，通过督促形成良好习惯，从而提升素养。正是由于此次培训前期策划周全，目标明确；培训后期检验方法适当，改进措施明显，从而达到了培训目的，使培训成果得到充分转化。

资料来源：周佳婷. 探索运用培训成果转化率评价培训有效性[J]. 上海市烟草系统 2012 年度优秀学术论文集（经济管理类），2012：226-237.

引例中的上海烟草公司在培训实施过程中，通过设立培训目标以及在培训后进行行动改善计划的制订，采用不同的形式和方法，促使培训成果进行有效转化。企业的发展需要永续的绩效提升，为使培训成果转化实现常态化，不断提高培训成果转化率，就必须把培训当作一项重要的投资来运作，将有限的培训资源合理分配使用。那么，究竟什么是培训成果转化？其影响因素有哪些？企业应该如何促进员工培训成果的转化呢？本章将对这些问题逐一进行探讨。

# 第一节　培训成果转化概述

学员能否有效转化培训成果，决定了企业能否实现培训的最终目标。在选择了合适的培训方法之后，企业只有合理地控制影响培训成果转化的因素及其转化过程，促进培训成果的转化，才能够真正实现企业培训的价值。

## 一、培训成果转化的定义

培训成果转化也称培训迁移，是指员工把在培训中获得的知识、技能、行为、态度应用到实际工作中的程度（Wexley 等，1991）。需要指出的是，培训成果转化并不等同于学习，学员在培训过程中通过一系列的努力掌握了某种知识、技能、行为、态度，也许学习效果很理想，但这并不意味着学员在任何场所中都能应用这些学习所得。学习的内容转化为个人所得之后，只有进一步转化为实际的个人绩效，才是实现了培训成果的转化。

投入培训的资金只有 20%真正转化到工作中，并且最后仅有 10%真正转化为工作绩效（盛文言，2017）。这说明学员在培训项目和培训课程中的学习所得，不一定会对工作绩效产生作用。这要求学员完成培训成果转化这一过程，否则所有的培训投入将无法指向最终的目标，即无法提高员工的工作绩效，进而也无法提高公司的整体绩效。要想缩短学习和应用之间的距离，促进培训向绩效转化，就必须弄清楚培训成果转化的过程和步骤。

## 二、培训成果转化的过程

培训成果转化的过程模型如图 8-1 所示，包括培训投入因素（学员个人特征、培训项目设计、工作环境）、学习和保存（培训的学习所得）、推广和维持（培训成果转化的条件）三大元素。以上这三大元素共同作用，完成了培训成果转化的过程（赵继新等，2020）。

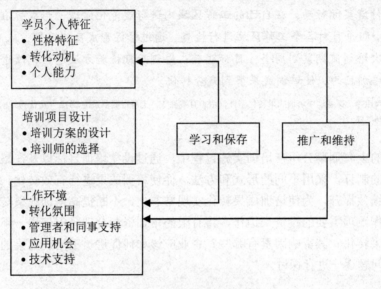

图 8-1　培训成果转化过程

其中，培训成果转化不可缺少的条件包括将保存下来的学习所得（知识、技能、态度、行为）推广到实际的工作中，并能够维持该学习所得在实际工作中的应用。推广是指学员在遇到与学习环境类似的问题和情况时，将学习所得应用于工作环境中的过程。维持则是指学员长时间持续应用新获得的能力的过程。

培训资源等投入因素就位后，学员还必须通过培训学习并保存所学的各种能力，才能为培训成果（新获得的各种能力）的推广和维持做好铺垫。换句话说，培训投入因素是培训成果转化的基础，培训所得的保存则是培训成果转化不可缺少的"原材料"，而培训成果的转化条件则是获得培训成果的必经路径。

从图 8-1 可知，学员个人特征、培训项目设计、工作环境分别对学习和保存、推广和维持产生间接或直接的作用。另外，培训成果转化不是一个单向的过程，现实中的培训成果转化是一个反复循环的过程。在成果的保存、转化推广过程中，可能会遇到各种阻碍因素或出现新的问题，为此需要进行实时的信息反馈，加强学员、培训师及管理者之间的沟通，解决新问题，扫除障碍，共同促进培训成果的转化，同时也为下一次培训项目的设计提供经验借鉴。

因此，培训成果转化是一个将培训内容保存，再推广到工作中，并能够维持所学的内容，同时进行实时的信息反馈，通过调整实施再学习、再推广的循环过程。

### 三、培训成果转化的意义

培训是人力资源开发的最重要的途径，注重培训成果转化，将员工培训成果转化纳入企业培训管理系统行程的长效机制，可以增强企业培训工作的生命力，体现培训的真正价值，并不断促进员工工作绩效的提升。具体而言，培训成果转化主要有以下三个方面的意义。

### （一）提高培训的有效性

培训被视为一项人力资源投资，企业力求通过培训提高员工的工作技能和能力，为企业带来更多的利益和价值。培训工作的开展必然需要投入相应的资源，然而很多企业普遍出现培训资源转化率低的问题，致使培训资源投入与产出的增长不成比例，甚至出现零增长。培训资源转化率低的原因主要在于培训成果的转化率低，可以说，如果没有培训成果转化这一过程，培训资源投入得再多，也是一种浪费。培训投入只有通过员工的学习，将所获得的各种新能力应用到工作环境中，转化为相应的个人绩效和组织绩效，才算是有效的培训。因此，培训成果转化极大地提高了培训的有效性，有助于更充分、合理地利用企业资源。

### （二）提升员工的个人绩效

培训成果的转化首先应该是个人工作绩效的转化，培训成果转化率的提高也就意味着员工个人绩效的提升。培训项目是企业根据自身的发展和员工的需求而专门制定的，其目的是提升个人的工作能力，满足企业发展的需要。所有的培训投入都需要通过学员的学习和应用实现其价值，员工在工作中通过运用培训所学改善自己的工作行为，进而提高工作效率。

### （三）增强企业竞争力

培训成果转化不仅发挥了培训资源的作用，也满足了企业的培训需求，使员工改善自我行为，提高个人效益和组织的总体效益，这从根本上增强了企业的竞争力。在市场经济下，行业竞争激烈，新技术、新知识不断涌现，企业只有根据需求，投入培训资源，让员工不断地充电，学习新的技术和知识，促进培训成果的转化，才能为企业储备人才资本，以便在激烈的竞争中站稳脚跟。

**IBM 的培训促进发展**

## 第二节　影响培训成果转化的因素

既然培训成果转化意义如此之大，那么究竟是什么因素在影响着培训成果的转化？

本节将从三个方面阐述培训成果转化的影响因素,即学员的个人特征、培训项目的设计和工作环境。

## 一、学员的个人特征

学员的个人特征对培训的影响不仅发生在培训的过程中,还发生在培训转化的过程中。影响培训成果转化的个人特征主要包括性格特征、转化动机和个人能力。

### (一)性格特征

在培训过程中,培训师经常会发现,采用相同的培训方法和相同的培训内容,不同的学员会获得不同的培训效果;即使培训效果相差无几,不同学员在培训成果转化的程度方面还会有所差异。在外部条件一致的情况下,学员本身的性格特征会直接影响整个培训过程的效果和培训成果的转化。例如,沉默型学员不喜欢参与团队讨论,不喜欢发言,这导致培训师比较难了解该类型学员的培训效果;表现型学员喜欢表达自己的想法和见解,在培训过程中常常会垄断培训,这在一定程度上会对培训的结果产生一些不好的影响(牛奔,2019)。

### (二)转化动机

在个人特征中,转化动机也是一个重要的因素。转化动机是指学员转化培训成果意愿的强烈程度,它与学员在培训中知识和技能的获得、行为的改变密切相关。如果学员不将其培训所得转化为实际的工作绩效,那么企业最终还是没有实现其培训目标。因此,转化动机是培训成果转化的助推器,转化动机受到以下三个因素的影响。

1. 期望

弗鲁姆(Vroom,1964)的期望理论认为,激励力=效价×期望。一方面,人之所以能够从事某项工作并达成组织目标,是因为这些工作和组织目标会帮助他们达成自己的目标,满足自己某个方面的需要。目标价值越重要,实现目标的概率越高,所激发的动机就越强烈。换句话说,员工满意度会带来高绩效。另一方面,通过培训成果转化获得的绩效也可以为员工带来满意感,产生内在激励和外在激励。

2. 公平

公平因素把激励过程与社会比较直接联系起来,如果员工感觉通过参加培训有可能得到公平的报酬或其他奖励,那么他们就有可能很主动地学习。相反,如果员工感觉不到培训有可能给他们带来任何公平的报酬或其他奖励,就会打击他们学习的主动性和成果转化动机。

3. 目标设置

人们的行为是由目标和志愿所驱动的,具体和高难度的目标能够促进工作绩效的提高。绩效目标与员工提高绩效的工作行为有直接的联系,因此制定员工在未来某段时间内要完成的目标和任务非常重要。

首先,目标设置为员工提供了一个动机基础。如果员工知道自己应该朝哪个目标努力,那么员工便清楚要达到既定的目标还需要做哪些方面的努力。因此,员工可以依据目标或任务的需要进行努力。

其次,目标可以指导员工的行为,即目标为员工提供完成具体行为的线索,指导员工的注意力和活动的方向。

目标设置应注意以下两个维度。

(1) 具体性。目标越具体,员工对目标的要求就能够了解得越多;具体的目标也提高了绩效反馈的价值。

(2) 困难度。一般认为,困难的目标尽管达到的可能性较低,但与容易的目标相比,可以产生更高的绩效。当然,目标难度对绩效的作用还受其他因素的影响,如奖励、个人责任感等(Locke,1968)。

### (三) 个人能力

个人能力也会对培训成果的转化产生影响。学员的个人能力主要是指学员顺利完成工作并且能够学习工作内容所需的技能,是学员本身所具有的能力(柳小龙,2007)。个人能力包括认知能力、阅读和写作能力等。认知能力主要包括三个方面,即语言理解能力、定量分析能力和推理能力。认知能力对个人工作的重要性很明显,认知能力与所有工作的成功都呈正相关(Gottsfredson,1986)。例如,超市收银员必须懂得基本的数学计算,才能正确地给顾客找零,还要能够理解顾客并与顾客进行必要的沟通,这属于语言能力的范畴。

此外,阅读能力不足会阻碍培训项目的学习和绩效的转化。如果学员无法理解培训过程中使用的文字材料,那么学员的学习效果不仅不会有所突破,反而会下降。可想而知,学员的工作绩效也就无从保证。

学员在培训中的学习水平经常与学员的能力相联系,能力较强的个人能够较好地为掌握培训所学的内容做准备,特别是那些复杂的、艰巨的任务,他们也更有可能积极主动地去寻找或获得运用培训所学知识的机会,以便更好地保持和提高工作绩效水平(Ford,Quinones,1992)。

**个人能力不足导致培训的失败**

## 二、培训项目的设计

一般而言,培训项目是企业年度培训计划的一部分,需要提前在分析年度培训计划的基础上设计好,并依据计划进一步落实培训的各个细节。培训项目的设计一般包括如下七个方面的内容(钟尉,2016)。

第一,进行培训项目调研。培训项目设计的第一步工作是进行调研,分析培训需求,明确培训的必要性和可行性。需求调研分析是一项艰苦细致、知识性强又要求具备较强活动能力和组织能力的工作,需要由责任心强且熟悉企业和员工状况、能获得各方支持的行家牵头完成。

第二,组建培训项目管理团队。为保证培训项目的顺利实施,需要组建一支高效的管理团队进行管控,团队成员可以专职也可以兼职,但必须认真负责、严谨高效,且善于团队沟通与合作。一个完整的培训项目组一般包括项目负责人、培训管理员、培训班主任、培训场地和设备联络员以及保障员、培训师等。

第三,完善培训项目管理制度。培训项目的具体实施过程是一个教与学互动、讲师与学员相互沟通的过程,为了营造良好的互动气氛,需要制定一些规章制度,以约束学员的行为。培训规定与纪律不但可以保证培训师的授课效率,还可以提高学员的学习效率。学员遵守规定与纪律、积极主动配合培训师,既是对培训师的尊重,也能体现出员工的素质。

第四,明确培训项目的基本内容。在选择培训基本内容时,需要注意:培训内容的选择必须定位准确、抓好重点,且与培训的目标一致;培训内容的选择必须符合学员的基本情况和培训需求,必须符合企业的发展要求和战略目标。

第五,明确培训方式和方法。培训的方式与方法是为实现培训内容所采用的形式和手段,如前所述,根据不同的分类依据,培训可以分为脱产培训、在职培训、课堂培训、户外拓展培训等多种形式。培训方法则包括讲授法、研讨法、案例分析法、角色扮演法及仿真模拟等,各种培训方法都有其自身的优缺点。为了提高培训质量,达到培训目的,在培训时可根据培训目标、培训内容和培训对象等相关因素的具体情况选择一种或多种培训方式与方法,灵活组合。

第六,确定培训师。培训师的选择与培训结果的质量密切相关。在选择培训师时,企业可以选择内部培训师,也可以选择外部培训师。如果选择内部培训师,一般选择企业一线的业务骨干和各相关部门经理,这是因为他们的实践经验比较丰富,比较了解企业的实际情况和问题。如果选择外部培训师,一般是选择符合公司培训要求的一些培训专家,用他们专业的培训知识和丰富的培训经验为企业培训做贡献。

第七,设计培训课程。培训课程的设置一般包括设置培训课程目标、选择培训课程内容、编排培训课程内容、选择授课方法、选取授课材料等。

## 三、工作环境

除了学员的个人特征和培训项目的设计,工作环境同样会影响培训成果的转化。培训成果能否顺利转化与工作环境密切相关,因此营造良好的工作环境对培训成果转化非常重要。工作环境主要包括转化氛围、管理者的支持、同事的支持、运用所学技能的机会和技术支持。

## （一）转化氛围

转化氛围是指学员对工作环境中存在的有碍于或者有助于把培训获得的技能或行为运用到实际工作中的各种特征的看法（李军燕，2018）。这些特征包括企业的战略目标、企业的文化等。

### 1. 企业战略目标

战略目标是对企业战略经营活动预期取得的主要成果的期望值，是企业整体发展的根本方向，也是企业关于未来的设想。其中，人力资源培训与开发战略是企业战略目标的重要组成部分。人力资源培训的主要目的是人才素质的培养以及培训成果的转化。人力资源素质的提高能够促进企业生产水平的提高，同时还能减少由于人员流动或者员工技能落后造成的成本开支。因此，合理的企业战略目标应该包括人力资源的培训以及学员培训成果的转化，才能保证企业的长久与持续发展。

### 2. 企业文化

积极向上的企业文化可以促进员工培训成果的转化。组织学习氛围是企业文化的一种重要表现形式，从侧面体现着企业的价值观念和精神，并以潜移默化的方式影响员工的思想和行为。在学习氛围浓厚的组织中，管理者重视企业的可持续发展，关注员工的进步与提高，随时随地对员工进行指导，把下属的进步看作对自己工作的肯定；在这种组织的领导下，员工的上进心强，能够抓住一切可以利用的机会进行学习提高，并乐于将学习所得迁移到工作中（葛玉辉，2014）。

也就是说，企业文化的形成实际上是企业内部动力机制的建立，它不仅引导着员工朝着企业既定的目标前进，而且作为激励机制的隐含部分将员工的个人思想和企业的价值观联系在一起，产生一种强大的凝聚力量，激励员工积极转化培训成果，提高工作绩效，进而实现个人目标和企业目标的统一。

**万科的企业文化对培训体系的影响**

## （二）管理者的支持

管理者是否重视员工参与培训项目以及培训内容在工作中的应用程度，都极大地影响着培训成果的转化。管理者对培训的支持程度越高，培训成果就越容易实现最大程度的转化。

管理者对培训项目最低水平的支持是承认培训项目的重要性，即同意员工参加培训；最高水平的支持是作为培训师在培训项目中任教，促成培训成果的最大程度转移。另外，管理者还可以通过强化学员获得的新技能，并为其提供实践该技能的机会和平台，鼓励学员通过实际操作把新技能应用到工作中，完成培训成果转化的最后步骤，提高个人的工作绩效，从根本上实现培训的目的。表8-1列出了管理者的支持对培训成果转化的影响（徐芳，2001）。

表8-1 管理者的支持对培训成果转化的影响

| 支持程度 | | 重点内容 | |
|---|---|---|---|
| 在培训中任教 | 高支持 ↓ 低支持 | 作为培训领导者参与培训计划，促成最大程度转化 | 高支持 ↓ 低支持 |
| 目标管理 | | 与学员共同制订转移目标；提出待解决的项目或难题，提供必要的各种资源，明确进度要求 | |
| 实践技能 | | 提供工作中的现有机会，让学员应用新知识和技能 | |
| 强化 | | 与学员讨论培训成果应用情况，对成功应用加以表扬，对失误加以引导解决 | |
| 参与 | | 全过程关心了解培训进展、学员的收获 | |
| 鼓励 | | 通过重新安排工作日程让员工安心参加培训 | |
| 接受 | | 承认培训的重要性，同意员工参加培训 | |

**"培训学堂"惠普的全方位体系**

### （三）同事的支持

员工在日常的工作中不可避免地要与周围的同事沟通、协调和合作。因此，同事之间的相互支持不仅是培养良好人际关系的基础，也可以创造一种良好的学习和成果转化氛围，促进培训成果的转化。无论是从学习的规律还是从成果转化（见图8-1）的过程来看，反复的学习可以强化学员在培训中获得的新知识和新技能。学员之间以学习小组或者联系网络的形式互相鼓励、交流和监督，有助于增加学员的成果转化动机。

学习小组一般由两名或两名以上的学员组成，在这种形式的学习小组中，学员可以面对面互相交流学习的进展、学习过程中遇到的障碍，以及在实际应用中遇到的瓶颈和难点。另外，学员还可以通过网络系统、电子邮件等电子媒介进行沟通和交流，分享在工作中转化培训成果的成功案例，使其他员工可以从中借鉴经验，少走弯路，实现培训成果的转化。

## （四）运用所学技能的机会

运用所学技能的机会是指企业向学员提供或者学员主动寻找机会实践培训中学到的新知识、新技能和行为方式。学员获得了新知识和新技能并不意味着他们完成了培训成果的转化，培训成果转化的关键还在于学员是否有运用所学技能的机会。这里所说的机会包括培训内容的使用程度、频率和执行培训内容的难度和重要性。

运用所学技能的机会受工作环境和学员动机两个方面的影响。它一方面由企业内部决定，另一方面还被学员寻找应用机会的主动性所左右。如果企业提供了一定的实践机会，而学员却不积极地利用，那么培训成果将只停留在个人内部转化的阶段，而无法进一步通过学员的实践，将个人内部的转化用于企业培训成果的转化。

## （五）技术支持

技术支持包括各项培训成果转化所需资源和设备的支持，如硬件的购买。这是提高培训成果转化率的保障。

培训项目再好，如果没有相关的资源和设备支持，那么员工获得的新技能也无法实施。即使企业提供了应用该技能的机会和平台，学员也只能"望洋兴叹"，毕竟"巧妇难为无米之炊"。没有到位的技术支持，学员在培训之后就算有再好的创意，也只是徒劳。

**例证 8-5**

**京东进行价值链整合，成为成功的电子商务企业**

# 第三节  促进培训成果转化的途径

培训成果转化是整个培训工作中不可或缺的重要组成部分，由于培训成果转化会受多种因素的影响，因此，企业在促进培训成果转化时需要选择合适的促进途径，以保证培训的效果真正落到实处。

## 一、制定适合本企业的培训方案

企业在不同的时期有不同的培训需求和培训目标，这要求企业制定符合自身发展和需求的培训方案。培训方案的制定往往决定了企业人力资源投入的产出结果。一般而言，培训方案的制定需要考虑培训方案本身的设计和培训师的选择两个方面（王亚丹，严国涛，2016）。

## （一）培训方案的设计

培训方案包括培训目标、培训教材、培训对象、培训方式、培训时间、培训地点和设备等内容。为了实现培训成果在工作场所中的成功转化，培训方案的设计应具备以下两个要求。

（1）培训方案必须与工作相关，其设计必须来源于对组织、工作任务和员工个人需求的分析，才能避免培训工作的盲目性和随意性，使培训内容与企业实际需求相一致。

（2）培训方案还必须让学员了解培训内容与实际工作之间的关系，以便学员将培训所学的内容应用到实际工作中（Bates，Holton，Seyler，1997）。

## （二）培训师的选择

企业应该按照不同的培训需求选择不同风格的培训师。通常情况下，培训风格活泼、注重沟通和反馈的培训师会比培训风格保守、注重授课、忽略沟通和反馈的培训师取得更好的培训效果。

企业可以通过外聘和内聘这两种方式选择培训师，但无论采用哪一种方式，培训师都必须拥有专业的培训技能和相关的培训经验。

### 1. 内聘培训师

从企业内部选择培训师无疑是最好的方式，可以重点选取那些技术有专长、工作经验丰富的员工担任，甚至要求公司各级行政领导担任。每个企业都有其独特的战略目标、经营方式和企业文化，因此，企业内部的人员更了解企业内部以及业务等方面的情况，能够更有针对性地对学员进行培训和指导，有利于员工提高管理和技术水平。同时，管理者的支持是影响培训成果转化的因素之一。企业内部人员作为培训师参与培训计划的制订是对培训项目的有效支持，能够促成较大程度的成果转化。另外，从内部选择培训师还可以降低企业招聘外部培训师的成本。

### 2. 外聘培训师

如果培训课程无法由内部培训师完成，就必须外聘培训师。外聘培训师通常有两类：一是培训咨询机构的经验派培训师；二是学校或科研机构的学院派培训师。前者实践经验丰富，但易受行业的限制；后者理论研究基础深厚，但可能缺乏参与企业管理的实际经验。这要求企业在选择外聘培训师的过程中需要依据企业和员工的培训需求，并结合培训师的专业知识与经验、培训技能、个人魅力等因素综合权衡（陈雅娜，刘东明，2020）。

## 二、强化学员的成果转化动机

前面已经提到，个人转化动机是培训成果转化的助推器，它与激励机制息息相关。下面将从两个方面阐述如何通过激励机制强化学员的培训成果转化动机，促成培训成果的转化。

### （一）需求激励

需求理论认为，如果一个人的主要需求得到满足，那么他的行为动机和积极性就会被激发出来。员工的需求不仅包括物质需求，还包括精神需求。

无论是企业之间还是企业内部都存在着不同程度的竞争，员工要想在企业内部的竞争中站稳脚跟，寻求发展，就必须不断充实自己，学习新的知识，掌握新的技术，努力提高绩效。这属于物质需求的范畴。也就是说，如果企业能够满足学员寻求发展所需要的知识或技能培训需求，那么该需求的满足便能够形成个人的内在激励，激发学员的成果转化动机，实现培训成果的转化。

此外，如果企业能够通过授予荣誉、给予关怀和尊重等手段满足员工的精神需求，那么其培训成果的转化动机则会大大地加强。

由此可见，培训需求分析很重要，培训需求分析不仅是培训项目设计的基础，还为需求激励提供了依据。企业在确定培训项目时，一定不能够忽略员工个人需求的满足。

**惠氏把"要我学"变成"我要学"**

### （二）结果激励

激励机制时刻关系着员工的个人利益，员工之所以有转化动机，归根结底离不开转化培训成果之后所得到的物质、精神或晋升激励。结果激励最重要的表现形式就是合理晋升。

培训结束后，学员将培训成果积极转化到实际工作中，并获得个人工作绩效的提升，企业应该给予加薪或职务、职称的晋升等外部激励，让学员真切地感受到转化培训成果与获取个人利益之间的纽带关系，激发学员转化培训成果的原动力。

首先，要确保学员明确培训目标。让学员清楚培训的目的是提高个人工作绩效，而不是找出他们存在的问题。一个简洁明了又具有挑战性的目标比模糊的目标更能调动人的积极性。培训前最好让学员了解培训项目所包含的内容，与学员一起设定具体的目标，提高学员对培训的兴趣、理解能力和努力程度，以期达到理想的培训效果，为培训效果的转化打好基础，并增强学员的转化动机。

其次，使学员了解培训后的收益。沟通不仅可以拉近培训师与学员的关系，还可以使学员意识到他们的培训需求和职业生涯发展目标。工作中的高绩效能够给他们带来工作、个人以及职业生涯方面的收益,学员意识到目标与现实之间的差距之后,会更有动力去努力增强技能,实践新获得的知识,提高工作绩效,从而建立努力→成绩→奖励之间的依存关系,这更有助于激发学员的学习转化动机。也就是说,个人转化动机与激励机制息息相关。

**沃尔玛的培训激励**

## 三、积极培育有利于培训成果转化的工作环境

为了使工作环境有利于学员培训成果的转化,可以从以下三个方面鼓励和推动学员积极转化培训成果,改进个人的工作绩效。

### (一)学习型组织

为了创造有利于员工学习和培训成果转化的氛围,目前很多企业正在努力转变为学习型组织。学习型组织是一个具有开发能力与适应变革能力的组织,能够充分发挥每个员工的创造力,形成一种弥漫于整个群体与组织的学习气氛,并能够凭借学习充分体现个体价值,以大幅度提高组织绩效(刘潇,2020)。学习型组织被看作一种组织文化,它不仅注重员工个体层面的进步,还注重团体和组织层面的可持续发展,其特征如表8-2所示。

表8-2 学习型组织的特征

| 特 征 | 具 体 描 述 |
| --- | --- |
| 持续学习 | 员工共享学习成果并把工作作为知识和创造的基础 |
| 知识创造和共享 | 开发创造、获取和分享知识的系统 |
| 严格的系统化思维 | 鼓励员工用新的方式思考,找出联系和反馈渠道,并验证假设 |
| 学习文化 | 公司的管理人员和公司目标明确对学习进行奖励、促进和支持 |
| 鼓励灵活性与实践性 | 员工可自由承担风险,不断创新,开创新思路,尝试新过程,并开发新产品和服务 |
| 重视员工价值 | 系统和环境注重对每位员工的培训开发和福利 |

首先,在这样的组织里,知识和技能的获得是每个员工的基本职责,员工、上下级、团队之间都存在着合作关系。这种合作得到鼓励,并形成组织的支持性系统,为培训成

果的转化创造了良好的环境。

其次,学习型组织还重视为员工个人发展提供机会,以此鼓励员工将培训获得的新知识和技能应用到实际工作。这样做不仅为员工提供了广阔的实践平台,也极大地增强了员工的培训成果转化动机。

最后,革新与竞争也是学习型组织内涵的一部分。企业向学习型组织转变,目的是鼓励组织中的每一个人要有学习和培训意识,要有共享知识和创新的理念,并更积极地投身到扩展技能和提高组织效率的行为中,这样组织就更容易适应竞争激烈、瞬息万变的外界环境。员工只有尽可能地把培训所学迁移到工作中,才有更多的机会在竞争中求取发展。

向学习型组织的转型并非一朝一夕就能完成,但其一旦形成,对于促进培训成果转化、提高组织绩效将会发挥巨大的作用。企业必须将学习型组织的建立作为战略目标的一部分进行贯彻和落实,并通过组织层面支持学习,鼓励学习,倡导知识共享,促进成果转化,改变员工的行为;运用系统理论和系统方法分析管理要素和管理过程,优化管理的整体功能,从而取得良好的管理效果。

### (二)知识管理

在竞争日益激烈以及创新速度加快的知识经济条件下,学习已成为企业得以持续发展的根本保证,组织成员获取知识和使用知识的能力已成为企业赢取竞争优势的基础。同时,全球化经营对知识获取、知识创造与知识转换能力的要求依赖于企业的学习能力。因此,知识管理显得尤为重要,所有的企业都必须不断更新知识,以顾客和市场为导向,利用知识为企业和社会创造价值。

知识管理是网络新经济时代的新型管理方法,它是指通过设计和运用工具、流程、系统、结构和文化改进知识的创造、共享和使用,从而提高组织绩效的过程(Delong, Fahey, 2000)。知识管理可以使资讯与知识通过获得、创造、分享、整合、记录、存取、更新等过程,达到知识不断创新的最终目的,并回馈知识系统,使个人与组织的知识的累积永不间断,以应对市场的变迁。

实施知识管理可通过以下四种主要途径。

(1)应用技术和软件组建知识管理系统。例如,通用汽车公司将新车的理想尺寸以及现有零部件的参数等信息全部输入公司的计算机辅助设计系统,轿车与卡车设计人员可以轻松调用这些数据。

(2)建立企业内部网,方便员工储存和共享信息。

(3)建立在线图书馆,为员工提供诸如期刊、技术手册、研讨会等学习资源。

(4)在企业内部设立知识管理主管的职位,负责信息的分类与交流。例如,首席学习官或首席知识官(chief learning/knowledge officer)便是公司内部负责知识管理的领导者,主要负责开发和应用公司的数据库、内部网等技术基础设施。

## （三）各项培训资源与配套制度的支持

### 1. 培训资源的支持

培训资源包括培训经费、培训场地、设施设备、工作人员等，每个培训项目从策划到实施都离不开以上各项资源，一个培训项目再好，没有这些资源的支持也是无法实施的。培训经费来源应有计划、有保证，稳定而充足。

培训经费主要用于支付培训师授课费、外派培训人员经费、培训管理费用、添置培训设施设备及培训资料的支出等。培训经费每年年末由人力资源部门按培训计划做出资金预算，经总经理批准后，在下一年度应该按时按量到位，确保培训方案如期实施。

培训设施设备包括培训场地、多媒体教学设备、仪器教具、培训资料（如 EPSS 系统）等，这些都要由专人负责管理与维护，从而为培训项目的顺利实施提供保障。

培训是一项复杂的工作，要配备足够的工作人员才能达到培训效果，培训课程开发、师资培训、需求调查分析、培训计划制订、培训项目实施、培训效果评估分析等都需要由有一定工作经验、高素质的工作人员完成。人员配备充足，工作做得细，效果好；人员配备不足，工作做得粗，效果差。

### 2. 配套制度的支持

为调动员工的学习积极性，增强培训效果，必须有一系列配套制度的支持，即将培训工作与人力资源管理各环节密切配合，建立、健全各项人力资源管理制度，如新员工培训制度、竞聘上岗制度、员工职业生涯规划、激励制度、绩效考核制度、专业技术人员继续教育制度、特殊工种人员培训制度等。

员工培训应与奖惩制度相结合。在建立了激励机制提高学员转化培训成果的动机之后，还必须完善绩效考核机制，建立快速的反馈渠道，使两者相得益彰。

例证 8-8

**积极的工作环境给员工带来的收益**

**思考练习题**

1. 培训成果的转化有何意义？
2. 影响培训成果转化的因素有哪些？
3. 如何做好培训成果的转化工作？

第八章 培训成果转化

培训游戏

### 思维方式转换培训

**游戏目的**：帮助学员学会转换思维方式。

**角色扮演**：三个穷书生；旅店老板；伙计。

**剧情**：有三个穷书生进京赶考，途中投宿在一家旅店，这家旅店的房价是每间450文，三人决定合住一间，一人向老板支付150文。后来老板觉得三人可怜，优惠了50文，让伙计把这50文还给三人。伙计贪图小财，从中拿走20文，将剩余的30文钱还给了书生。

**思考问题**：每个秀才实际上支付了140文，合计420文，加上店小二私吞的20文，等于440文，那么还有10文钱去哪里了？

学以致用

### 学习转化

将你所学过的所有课程罗列出来，按其性质和特点进行分类。尽量结合自己的生活、交往和社团活动、学习和工作，谈谈如何将各门课程（堂）所学理论和知识应用于实际。学校、教师和学生分别如何做才能有效地促进教学成果的转化？将班级分成若干小组进行讨论，然后分享总结。

案例分析

### 华为普通员工培训及成果转化问卷

参考文献

[1] 陈雅娜，刘东明. 一本书读懂培训管理[M]. 北京：中国经济出版社，2020.

[2] 冯琳琳. 美国大型零售业企业员工培训研究[D]. 长春：东北师范大学，2011.

[3] 葛玉辉. 员工培训与开发[M]. 北京：清华大学出版社，2014.

[4] 李军燕，周瑞昌. 怎样当好一名中层领导[M]. 北京：企业管理出版社，2018.

[5] 柳小龙. 加强企业培训成果转化机制的现实意义[J]. 发展，2007（9）：108-109.

[6] 秦培仁，黄荣萍. 企业培训成果转化及其过程模型的构造[J]. 改革与战略，2005

（1）：130-132.

[7] 邱海燕. 华为员工培训体系及其启示[J]. 广东广播电视大学学报，2011，11（4）：97-100.

[8] 谢代国，苏华. 培训成果转化路在何方[J]. 现代营销（经营版），2008（10）：64-65.

[9] 周佳婷. 探索运用培训成果转化率评价培训有效性[C]//上海市烟草系统2012年度优秀学术论文集（经济管理类），2012：226-237.

[10] 孙晓明. 关于IBM（中国）公司的员工培训及启示[J]. 知识经济，2017（5）：94-95.

[11] 牛奔. 体验式培训实战指南[M]. 北京：九州出版社，2019.

[12] 圣吉. 第五项修炼[M]. 郭进隆，译. 上海：上海三联书店，2003.

[13] 靳书昂. 华为员工培训模式对电子行业员工培训的启示[J]. 太原城市职业技术学院学报，2018（7）：25-27.

[14] 盛文言. 组织转化氛围与培训转化成效关系实证研究：以学习导向为调节变量[J]. 上饶师范学院学报，2017，37（2）：84-91.

[15] 王亚丹，严国涛. 员工培训[M]. 上海：上海财经大学出版社，2016.

[16] 西武. 如何管理[M]. 北京：机械工业出版社，2004.

[17] 徐芳. 培育培训成果转化的工作环境[J]. 中国人力资源开发，2001（4）：45-46，50.

[18] 赵继新，魏秀丽，郑强国. 人力资源管理[M]. 北京：北京交通大学出版社，2020.

[19] 赵英. 提高企业培训成果转化率的途径[J]. 发展研究，2006（11）：133-135.

[20] 钟尉. 员工培训[M]. 北京：北京大学出版社，2016.

[21] 刘潇. 对学习型组织及其管理措施的研究[J]. 河北企业，2020（5）：48-49.

[22] KIMBERLY A S, EDUARDO S, MICHAEL B T. To transfer or not to transfer? investigating the combined effects of trainee characteristics, team leader support, and team climate[J]. Journal of Applied Psychology, 2001, 86(2): 279-292.

[23] KONTOGHIORGHES C. Predicting motivation to learn and motivation to transfer learning back to the job in a service organization: a new systemic model for training effectiveness[J]. Performance Improvement Quarterly, 2002(15): 114-129.

[24] DELONG D W, FAHEY L. Diagnosing cultural barriers to knowledge management[J]. Academy of Management Perspectives, 2000, 14(4): 113-127.

[25] KIRKPATRICK D L. Evaluation of training[M]. New York: McGraw Hill, 1996.

[26] LOCKE E A. Toward a theory of task motivation and incentives[J]. Organizational Behavior and Human Performance, 1968(3): 157-189.

[27] FORD J K, QUINONES M A. Factors affecting the opportunity to perform trained tasks on the job[J]. Personnel Psychology, 1992(45): 511-527.

[28] WEXLEY K N, LATHAM G P. Developing and training human resources in

organizations[M]. New York: Harper Collins, 1991.

[29] GOTTSFREDSON L S. The factor in employment[J]. Journal of Vocational Behavior, 1986(19): 293-296.

[30] DAVIS M. Getting workers back to the basics[J]. Training and Development, 1997(10): 14-15.

[31] BATES R A, HOLTON E F, SEYLER D L. Factors affecting transfer of training in an industrial setting[C]//TORRACO R. Proceedings of the 1997 academy human resource development annual conference, academy of human resource development 1997 conference proceedings. Baton Rouge, LA, 1997: 5-13.

[32] VROOM V H. Work and motivation[M]. New York: Wiley, 1964.

[33] NEWSTROM J W. Leveraging management development through the management of transfer[J]. Journal of Management Development, 1986, 5(5): 33-45.

# 第九章
# 培训效果评估

### 学习目标

1. 了解培训效果评估的概念和作用;
2. 掌握常见的培训效果评估模型;
3. 掌握培训评估的流程和实施。

### 引例

#### 海尔集团的员工培训评估

海尔集团能够长时间保持高速发展的势头,与其在人才培养方面的创新密不可分。与其他传统家电制造企业不同,海尔在员工培训和评估方面进行了创造性的改革。海尔与全国多家大专院校深度合作,在全国范围内建立了数十个培训服务中心,借助高校的力量完善了自身的技能培训与人才储备。在培训评估方面,海尔基本做到每次培训必然有相应的评估,形成"凡培训必评估"的制度。在评估方法上,海尔在问卷填写、笔试、评估访谈等传统方法的基础上,增加了360°绩效考核、顾客满意度调查、绩效记录持续追踪、生产率和事故率评定等多层次综合性的评估方法,构建了一个相对完善的评估体系。在评选评估的影响方面,传统家电制造企业通常只将培训评估作为受训者在培训活动中表现的总结,而海尔通过建立档案长期记录员工的培训表现,受训者的评估结果将告知受训者所在部门的负责人,而且评估结果会与该员工未来的职位升迁与工作奖励直接关联。

资料来源:李杨,吴泗宗. 企业员工培训评估中存在的问题与对策研究:以某家电制造企业为案例[J]. 山东社会科学,2015(4):148-152.

从引例可以看出海尔集团对培训评估的重视。员工培训流程的最后一个环节是评估。评估是对企业员工培训项目进行时和结束后,培训在多大的程度上实现了预期目标所进行的评价。因此,对培训的评估实际上应该从设定目标开始。

培训效果评估是人力资源培训与开发中发展最快的领域之一,一方面是因为对评估的需求越来越大；另一方面是因为越来越多的学者将计量方面的理念和方法引入评估。培训效果评估是实现企业员工培训战略的重要手段，也是人力资源培训专业人士获得高层支持的必要工具。

## 第一节　培训效果评估概述

在企业培训的某个项目或课程结束后，一般要对培训的效果进行一次总结性的评估或检查，以便找出学员究竟有哪些收获与提高。实际上，员工培训评估就是对员工培训活动的价值判断过程。

### 一、培训效果评估的概念

培训效果（training effectiveness）是指公司和学员从培训中获得的收益。从企业的角度来看，组织培训可以提高产品的质量，增加产品的销量，促进产品销售额的上升，提高顾客的满意度，最终帮助企业获得更多的经济效益和社会效益。从员工的角度看，参加培训可以帮助员工学习更多新知识、掌握更多新技能，端正工作态度，提升工作能力，促使员工更加适合企业的发展需求，这也为员工后期的晋升打下了较为坚实的基础。

培训效果评估主要是指企业在培训的过程中，针对培训的计划和实施过程，系统地收集与培训项目相关的描述性信息和批判性信息，并采用恰当的评估指标和方法，检查和评定培训效果，为企业未来修改和完善培训计划、开展培训活动提供参考。一般而言，培训效果评估包括了三个方面的内容。首先，需要对培训前的效果进行评估，主要包括评估培训的需求分析是否合理、培训对象的技能情况以及知识和态度是否正确、培训的计划制订是否存在问题等。其次，需要对培训中的培训效果进行评估，主要包括对培训活动的开展过程的评估、对培训内容是否符合培训目标的评估、对学员参与度的评估、对课程进度安排的评估、对与培训相关的后勤保障工作的评估等。最后，需要对培训结束后的效果进行评估，包括对培训目标是否达成的评估、对培训效果综合效益的评估、对培训工作者的工作绩效的评估等。

作为培训流程的最后一个环节，培训效果评估是对整个培训活动实施成效的评价和总结，同时，培训效果评估也为以后的培训活动提供了重要的信息。培训效果评估是一个系统收集有关人力资源开发项目的描述性和批判性信息的过程，培训效果评估的主要目的在于帮助企业在选择、调整各种培训活动以及判断价值时做出更加明智的决策。

### 二、培训效果评估的作用和局限性

#### （一）培训效果评估的作用

公司在培训项目上投入了大量的经费，想以此赢得竞争优势。如果在培训上的投资没有获得足够的回报，公司就会削减对培训的投资。培训效果评估能够提供必要的数据，证明公司确实从培训中获得了收益。培训效果评估的作用主要包括以下三个方面。

1. 为决策提供有关培训项目的系统信息

决策需要高质量和高可信度的信息，而培训评估是提供这些信息的最好手段。从培训评估中获得信息，有助于判断在特定的环境和条件下何种培训方案能够起到更大作用，也有助于决定时间跨度较长、投入资金较多的培训项目是需要继续，还是需要终止。

2. 促进培训管理水平的提升

培训评估可以帮助培训组织者全面审视培训的各个环节，如培训需求的确定、培训目标的选择、培训计划的拟订、培训资源和时间的控制、培训形式的采纳、培训师的确定、培训环境的营造等。经过此环节，有关各方可以汲取经验教训，从而使培训需求的确定更加准确，培训计划的制订更加符合实际需要，培训动员更加有效，培训资源的分配更加合理，培训内容与形式更加相得益彰，培训师更加符合需要，而且有利于及时对培训进行调整和纠偏。这样，组织培训工作就能够不断跃上新台阶。

3. 使培训管理资源得到更广泛的推广和共享

通过培训评估，可促进有关各方关注与培训活动有关的资料，同时使培训对象更清楚自己的培训需求与目前水平的差距，从而增强其未来参加培训的愿望，进而间接促进培训的深入发展。

### （二）培训效果评估的局限性

培训效果评估的局限性主要包括如下三个方面。

（1）评估委托方往往要求评估者做出全面的总结，甚至提出改进方案，一旦涉及自己的利害关系，将使培训带有太多的主观感情色彩。

（2）评估往往是由内部人员进行的，这些人员可能不愿报告方案的消极因素，有些组织甚至要求培训方案设计者自己进行评估，这将愈发加重这种倾向。

（3）虽然有培训效果评估制度，但难以使用其结果，导致评估虎头蛇尾，不了了之。

总之，对培训进行评估并不像想象中那么容易。一般而言，培训者不喜欢别人对其工作进行审查，他们不欢迎在自己身上使用评估方法。他们抵制的理由有些是对的，如许多传统的方法只是填表格、文字汇报，而不是分析和解决问题。但与此同时，由于缺乏有效的评估，在某种程度上导致培训在许多组织中只能处于从属的、非战略性的地位。

## 三、培训效果评估的四个维度

判断培训效果的好坏，需要从标准相关度、信度、区分度和可行性四个方面加以衡量。

### （一）标准相关度

标准相关度是指培训结果与培训计划之间的相关性。学员从培训中所学到的各种能力是否与工作所需的能力保持一致，是评估培训效果是否具有相关性的一种方法。这要根据该项目的学习目标来评估。学习目标能够影响预期行为、学员实际行为所需的条件及绩效的水平或标准。

有两种情况会导致培训结果缺乏相关性。①标准干扰，是指培训效果评估测量了不相干的能力或受到了额外因素的影响。例如，学员在培训中所需要的某种技术在实际工作中是不实用的，因为实际环境采用了比学习中介绍的更新的技术，因此培训后观察不到他们技能水平的改变。②标准缺陷，是指期望测量的结果很难测量到。例如，对一门实践性很强的知识就很难测量，评估内容无法量化地考核学员真实的掌握情况。图9-1所示为相关度及影响因素。

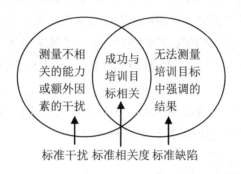

图 9-1　相关度及影响因素

### （二）信度

信度是指一项测试结果的可信程度和稳定程度。例如，对一名员工在培训前后分别做过的测试进行比较，如果学员对测试题目的理解和解答在经过一段时间后并没有发生改变，可以说信度很高；相反，如果前后差距很大，就需要考虑是什么因素引发了这一变化。

### （三）区分度

区分度是指学员取得的结果能够真正反映绩效的差别。例如，要衡量话务员所掌握的各种业务信息，可以通过培训后的测试发现不同话务员（参加培训的和未参加培训的）业务信息掌握水平的差异，分数高的人肯定比分数低的人掌握了更多的业务知识。

### （四）可行性

可行性是指收集培训测量结果的难易程度。很多公司无法做培训评估的原因就在于收集相关数据是件很费力的事情。例如，在评估销售人员的行为转变上，让供应商评价销售人员通常不可行。这可能会占用供应商较多的时间，可能破坏彼此的关系。

## 四、培训效果评估的关键问题

在进行培训效果评估之前，应该首先考虑以下四个问题。这四个问题在培训效果的判断中具有重要作用。

第一个问题：有没有发生变化？培训的最根本目的就是改变学员的知识、技能、行为、态度，弥补其在工作、人际关系上的不足。因此，评估培训效果的首要因素就是经过培训之后，学员有没有在上述几个方面发生变化。一次有效的培训必然会产生有变化的结果。

第二个问题：这种变化是否由培训引起？由于学员培训前后的行为和态度变化不仅取决于培训过程本身，还取决于组织环境的变化，培训期间个体的成长、成熟，学员对培训的认知等多种因素的复合作用。因此，必须设法从诸多变量中区分培训本身的影响。

第三个问题：这种变化与组织目标的实现是否有积极的关系？企业要想生存和发展，重视绩效是必然的。企业组织的很多活动都是围绕实现企业绩效的提升而展开的，培训也不例外，培训的最终目的就是在提高所有员工水平的基础上推动企业的发展。因此，培训后的变化是否与组织目标的实现有积极的关系，是评定培训效果好坏的关键指标之一。

第四个问题：下一批学员完成同样的培训后，是否还能发生类似的变化？这就是培训的效果问题。如果只是某一批学员发生了改变，而其他人员变化不大，就应该分析除培训以外的其他影响因素。如果说技能、知识水平差不多的多批学员均发生了相似的显著变化，那么培训所产生的作用就是毫无疑问的。

三星——培训评估因课而异

## 第二节 培训效果评估理论

最有影响的培训效果评估理论是柯克帕特里克（Kirkpatrick）在1967年提出的四级评估法。对柯克帕特里克四级评估法做了最大且最有价值的改变的是菲利普斯（Phillips）提出的ROI过程模型。本节就五种常用的培训效果评估理论进行阐述。

### 一、柯克帕特里克的四级评估法

柯克帕特里克创立的四级评估法（Kirkpatrick's four levels of evaluation）是培训界最流行的一种评估方法，该方法对培训的评估主要包括以下四个层面。

（1）反应层面，主要考查学员对已发生的培训活动有何感觉或印象。

（2）学习层面，主要考查学员学到的知识和技能。

（3）行为层面，主要考查学员通过培训所发生的行为举止和态度的改进或变化。

（4）结果层面，主要考查培训为组织带来的效果。

## （一）反应层面

1. 评估内容

这一层面的评估内容局限在培训的表面效果上，其内容主要包括以下四个方面。

（1）对培训师的评估。其主要是指培训师的表现，具体体现在培训师的准备工作、专业知识和技能、培训技巧、内容安排和培训时间安排等方面。

（2）对培训内容的评估。其主要是指课程内容设计，具体体现在培训教材的适用性和难易程度。

（3）对培训方法的评估。其主要是指采用的培训方法是否有助于促进培训目标的实现和满足学员的需要，是否有助于取得良好的培训效果，是否有助于调动学员的学习热情和兴趣。

（4）对培训条件和环境的评估。其主要是指与培训活动相关的支持性的服务工作，具体体现在住宿、餐饮、交通、休闲娱乐等方面。

2. 评估方法

反应层面的评估目的在于考查学员对培训活动的满意度，在大多数情况下，是向学员发放一份"培训评估表"，具体实例如表9-1所示，借以收集学员对培训师、培训内容、培训方式和方法、培训条件和环境以及培训管理方面的主观感受。

表9-1 某公司培训评估表

课程名称：_____ 培训时间：_____ 培训师：_____
评分标准：5 分=极好　4 分=很好　3 分=好　2 分=及格　1 分=差
编号：_____

| 项目 | 评估内容 | 评分 | | | | |
|---|---|---|---|---|---|---|
| | | 5 | 4 | 3 | 2 | 1 |
| 培训师表现 | 培训准备工作 | 5 | 4 | 3 | 2 | 1 |
| | 专业知识或技能 | 5 | 4 | 3 | 2 | 1 |
| | 授课技巧 | 5 | 4 | 3 | 2 | 1 |
| | 工作态度 | 5 | 4 | 3 | 2 | 1 |
| 培训内容 | 课程难易程度 | 5 | 4 | 3 | 2 | 1 |
| | 课程结构的合理性 | 5 | 4 | 3 | 2 | 1 |
| | 教材的实用性 | 5 | 4 | 3 | 2 | 1 |
| 培训方法 | 有助于提高学习效果 | 5 | 4 | 3 | 2 | 1 |
| | 有助于调动学习热情 | 5 | 4 | 3 | 2 | 1 |
| | 有助于学员参与 | 5 | 4 | 3 | 2 | 1 |
| 培训条件和环境 | 场地布置 | 5 | 4 | 3 | 2 | 1 |
| | 设施设备 | 5 | 4 | 3 | 2 | 1 |
| | 桌椅舒适度 | 5 | 4 | 3 | 2 | 1 |
| | 场地通风 | 5 | 4 | 3 | 2 | 1 |
| | 场地光线 | 5 | 4 | 3 | 2 | 1 |

续表

| | | | | | | |
|---|---|---|---|---|---|---|
| 后勤支持 | 餐饮 | 5 | 4 | 3 | 2 | 1 |
| | 交通 | 5 | 4 | 3 | 2 | 1 |
| | 住宿 | 5 | 4 | 3 | 2 | 1 |
| | 课间茶水供应 | 5 | 4 | 3 | 2 | 1 |
| 合 计 | | | | | | |
| 意见或建议 | | | | | | |

以上各评估事项的衡量尺度可采用 5 分制，也可采用 100 分制。该培训评估表采用比较直接的画钩方式，这样可占用学员较少的时间。评估表设计的总体原则是重点明确、简单明了。

发放"培训评估表"是收集学员对培训整体感觉和印象的一条途径，通过该途径所收集的信息也能够在一定程度上反映学员对培训的满意程度。

在实际操作中，培训师或培训管理人员会在培训结束时向学员发放"培训评估表"，要求学员填写评估表中的所有项目。这时，学员的心思已经不在培训场所了，大家交换名片，互相道别，急于启程归家，培训师此时的心情也与学员的心情一样。这样在有限的时间里，学员只能是匆匆地浏览一下评估表中要求填写的内容，然后匆匆起笔画钩，完成任务。一些企业回收的"培训评估表"，最后一项"意见或建议"栏目的空置率约为90%~95%，即使有些学员填写，也大多是泛泛而谈。

绝大部分"培训评估表"都是在培训结束时发放给学员填写的，一些学员在填写意见时会认为这个时候评估没有什么实质性的意义。为弥补这种不足，平日培训师可通过与学员交谈，培训管理者可通过随堂听课或观察了解培训进展情况和收集学员的反馈，这样便可及时发现问题并随时进行实质性的改进。交谈可以在培训课间进行，也可以在就餐时进行，还可以在课堂面向全体学员收集意见。随堂听课或观察也有助于及时了解学员的需求和真实感受。

为了避免只在培训结束时才了解学员的感受和需求，可以在培训一开始就经常以正式或非正式的形式征求学员的意见，向学员提供咨询，向有特殊需求的学员提供帮助，等等。这有助于加强与学员之间的沟通，及时调整培训内容，改进培训方法，改善培训条件和环境，加强后勤服务工作。

这种发放"培训评估表"的方法虽然简单易行，但也会出现以下不正常的现象：一些学员由于对某位培训师有好感而对培训师持肯定态度，对各评估项均给予高分；或由于某些原因引起的对某位培训师不满而对培训师持否定态度，对各评估项目均给予低分。针对这种情况，可召开座谈会来了解具体情况。

"培训评估表"中的评估对象更多涉及培训方面的工作，如培训师的聘任、课程内容的设置、培训方法的选定、培训条件和培训环境以及培训后勤服务的安排等。但负面的反应并不一定完全是由培训工作造成的，除了培训工作本身存在的问题，学员的知识技能水平、自我管理和控制能力、学员所在部门对培训工作的配合程度，都会对培训效果产生正面或负面影响。

以上着重叙述了学员对培训的反应。此外，培训师和培训管理人员对培训的看法、意见和建议也是改进培训工作的一个重要的信息来源，其内容主要包括以下四个方面。

（1）学员接受能力、反应能力、学习态度、学习气氛以及自我管理和控制能力。

（2）学员的出勤率、参与程度、完成作业（任务、项目）情况和考试通过率。

（3）培训师就培训内容、培训时间安排和培训方法提出修改、调整和创新的建议。

（4）培训管理人员和培训师对培训活动相关的支持性服务提出的改进意见。

培训评估表的填写包括纸质填写和网上填写两种。由于互联网发展迅速，一些大中型企业已经启用了网上填写培训评估表的方式。

**某电信企业在线培训评估表**

### （二）学习层面

该层面的评估主要测评"学员通过培训学到了什么"，即从知识、技能和态度三个方面对学员学到了什么、掌握了什么进行测评。

**1. 评估内容**

评估内容主要评估学员从培训中获得的知识、技能和态度。

1）评估理论知识掌握的情况

此评估主要测评学员对相关理论知识的理解和记忆程度，其评估的具体内容包括以下两个方面。

（1）对相关概念和原理的理解和记忆程度。

（2）对与工作内容和职责相关的基本知识的理解和记忆程度，比如工作要求、工作程序、工作要点、注意事项和规章制度等。

2）评估技能掌握的情况

技能主要是指学员的心智技能、动作技能和社会技能，其评估的具体内容包括以下四个方面。

（1）对概念和原理的运用程度。

（2）分析和解决问题的能力。

（3）操作的熟练程度和准确程度，如根据测试要求和程序在规定的时间内按质、按量完成某项任务。

（4）处理人际关系问题的能力。

3) 评估学员的态度

此评估主要评估学员在培训中表示或表现出的行为、看法、倾向或意愿，其评估的具体内容包括以下五个方面。

（1）对组织形象、组织文化和规章制度的认识和重视程度。

（2）对环境的适应能力。

（3）对新观念或对其他人意见的接纳能力。

（4）为了改变自己所采取的行动、所表示出的意愿或所做出的努力。

（5）对培训活动表现出的参与热情。

2. 评估方法

由于对学习层面的评估包括知识、技能和态度三个方面，这三个层面的测评内容又有各自不同的特点，因此采用的评估方法也不尽相同（菲利普斯，2001）。下面分别加以介绍。

1）知识领域常用的评估方法

根据知识领域的测评内容，采用客观题型进行检测较为合适。它与主观测验不同的是，客观检测题的评分规则是明确的，不依测评人的个人判断而变化，即无论测评人是谁，只要依照评分规则行事，同一试卷会给出相同的分数。

客观测验又包括四种形式：①正误判断题的题型是给出一个陈述，然后要求学员判断其正误，适用于测试简单知识和技能。②选择题的题型是给出3~5个备选项，让学员选择其中一个正确答案，其他选项则是似是而非的诱答项。该题型可用于测试较为复杂的知识和技能，但命题难度大。③配对题的题型是向学员提供两组信息，要求他们对一组信息与另一组信息进行匹配（配对）。该题型在测评简单知识时很有效，对于难度较大的知识测评则不太适宜。④填充题的题型要求学员填写适当的词、句子或数字，这就要求学员根据所学的知识构思答案。在判阅这类试题时会遇到这样一个难题，即答案总会有一定的分散度。

在客观题的命题过程中，考试命题的质量直接影响着考试的成败。因此，一般采用编制双向细目表的方法帮助命题人员梳理各项要求的关系，提高考试命题的信度与效度。双向细目表也被称为命题细目表，是命题程序中一个重要的环节。双向细目表可以将考查目标和考查内容关联起来，体现出培训内容和学习结果两个维度之间的关系。学习结果通常反映参与者的学习水平。目前普遍采用布卢姆关于认知领域教育目标的分类，即把学习水平分为"识记、理解、应用、分析、综合、评价"六种水平。该表需要充分体现命题的各项指标，包括试题的知识结构、能力结构、难度比例、题型构成和分值分配比例等，因此，它是命题程序中的重要环节（徐歆，2017）。

一般而言，采用客观测验能够极大地节省阅卷人的工作时间和成本，也便于对评分数据进行统计。它的可靠性表现在评分规则和答案明确具体，不会因阅卷人的个人判断而给予学员不同的分数，也可以较为全面地考查学员对知识或技能的掌握情况，有利于学员巩固所学的知识和技能的要点。但是，客观测验本身也存在一些缺点。客观测验是一种低级形式的测评形式，因为它促使学员死记硬背，而无法测评学员的表达能力和实际运用能力。

因此，为了弥补客观测验的不足，有些培训组织者采用主观测验，如论文、开放性问题的短答案或限制性回答。主观测验一般包括简答题和论述题，其中简答题通常要求学员使用简明的语言回答某个知识或概念；论述题一般考查学员对知识、技能的理解程度及思维逻辑，要求学员根据自身的理解论证某种观点或问题。虽然采用主观测验能够更好地检测学员对知识或技能的理解程度，但是在评分过程中评阅人会对同一份试卷给出不同的评分。因此，应向阅卷人提供试卷的答案要点，让阅卷人根据要点逐项评分，这样可避免产生较严重的误差。

2）技能领域常用的评估方法

根据技能领域的测评内容，在测评动作技能时，采用操作测验的形式较为适宜。这种测评形式属于非文字性的测验，主要测评应试者的实际操作能力。对于测评心智技能和社会技能而言，还需设置和创造一些适宜的或特殊的环境氛围，采用案例分析、角色扮演等形式较为适宜。

（1）动作技能的操作测验。它要求学员按照培训师或录像中的示范动作操作一台机器、工具或设备，或演示自己的身体动作（如军事训练、体育竞技活动），或展示自己的动手技巧（如打字、弹琴、编织）。因此，操作测验使实践能力成为测评的主要内容，对提高学员的实际操作能力具有很大的价值。

（2）心智技能和社会技能的操作测验。它可采用案例分析和角色扮演等形式。与操作测验不同，案例分析是指写作方面的笔试测验，它向学员提供的是建立在实际工作中的材料。案例分析要求学员对这些书面的文字材料进行分析，确定问题，并提出解决问题的方案。这类测试可测评学员分析问题和解决问题的心智技能。角色扮演是测评学员在人际交往和沟通过程中的口头沟通能力、非语言表达行为的一种有效的测验方法。这种测验可以测评无法通过笔试和操作测验测评的口头表达能力。角色扮演将学员置于某一特定的情境，通过扮演某一角色展示自己的口头沟通能力和非语言表达行为。

下面以"交谈"为例对心智技能测评的清单进行说明。交谈能力由听、回答问题和提出问题及非语言表达行为几个方面的能力构成，具体内容如表9-2所示。

表9-2 交谈测评

| 项　　目 | 内　　容 |
|---|---|
| 听 | 接收对方信息 |
| | 理解对方信息 |
| 回答问题 | 使用特定的语言结构（如专业术语、礼貌用语） |
| | 进行必要的说明和解释 |
| 提出问题 | 澄清你未听懂的或对方未能表达清楚的问题 |
| | 确认对方是否听懂了你的表达 |
| | 询问对方是否需要得到进一步的帮助 |
| 非语言表达行为 | 目光接触 |
| | 面部表情 |
| | 手势或身体动作 |

如果建立了交谈内容的测评清单，就可避免测试人的主观判断和防止测试人的个人好恶倾向，从而提高测试结果的可信度。

为了节省租用测试场地和道具的费用，也可以通过展示一组图片或视频的方式，要求学员讲述一个故事，根据一组录音演示一组动作。这类方式是测试口头沟通能力和非语言表达行为的有效方式。

3) 态度领域常用的评估方法

与知识和技能测验相比，尽管态度测量是最棘手的，尤其是人们对探究内在原因的测试表示怀疑，但大部分培训师和组织者都认为，由于人们的行为是判断态度的基础，因此，通过培训和测试，学员能够了解和掌握组织所期望的正确态度。这些态度可以通过一系列行为和言语体现出来，如使用礼貌用语、道歉用语、乐于助人、耐心解答问题、面带微笑等。此外，通过培训经常重复使用这些言语和按照组织期望的态度行事，就可养成一种良好的习惯，这种良好的习惯自然会使人们的态度发生变化。

态度测量的方法主要包括以下四种。

（1）表述法。向学员提供一系列的陈述，让他们按照自己真实的感觉画钩，选择填写或回答。

（2）观察法。根据学员在培训期间所表现出的参训行为得出结论，即通过观察他们的行为推断他们的态度。

（3）生理现象判断法。通过生理反应做出判断，即通过诸如瞳孔扩张和收缩、呼吸和心跳频率、皮肤电反应等生理学方法对态度进行测评。

（4）报告法。通过学员提交的报告了解和考查他们的态度。报告可以用书面形式，也可以用口头形式表述。

（三）行为层面

该层面的评估主要测评学员是否通过培训改进了行为，需要回答的问题是"学员在工作中使用自己在培训中学到的东西了吗？"

学习层面的评估可以测评学员在纸上写出来的或在模拟情境下以口头和非语言形式演示出来的东西，但无法测评学员在离开培训场所后，走到工作岗位上是否能将学到的知识和技能很好地运用到工作中，而行为层面的评估则可考查学员学以致用的情况。

1. 评估内容

行为层面的评估内容主要是测评学员在培训后将知识、技能和态度运用和发挥在工作岗位上的程度，具体表现在以下四个方面。

（1）根据学员培训后的工作表现，测评学员是否达到了培训目标中规定的标准和要求。

（2）测评培训内容是否能够为工作所用。

（3）测评学员在工作中新的表现或改变在多大程度上是由于参加了培训而产生的，如迟到减少、浪费减少、投诉减少、纪律性增强等。

（4）测评阻碍将培训中学到的东西应用于工作岗位的因素。

2. 评估方法

行为层面的评估会涉及学员和与学员相关的人员,如学员的直属主管、部属、同事和客户等。评估通常采用问卷/访谈法、行为观察法、检查行动计划的执行情况和自我评估法等。

(1) 问卷/访谈法。通过设计问卷让学员和与学员相关的人员回答,或者设计访谈提纲,对学员和与学员相关的人员进行访谈,从而收集培训效果信息。

在问卷和访谈中应该如何提问呢?通常有以下四个针对学员的问题。

①本次培训帮助你掌握了哪些知识和技能?
②本次培训帮助你解决了哪些问题?
③你将培训中学到的知识、技能和态度应用到工作中了吗?
④在工作中存在哪些阻碍知识、技能和态度运用和发挥的因素?

针对与学员相关的人员的问题主要有以下六个。

①你的下属、上司或同事通过培训在知识、技能和态度方面发生了哪些变化?
②你的下属、上司或同事通过培训是否提高了工作效率?
③你的下属、上司或同事通过培训在哪些方面做到了学以致用?
④培训对你的下属、上司或同事是否产生了负面影响?如果是,在哪些方面产生了负面影响?
⑤培训帮助你的下属、上司或同事解决了哪些问题?
⑥培训内容与哪些工作有关?

以上这些问题有的只需进行简单的回答,有的则需进行较为详细的回答。需要简单回答的问题能够收到较高的反馈率,而需详细回答的问题收到的反馈率则往往较低。因此,一些需要进行较为深入回答的问题要采用面对面的访谈形式,才能收到较好的反馈结果。无论是发放问卷,还是进行访谈,问题的设计应重点突出、简洁明确,回答问题占用的时间应该较短。

(2) 行为观察法。对行为表现进行直接观察是判断培训效果的一种可靠的方法,也是考查学员在行为方面发生了哪些变化的一种最直接有效的方法。观察者可通过对学员参加培训前后的具体表现进行比较,来发现培训是否给学员带来了变化。

尽管行为观察法是评估培训作用和效果的一种可靠方法,但对于某些时间周期较长的工作来说,却需要花费很多精力和时间进行观察。此外,观察者的主观判断也会对评估产生不利的影响。

为了克服以上所谈到的弊端,应根据工作性质和工作周期的长短决定是否采用行为观察法。为了提高测评的可靠性,可通过增加观察次数避免某一行为发生的偶然性。为防止观察者的主观判断,应对被观察者的行为列出清单,并对清单列明行为设定标准。

(3) 检查行动计划的执行情况。在培训结束后的适当时间内,就学员在培训前制订的行动计划的执行时间、完成时间和计划内容进行逐项检查,并就行动计划和完成情况进行汇报。

常常会发生这样的情况:学员纸上写出的计划非常合理和完美,但执行和完成计划的实际情况却不像纸上写得那么完美或与计划存在很大的差距。造成计划与实际差别的主要原因有两个：①实施计划（即操作）时在技术方面出现了问题；②学到的理论知识可能与实际情况脱节。

通过检查行动计划进行测评，主要是测评学员是否真正执行了行动计划，真正从事和完成了一项实际工作，主要目的是让学员在培训后能够做出（完成）某件事情，而不只是写出或说出如何做某件事情。通过这种测评方法，可以考查学员在实践中运用了哪些在培训中学到的知识和技能；是否遇到了新的问题，对学到的知识和技能是否能够举一反三；是否能够通过改革和创新找到解决问题的新方法；造成计划受阻的原因和妨碍计划顺利实施的因素有哪些。从另一方面看，这也将有助于改进和进一步完善培训内容，从而使培训内容更加贴近现实。

（4）自我评估法。对学员的评估除了来自培训师、学员的直属主管以及与学员一起共事的同事，还应该有学员的自我评估。自我评估有时能够帮助我们了解知识和技能未能得到运用的真正内在原因和外部制约因素。为了保证自我评估的标准化，可以向自评者提供一份自评提纲，一般包括以下四个方面的内容。

①你对培训中所学到的知识和技能的运用情况。
②你在工作中运用培训所学到的知识和技能解决问题的情况。
③阻碍你运用培训中学到的知识和技能的主客观因素。
④从知识、技能和态度三个方面谈谈培训对你个人所产生的影响。

上面阐述了行为层面的四种评估方法。从中不难发现，行为层面的评估需要花费很多时间和精力，需要相关人员（主管、同事、客户）的配合。此外，学员回到工作岗位上的表现也会受到诸多不确定因素的影响。要取得相关人员的配合，并让他们了解评估的目的和好处，同时还要让他们掌握必要的评估方法。

由于这个层面的评估比较烦琐复杂，具体执行时也需要具备一定专业知识和技能的人员来参加，同时还需占用较多的时间和精力，因此可考虑借用外部力量（如管理咨询机构）完成这项评估任务。

对广东四家制造企业基层主管培训进行的行为评估

## （四）结果层面

结果层面的评估是在组织范围内，考查培训给组织带来的变化，回答的问题是"培训为组织带来了什么"，这也是培训的最终目标。组织投资于培训的根本目的就是提高组织的绩效，不能改变组织绩效的培训是无效的培训。

## 1. 评估内容

结果层面的评估内容主要是为了反映培训最终给组织带来了怎样的效果和影响。可以度量的结果层面的评估内容具体表现在以下三个方面。

（1）组织目标的实现程度。组织目标的实现程度可以通过以下指标度量：产品/服务质量、单位产品数量、残次品率、事故率、净利润、成本和投资回报率等。

（2）外部客户的满意度。外部客户的满意度可以通过以下指标度量：客户对产品质量和服务质量的投诉量、产品退赔率、发货/交货准时性、处理投诉的及时性等。

（3）内部员工的满意度。内部员工的满意度可以通过以下指标度量：员工的士气和精神面貌、员工的团队意识、组织内部各部门以及员工之间的沟通效率、组织环境的和谐程度、员工的忠诚度等。

## 2. 评估方法

结果层面的评估指标完成情况是组织最关心的问题，培训的根本目的是实现或提高这些指标。对于组织绩效来说，这些指标的完成情况是最具有说服力的数据，那么通过何种方法能够了解这些指标的实现情况呢？一般来说，可以通过指标对照检查法、绩效考核法、问卷/访问法三种方法进行测评（侯晓虹，2006）。

1）指标对照检查法

指标对照检查法是指在培训结束后的适宜时间内，根据制定的培训目标和要求对有关的计划指标进行测评，即对培训前后的指标完成情况进行对照比较。例如，培训后的销售额、净利润、投资回报率和劳动生产率等指标比培训前有了增长，残次品率、事故率、投诉率、人员流动率、产品退赔率等指标降低了，则表明培训是有效的，说明培训对组织目标的实现起到了促进作用。

2）绩效考核法

很多组织在年中和年末都会对其成员个人或部门的集体工作进行评估和分析，通过绩效考核可以了解员工个人或部门在工作质量/数量、工作效率和工作态度上是否达到了组织的要求，从而判断培训是否有效及其有效的程度。

3）问卷/访问法

内部员工和外部客户的满意度可以通过问卷获得。涉及内部员工满意度的问卷/访问的问题主要包括以下六个方面的内容。

（1）你所接受的知识和技能培训是否足以使你胜任本职工作？

（2）作为组织的一员，你是否感到骄傲？

（3）你是否感觉到组织的凝聚力增强了？

（4）本组织的工作方式和工作程序是否能够使你有效地开展工作？

（5）你在遇到困难或困惑时是否能够通过有效的途径得到解决？

（6）你是否能够安心在本组织工作？

涉及外部客户满意度的问卷/访问的问题主要包括以下八个方面的内容。

（1）你对本组织产品的质量是否满意？

（2）你对本组织工作人员的服务态度是否满意？

（3）工作人员是否能够为你提供准确到位的服务？

（4）你的问题是否能够及时地得到解决？
（5）你对本组织的要求能够得到重视吗？
（6）你对本组织的服务效率满意吗？
（7）本组织的政策和工作程序是否考虑到你的利益？
（8）你会向你的家人或朋友推荐本组织的产品或服务吗？

通过问卷/访问可以了解内部员工和外部客户对组织的印象和评价，他们的感受、看法和意见最能反映组织的真实情况。如果一个组织通过培训最终能够使员工和客户满意，则意味着培训是卓有成效的。

结果层面的评估对组织来说是最为重要的评估，但是从时间、费用和人力方面来说，这一层面的评估也是执行难度最大的。为了取得相关资料，必须取得组织各管理层的理解和合作。由于培训在短期内很难在组织层面产生效果，在培训结束到测评结束的一段时间里，其他因素也会对上述指标产生正面或负面的影响，因此在评估时也应根据具体情况考虑这些影响。

尽管柯克帕特里克的四级评估法获得了广泛的认可，但是也遭受了许多批评。一些批评指出，这个模型只测量了培训后的变化，霍尔顿（Holton，1996）则认为这一模型没有提出四个层次之间的逻辑关系，这四个层次只是一个罗列而已，它们之间没有内在的关系。柯克帕特里克认为自己提出的只是一个框架而已，他从来没有将它看成一个模型，他认为只要企业认为这样的框架有用就可以了（Kirkpatrick，1996）。

## 二、考夫曼的五层次评估模型

考夫曼（Kaufman）扩展了柯克帕特里克的四级评估法模型。他认为培训能否成功，培训前的各种资源的获得是至关重要的，因而应该在模型中加上这一层次的评估，并且培训所产生的效果不应该仅仅对本组织有益，它最终会作用于组织所处的环境，从而给组织带来效益。为此，他增加了第五个层次，即评估社会和顾客的反应，如表9-3所示（常洪波，2006）。

表9-3　考夫曼的五级评估模型

| 层　　次 | 标　　准 | 具 体 解 释 |
|---|---|---|
| 1a | 培训可行性 | 人力、财力和物力资源投入的质量和可获取性 |
| 1b | 反应 | 方法、手段和过程的可接受程度和熟练度 |
| 2 | 获得 | 个体和小群体技能与胜任力 |
| 3 | 应用 | 组织内个体效用和小群体（产品）效用 |
| 4 | 组织产出 | 对组织的贡献和回报 |
| 5 | 社会产出 | 社会和顾客的反应、结果和回报 |

## 三、CIRO[①]评估模型

这种方法认为评估必须从情境、输入、反应和输出四个方面进行。该方法起初由沃

---

① CIRO，即情境（contextual）、输入（input）、反应（reaction）和输出（outcome）的首字母缩写。

尔（Warr）、伯德（Bird）和拉克姆（Rackham）（1970）开发，被运用于欧洲国家，是一种非常独特的区分评估过程的方法。它比一般的培训评估模型评估的范围更宽泛，如表 9-4 所示。

表 9-4 CIRO 评估模型

| 层 次 | 标 准 | 具 体 解 释 |
|---|---|---|
| 1 | 情境评估 | 培训的组织者 |
| 2 | 输入评估 | 培训师 |
| 3 | 反应评估 | 学员 |
| 4 | 输出评估 | 公司高层 |

（1）情境评估是指获取和使用当前情境的信息明确培训需求和培训目标。这种评估实际上是进行培训需求分析。在此过程中，需要评估三种目标，即最终目标（组织可以通过培训克服或消除的特别薄弱的地方）、中间目标（最终目标所要求的员工工作行为的改变）和直接目标（为达到中间目标，员工必须获取的新知识、技能和态度）。情境评估是要收集组织绩效的信息，通过评估这些信息确定培训需求，在此基础上设定三个层次的目标。

（2）输入评估是指获取和使用可能的培训资源确定培训方法。这些资源包括内部资源和外部资源，其中财务预算和管理要求可能限制了目标的选择。

（3）反应评估是指获取和使用参与者的反应提高培训过程。这个评估过程的典型特征是参与者的主观评价，参与者的主观评价是非常重要的，但是评价质量的好坏在某种条件下依赖于信息收集的方法是否具有系统性和客观性。

（4）输出评估是指收集和使用培训结果的信息。该评估被认为是评估最重要的一个部分。它包括四个阶段：界定趋势目标、选择或构建这些目标的测量方法、在合适的时间进行测量和根据评估结果改善以后的培训。

## 四、CIPP[①]评估模型

CIPP 评估模型与 CIRO 评估模型相似，它同样包括四种评估，即情境评估、输入评估、过程评估和输出评估，如表 9-5 所示。

表 9-5 CIPP 评估模型

| 层 次 | 标 准 | 具 体 解 释 |
|---|---|---|
| 1 | 情境评估 | 相关环境、需求和机会、存在问题的评估 |
| 2 | 输入评估 | 如何最佳使用资源，成功实施培训 |
| 3 | 过程评估 | 培训中提供反馈给培训实施者，监控失败的来源或提供预先的信息 |
| 4 | 输出评估 | 培训结果测量 |

---

① CIPP，即情境（contextual）、输入（input）、过程（process）和成果（product）的首字母缩写。

（1）情境评估界定相关环境，识别需求和机会，诊断具体问题。需求分析是情境评估的一个例子。

（2）输入评估可以提供如何最佳使用资源以成功实施培训的信息。输入评估的信息有助于制订培训项目计划和培训设计的一般策略，通常输入评估的结果有关于制度、预算、时间安排、建议书和程序等方面的内容。

（3）过程评估可以提供反馈给负责培训实施的人，它可以监控可能的失败来源，或给预先的决策提供信息。

（4）输出评估对培训目标进行测量和解释。

总之，情境评估有助于形成目标，输入评估帮助计划培训项目，过程评估引导培训实施，输出评估有助于回顾决策。

## 五、菲利普斯的 ROI[①] 过程模型

通常在培训结束后，绝大多数公司只报告在培训上花费了多少费用、使用了多少培训时间、参加培训的人数，而没有提供培训给公司带来的价值、参与者所学习的东西以及由于培训带来的投资回报。近年来，特别强调要对培训发展的投入产出进行评估，菲利普斯（Phillips）提出了 ROI 过程模型。ROI 过程模型在柯克帕特里克的四级评估法模型上加了第五个层次，即五层次 ROI 过程模型，分别为反应和已经计划的行动、学习、工作应用、组织结果和投入产出。

第一层次（反应和已经计划的行动）：测量学员的满意度以及他们打算如何应用培训所学。这一层次的评估通常是在培训后采用问卷测量。几乎所有的组织都会评估这一层次，但是学员满意的结果并不能确保他们会在工作中应用新的技能和知识。

第二层次（学习）：测量学员在培训过程中的所学。这一层次的评估可以采用的评估工具有测试、技能练习、角色扮演、模拟、多人评估等。学习检查有助于确保学员是否掌握了培训材料并且知道如何使用它们，然而学员学习情况再好，也不能保证他们一定会在实际工作中应用所学知识。

第三层次（工作应用）：这一层次的评估通常会使用许多跟踪方法测量学员使用新技能的频率等，以判断学员是否将所学应用于实际工作。这个层次很重要，但是它们并不能确保对组织有积极的影响。

第四层次（组织结果）：这一层次的评估测量学员应用培训所学后对组织产生的积极影响，通常测量产量、质量、成本、时间和顾客满意度。

第五层次（投入产出）：培训固然会对组织产生积极的影响，但是同样需要比较对培训的投入以及通过培训对组织产生的收益。ROI 通常表示成一个百分数或成本与收益的比率。

---

① ROI，即 return on investment，投资回报率。

图 9-2 所示是 ROI 方法实施培训评估的全过程，从数据收集开始，以 ROI 计算结束。

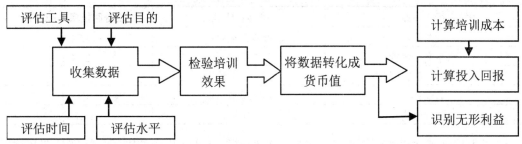

图 9-2 ROI 过程模型

评估目的必须在评估计划之前考虑，因为评估目的常常决定了评估的范围、评估工具的类型和所收集的数据类型。例如，ROI 分析中有一个评估目的是比较培训项目的成本和收益，这就要求收集的数据是硬数据，数据收集的类型是绩效监控，分析的类型是全面分析，结果的报告方法是提交正式的评估报告。最常见的六种收集数据的工具是调查、问卷、访谈、测试、观察和绩效记录。选用何种工具收集数据取决于组织对它们的熟悉程度以及是否符合情境和评估要求。在某些情况下，数据收集的时间是在培训实施前后进行的。然而，有时培训的数据无法通过收集得到，只能在培训后进行跟踪评估。这里的一个重要问题是跟踪评估的时间，通常跟踪评估的时间范围是 3~6 个月。

计算 ROI 包括如下七个步骤。

（1）确定成果（如质量、事故发生率）。

（2）给每一个成果确定一个权重。

（3）在消除其他潜在因素对培训结果的影响后，确定绩效的变化。

（4）通过比较培训前后的结果（用货币形式表示），获得每年的收益数额（操作结果）。

（5）确定培训成本（直接成本+间接成本+开发成本+一般管理费用+学员薪酬）。

（6）计算总的结余，方法是用收益（操作结果）减去培训成本。

（7）计算投资回报率（ROI），方法是用收益（操作结果）除以成本。投资回报率是对花在培训上的每一元钱所获得的货币回报的大致估计。

**例证 9-4**

**培训的成本收益分析**

菲利普斯（1996）对多个行业的几种培训项目的投资回报率做了估计，如表 9-6 所示。可见，不同行业的培训投资回报率是有差别的，不同培训项目的投资回报率也有所不同。

表 9-6　培训投资回报率

| 行　业 | 培　训　项　目 | 投资回报率（ROI） |
| --- | --- | --- |
| 制瓶公司 | 管理者角色研讨班 | 15∶1 |
| 大型商业银行 | 销售培训 | 21∶1 |
| 电力和煤气公共部门 | 行为规范培训 | 5∶1 |
| 石油公司 | 顾客服务培训 | 4.8∶1 |
| 保健机构 | 团队培训 | 13.7∶1 |

以上培训评估模型中都有柯克帕特里克经典培训评估模型的影子，特别是菲利普斯的 ROI 过程模型仅仅是在最后加上了投入产出的分析而已，而考夫曼模型、CIRO 模型和 CIPP 模型则在评估实施过程的两头做了文章，即将培训需求分析的一部分以及培训对外界的影响纳入评估范围，中间则几乎保持不变。

虽然企业从事培训评估的人员也希望能得到员工培训投入产出的评估效果，但是企业经理和培训师因为缺乏有效的工具而经常难以科学评估培训的投入产出效果。虽然很多企业管理者均意识到培训效果评估是企业实现人力资源战略的必要手段，有效的培训效果评估可以进一步提升员工培训管理水平，但目前依然缺乏科学有效的评估工具和方法，这阻碍着企业培训效果评估的实践。

**例证 9-5**

西北航空公司的培训评估

## 第三节　培训效果评估的流程与实施

在培训项目实施之前，人力资源部就必须把培训效果评估的流程确定下来。多数情况下，培训效果评估的实施有助于对培训项目的前景做出估计，如对培训系统的某些部分进行修订，更换培训讲师，或是对培训项目进行整体修改，以使其更加符合企业的需要。

### 一、培训效果评估的流程

遵循科学的培训效果评估流程是顺利、有效地进行培训效果评估活动的关键。一般来说，有效的培训效果评估应该包括以下八个主要环节：①界定评估目的；②明确评估标准；③制定评估方案；④收集评估信息；⑤分析评估信息；⑥撰写评估报告；⑦评估结果反馈；⑧调整培训项目。

**宝洁公司新入职员工培训效果评估流程**

### （一）界定评估目的

在实施培训效果评估之前，必须明确评估目的。不同的评估目的涉及不同的人员，导致不同的评估流程，还会影响数据收集的方法和所要收集的数据类型。多数情况下，培训效果评估的目的是对培训项目的前景做出决定，对培训系统的某些部分进行修订，或是对培训项目进行整体修改，使其更加符合企业的需要。在下面五种情况下需要进行培训效果评估。

（1）培训项目经费超过一定的警戒线。

（2）培训项目需要3个月或更长时间。

（3）培训项目的效果对组织有重要影响。

（4）一个业务单元的培训会对组织其他业务单元产生很大影响。

（5）当组织面临一系列重大改革举措时，需要将评估结论作为依据。

在下面五种情况下不宜进行培训效果评估。

（1）培训项目目标不明确或目标尚缺乏共识。

（2）培训项目评估结果不能得到利用。

（3）时间有限，不能保证质量。

（4）评估资源（特别是资金）不足，不能保证质量。

（5）培训项目本身对组织业务并不能产生任何有益的影响。

### （二）明确评估标准

根据培训的目标制定具有可操作性的标准是进行培训效果评估的关键。培训标准最好在培训正式开始前就公布于众，以便使学员、培训师及相关人员在培训一开始就知道应该做什么，由谁来做。这样会使学员对培训有一个合理的期望，可以避免一些冲突和误解，也方便培训组织者及时发现问题，及时纠正改进。明确评估标准一般经过目标分解、拟定具体标准、标准讨论、实验调整四个步骤。

### （三）制定评估方案

制定培训效果评估方案一般包括确定培训效果评估层次、确定培训效果评估参与人员和选定评估对象三个方面的内容。

1. 确定培训效果评估层次

根据培训效果评估的深度与难度，培训效果评估可以从反应层、学习层、行为层和结果层四个层次进行。培训主管要确定最终的培训效果评估层次，因为这将决定培训效果评估开展的有益性和有效性。

2. 确定培训效果评估参与人员

培训效果评估工作需要花费大量的时间和精力。在实际工作中，企业往往把培训效果评估工作推到培训师身上，而目前企业外请的培训师很难实施培训第三、第四层次的评估，更多地仅限于培训的反应评估。其实，系统的培训效果评估应由五方（即企业高层、培训经理、培训师、学员的直接上级、学员）全部投入，这样就能够形成良好的沟通氛围，培训效果评估也会因各方的努力而更加有效。同时，培训部门及人力资源部门的工作也将更有效，这对整个企业都有益。

3. 选定评估对象

显而易见，培训的最终目的就是为企业创造价值。由于培训的需求呈增长趋势，实施培训的直接费用和间接费用也在持续攀升，因此不一定所有的培训都要进行评估。只有选定评估对象，才可以有效地针对这些具体的评估对象开发有效的问卷、考试题、访谈提纲等。例如，针对下列情况，培训效果评估的侧重点各有不同。

（1）新开放的课程。此类评估应着重于培训需求、课程设计、应用效果等方面。

（2）新教员的课程。此类评估应着重于教学方法、质量等综合能力。

（3）新的培训方式。此类评估应着重于课程组织、教材、课程设计、应用效果等方面。

（4）外请培训企业进行的培训。此类评估应着重于课程设计、成本核算、应用效果等方面。

（5）出现问题和投诉的培训。此类评估应着重于投诉的问题。

（四）收集评估信息

培训效果评估要依据一定的信息资料，所以收集评估信息也是评估的一个重要环节，它会影响整个培训效果评估的成败。需要收集的主要评估资料包括企业的培训需求分析报告、本次培训项目计划、在方案形成和实施过程中的各种资料等。此外，还可以通过访谈、问卷调查、观察等方式收集其他各类需要的资料。

（五）分析评估信息

培训主管对前期的培训效果评估调查表和培训结果调查表进行统计和分析，即对收集到的问卷、访谈资料等进行统计、分析、整理、合并，剔除无效资料，同时得出相关结论。

（六）撰写评估报告

培训主管在分析以上调查表以后，结合学员的结业考核成绩，对此次培训项目给出公正合理的评估报告。培训主管还可以要求此次培训的培训机构给予本培训项目的评估提交报告书，对培训项目做出有针对性的调整。在认真地对评估数据、评估问卷进行考察之后，如果培训项目得到了学员的认可，收效很好，那么这一项目继续进行。如果培训项目没有什么效果或是存在问题，培训机构就要对该项目进行调整或考虑取消该项目。如果评估结果表明，培训项目的某些部分不够有效，例如，内容不适当、授课方式不适当、学员本人缺乏积极性等，培训机构就可以有针对性地对这些部分进行重新设计或调整。

**某公司的培训效果评估报告（培训管理人员填写）**

### （七）评估结果反馈

评估结束后，应将评估结果反馈给相关部门和人员，但经常会发生这种情况：有很多企业重视培训效果评估，但是最终还是与实际工作脱节。培训组织者并没有将评估结果反馈给学员，学员所在的组织或部门也没有将其工作表现情况反馈给培训组织者，培训组织者同样没有将学员对培训师的评估反馈给培训师本人。此外，有些评估结果不反馈给当事人本人，而只是在当事人中间通过小道消息传播，片面，不真实，由此产生了不良的影响。这种缺乏信息反馈的评估不仅不会给学员、培训师及有关培训管理人员以动力，而且还会产生很大的消极作用，它会使人们认为，评估仅是一种形式而已，对组织不会产生任何影响。

培训效果评估是为了改进培训质量，强化培训结果，降低培训成本，企业需要建立良好的培训效果评估反馈系统。培训报告的内容要及时在企业内部进行传递和沟通，评估报告应该传递到学员、培训主管、培训师、学员的直接上级和企业高层。

### （八）调整培训项目

培训效果评估报告反馈后，紧接着要采取相应的纠偏措施并不断跟踪。这时培训主管就可以根据培训的效果对培训项目进行调整，对收效大、员工反映好的项目进行保留；对某领域欠缺的项目进行增补；对于培训项目中不够有效的部分，可以有针对性地进行重新设计或调整；对没什么效果或者存在问题的项目要考虑将其取消。

培训效果评估应该是一个完整的循环，任何一项评估都是一个长期的、连续不断的过程。要使培训效果评估起到应有的作用，就必须使培训效果评估系统化、科学化。

## 二、培训效果评估的实施

培训效果评估的实施包括评估时机的选择、评估层面的选择、评估方法的选择以及评估的全面性四个方面。

### （一）评估时机的选择

由于四级评估在各层面上所采用的评估方法、评估重点和评估对象各有不同，因此在实施各个层面评估时，须安排合理的时间并选择适宜的时机。

反应层面的评估一般在培训中和培训结束后进行，采用交谈和随堂观察方法时，宜在培训过程中进行，因为这样能及时了解到学员对培训内容、方法及其他相关方面的看法，有助于及时调整培训内容、进度和方法并改善其他相关工作。发放"培训效果评估表"、召开座谈会则宜在培训结束后进行。

学习层面的评估通常在培训中或培训结束时进行。一般来说，人们更倾向于在培训结束时通过笔试、口试和操作测验等方式，对学员的知识、技能和态度的领悟和掌握情况进行测评。但如果培训期较长，则应在培训过程中适当地进行阶段性测评，以便及时了解学员的学习情况。

行为层面和结果层面的评估由于涉及的参评人员较多，测评的主要目的是考查学员是否学以致用和培训后给组织绩效带来的影响，与反应层面和学习层面的评估相比更耗时、费力，且需要更多的资金投入，所以实施难度较高。此外，由于学员在工作岗位上的行为改变和培训给组织带来的具体结果在短期内很难显现出来，因此行为层面的评估通常宜在培训结束三个月后进行，而结果层面的评估一般宜在培训结束半年或一年后进行。

### （二）评估层面的选择

由于各级评估在各层面上所采用的评估方法、评估重点和评估对象各有不同，因此在实施各个层面评估时，应该有所选择。

首先，所有课程都可以进行反应层面的评估。要使学员掌握一些课程中所讲的某些特殊知识或运用某一具体技术进行学习层面的评估。行为层面的评估适用于工作表现，特别是客户对实际效果期望很高的课程。例如，在开放的电信业，负责修电话的技工不只负责装电话机和拉电话线。作为一线客户服务的技工，他们必须有效地与客户进行交流，有时甚至要说服客户继续购买他们的换代产品，他们这些工作将直接影响公司业绩。这时，做客户服务培训课的行为层面的评估时就要慎重，以确保他们真正做到学以致用。

结果层面的评估需要一些硬性数据。

要使与工作相关的培训做得好，需要对一部分培训课程进行行为评估甚至结果评估。然而，限于企业的精力、实力和财力，大多数的培训在做完反应评估或学习评估后就草草了事。但如今员工对培训的要求已有所改变。学习是一件好事，但这还不够，不能改善经营业绩的学习毫无用处。因此，培训部的职责将必然从单纯统计培训时数和感到满意的学员人数,转向对培训效果的评估。这种压力促使培训者不得不进行更深层次的三级和四级评估。

### (三)评估方法的选择

能否妥当地选择评估方法会影响评估结果的可靠性,不同的评估方法所耗费的时间、人力和财力也是不同的,因此必须考虑成本的合理性。选择评估方法时应考虑的因素有参训者、培训课程、用户需求和客观条件的制约。

1. 参训者因素

在选择评估方法时,应考虑到参训者的特点,如原有的教育水平、年龄和工作经历等。培训不同于学校教育,成人培训的学员在年龄、原有的教育水平和工作经历方面都表现得很不"整齐",所以在培训开始前可对他们的知识和技能水平进行测试,对他们的教育水平和经验进行"摸底"。

从某种程度上来讲,这样做一方面可以了解到学员现有的知识和技能水平;另一方面可以发现学员之间存在的差距,还可以把这种通过"摸底"获得的测评成绩与培训后获得的测评成绩进行比较,从而可以考查出学员参加培训前后的变化情况。

此外,对于年龄较长的学员来说,一些评估方法对他们并不适用,如客观测验中的填充题对他们来说就不太适用。这是由于年龄较长的学员除了记忆力不如年龄较小的学员,他们离开学校若干年,已经不大习惯这种死记硬背的测评方法,因此,对这些年龄较长者、实战经验比较丰富的学员应采用口试和操作性的测评方式。

2. 培训课程因素

选择评估方式时,还应根据所开设的培训课程来考虑,如客观测验的方式就不太适合有些技能课程方面的评估。如果让一位厨师以书面形式写出整个烹饪过程,而不是在厨房观摩他的烹饪过程和品尝他制作出来的菜肴,就是一种片面的做法。因此,涉及技能课程方面和语言沟通方面的评估,更多地应采用操作测验和口试等评估方式。

此外,如果要对行为层面进行评估,选择客户服务、组织形象、时间管理之类的培训课程较为适宜。如果要对结果层面进行评估,选择一些性质稳定的培训课程,如安全管理、质量管理等课程较为适宜。

3. 用户需求因素

培训效果评估的主要目的是为培训决策人或高层管理人员提供有用的信息。如果培训决策人或高层管理人员希望掌握某人或某组织制定的诸如质量、数量、销售额、利润之类的指标是否完成,那么他们投资于培训的根本目的就是完成或提高这些指标,为此,就需要在结果层面上进行评估。如果在这个层面上测评出的信息能够使他们感到满意,他们就会看到培训的效果,这样便会使他们更加支持和重视培训。

因此,评估人员在选择评估方法时应与培训决策人或高层管理人员进行磋商。首先,应就有关目标、标准或指标进行确认。其次,应就评估时间、方法、人力的投入和费用与用户进行磋商和设定,然后形成书面的约定文件,以便取得用户的理解、合作,保证评估活动的顺利开展。只有看准了培训决策人或高层管理人员的兴趣和需求所在,并与他们进行磋商、达成一致的意见和看法,才能够产出对他们有用的信息。

4. 客观条件的制约因素

客观条件的制约因素主要是指时间、人力、财力和执行难度。培训效果评估会消耗一定的资源和资金,也会占用相关人员的一部分时间,有时甚至是大量的时间。培训效果评估的四个层面所消耗的资源、资金和时间由低到高,行为层面和结果层面的评估虽然对组织的意义是最重要的,但消耗的费用、时间和执行难度也是最大的。此外,即使一些组织有条件进行深层次的评估,但由于缺乏必要的评估技能和经验,也难以完成深层次的评估。

因此,一般来说,有些组织只在反应层面和学习层面进行评估,是否需要进行深层次的行为层面和结果层面的评估,除了应考虑培训决策人或高层管理人员的需求,还应当考虑客观条件的制约因素。

### (四)评估的全面性

评估的全面性主要是指自评和他评。在对学员做评估总结前,最好先让学员进行一下自评,这是一个很必要且很有效的办法。即使我们自认为运用了很全面、很科学、很合理的方法对学员进行了评估,也不能十分准确地了解学员的真实水平,更不能确切地判断出学员不能很好地掌握培训内容和发挥他们能力的真实原因。如果给了他们一个自评的机会,他们则会与你坦诚交流,你也会对他们有一个更深入和更全面的了解,这样评估结果就会变得更真实贴切,更令人信服。

他评是指学员的培训师、外部顾客、内部同事和学员的直属主管对学员进行的评估。其中,真正对学员产生主要影响的是学员的直属主管。组织是否支持学员参加培训、是否将培训效果、评估结果与学员的奖惩制度挂钩、能否保证学员将所学到的知识和技能运用到工作中,都取决于学员的直属主管是否能正确地领会组织的培训意图、培训政策和培训制度。他评加上自评会使培训效果评估更加全面、合理。如果有可能,在培训期间或培训结束后,学员之间的评价也会给学员带来意想不到的效果。

**例证 9-8**

**艾默生项目管理培训效果的全面评估**

**思考练习题**

1. 培训效果评估的模型有哪些？你认为哪一种更合理？
2. 培训效果评估包括哪些基本步骤？

 **学以致用**

对你熟悉的培训或曾经参加过的培训进行分享和总结，谈谈你对该培训的体会和看法，并从反应层面对其进行评估。

 **案例分析**

**美国希尔斯公司提供的培训项目**

 **参考文献**

[1] 陈国海. 培训效果的行为评估[J]. 中国人力资源开发, 2005（4）: 53-59.

[2] 谌新民, 徐汪奇. 员工培训方案[M]. 广州: 广东经济出版社, 2002.

[3] 陈小纪. ABC 公司培训体系诊断研究[D]. 广州: 华南理工大学, 2011.

[4] 菲利普斯. 培训评估与衡量方法手册: 第3版[M]. 李元明, 林佳澍, 译. 天津: 南开大学出版社, 2001.

[5] 李杨, 吴泗宗. 企业员工培训评估中存在的问题与对策研究: 以某家电制造企业为案例[J]. 山东社会科学, 2015（4）: 148-152.

[6] 赵楠, 施晨越. 企业员工培训手册[M]. 北京: 经济管理出版社, 2005.

[7] 侯晓虹. 培训操作与管理[M]. 北京: 经济管理出版社, 2006.

[8] 常红波. 通信行业销售培训管理模式研究[D]. 郑州: 郑州大学, 2006.

[9] 袁华春. 培训评估分析报告[J]. 经营管理者, 2010（2）: 365.

[10] 贾红圣. 宝洁公司育人模式及其对高职教育改革的启示[J]. 武汉职业技术学院学报, 2015（6）: 93-97.

[11] 徐歆. 基于双向细目表的考试命题技术研究: 以中职会计专业财经法规课程为例[J]. 职业, 2017（23）: 98.

[12] HOLTON E F. The flawed four-level evaluation model[J]. Human Resource

Development Quarterly, 1996(7): 5-21.

[13] KIRKPATRICK D L. Evaluating training programs: the four levels[M]. 3rd ed. California: Berrett-Koehler Publishers, Inc., 2007.

[14] KIRKPATRICK D L. Invited reaction: reaction to Holton article[J]. Human Resource Development Quarterly, 1996(7): 23-25.

[15] GERBER B. Does your training make a difference? prove it![J]. Training, 1995(32): 27-34.

[16] ROBINSON D G, ROBINSON J. Training for impact[J]. Training and Development Journal, 1989(8): 30-42.

[17] PHILIPS J J. ROI: The search for best practices[J]. Training & Development, 1996, 50(2): 42-48.

[18] WART M V, CAYER N J, COOK S. Handbook of training and development for the public sector: a comprehensive resource[M]. San Francisco: Jossey-Bass Inc, 1993.

[19] WARR P, BIRD M, RACKHAM N. Evaluation of management training[M]. London: Gower Press, 1970.

[20] SCHETTLER J. Homegrown solution[J]. Training, 2002(11): 76-79.

# 第十章
# 员工开发

## 学习目标

1. 了解员工开发的概念、特点和作用；
2. 了解员工开发的战略和规划；
3. 掌握员工开发的方法；
4. 掌握开发有效管理者的方法。

## 引例

### 海尔的员工开发

海尔成功的主要因素之一在于其注重员工开发，注重"以人为本"，并在此基础上构建了一套被实践证明的、行之有效的人才培训机制和良好的育才环境，充分地开发和利用了知识型员工，从而保证了企业的高速稳定发展。

在知识型员工开发方面，海尔把教育和培训作为主要的手段，对员工进行了全过程、全员性的教育培训。一方面，海尔专门设置了培训学校，依据需要进行各种形式的培训，包括岗前培训、岗位培训、转岗培训等。另一方面，海尔有计划地安排中高层管理人员参加工商管理硕士学位班或出国考察培训，安排工程技术人员以半脱产的形式到就近的大学对口进修，或者邀请专家教授来企业讲学，或者选派有关人员外出参加学术会议、出国进修考察。正是通过全过程、全员性的教育培训，海尔提升了知识型员工开发能力，做到了使用人才和培养人才的统一，从而促进了整个企业的快速发展。

资料来源：孟华兴，李永斌，杨莉虹. 创新驱动背景下知识型员工管理[M]. 北京：中国经济出版社，2017.

海尔的案例说明了员工开发对企业的重要意义。员工开发正在成为区别、比较成功企业与不太成功企业的关键因素。本章将探讨员工开发的特点、方法和趋势，探讨员工开发的规划与战略，以及不同类型员工的开发方法。

## 第一节 员工开发概述

当前,面对激烈的人才竞争,越来越多的企业开始重视员工开发。了解员工开发的概念、特点和类型对有效开展员工开发活动具有重要的意义。

### 一、员工开发的概念

员工开发(employee development)是指为员工未来更好地发展而开展的正规教育、在职体验、人际互助等活动,以及在学习型组织中为员工未来更好地发展而开展的各种开发活动(白琳,2015)。员工开发与员工培训(employee training)两个术语有时可以混用,但实际上两者是有差别的。有关员工开发与培训的具体区别可参考本书第一章的相关内容,此处不再赘述。

### 二、员工开发的特点

随着 21 世纪知识经济时代的到来和经济全球化的加剧,员工开发已成为企业培养人才的重要手段。企业进行员工开发能够有效提升员工在企业中的归属感并有利于企业的长远发展,促进企业团队精神的壮大,提高企业员工的整体素质和企业对新产品的研究开发能力,从而不断提升自身的核心竞争力。员工开发的对象是在职员工,其性质属于继续教育的范畴,具有如下五个鲜明的特点(Mathis,2004)。

#### (一)广泛性

员工开发的涉及面较广,包括如下三个方面:①有关开发的对象基本上是全员的,不仅需要对管理者进行开发,还需要对一般员工进行开发;②开发的内容涉及员工的知识、能力、潜能、技能、观念、态度等多个方面,涉及员工的综合素质;③员工开发的方式方法多种多样。

#### (二)协调性

员工开发是一个系统工程,它要求开发活动的各个环节相互协调,以使其运转正常。首先,要从企业经营战略出发,确定开发对象、开发内容。其次,应该适时地根据企业发展的规模、速度和方向,合理确定开发对象的数量与结构。最后,还要准确地根据需要确定要开发的员工人数,合理地开展开发行动。

#### (三)实用性

实用性是指员工开发活动应当产生一定的回报。员工开发系统要发挥其功能,即将开发成果转移或转化成生产力,并能迅速促进企业竞争优势的发挥与保持。首先,企业应设计好开发项目,使员工所掌握的技能和更新的知识结构能够适应新的工作。其次,应让开发对象获得实践机会,使其有机会将新的知识、技能应用到实际工作中。最后,为开发成果转化创造有利的工作环境，构建学习型组织。学习型组织是指一种具有促进学习能力、适应能力和变革能力的组织。

### （四）预见性

企业对员工开发的投资并不直接增加固定资本和流动资本的生产能力，它只是形成潜在于人体之内的生产能力。对员工开发的资本投入与产出存在较长的时间差异，这一显著特点在客观上决定对员工开发的投资必须具有预见性。企业要通过对未来员工的供需结构、素质水平做一系列动态预测，通过各种途径获取各种有效信息做出科学、合理的员工开发投资决策，才能获得较为理想的投资效益。在充分认识员工开发特点的基础上，全面开发和利用员工是企业持续发展的重要条件。

### （五）长期性

长期性是指随着科学技术的日益发展，人们必须不断接受和学习新的知识和技术，任何企业对其员工的开发都是长期的。因此，企业需要制定员工开发的长期目标，并将长期目标分解为中短期的、更为具体的若干小目标。

## 三、员工开发的类型

### （一）按开发对象分类

按开发对象分类，员工开发可以分为员工能力开发与有效管理者开发。首先，员工能力开发包括员工在学习型组织里的自我超越、心智模式、共同愿景、团队学习和系统思考五项修炼。其次，有效管理者开发包括正规教育、在职体验和人际互助等几个方面的开发。本书采用按开发对象分类的方法。

具体的开发活动将在本章第三节和第四节中详细阐述。

### （二）按开发内容分类

按开发内容分类，员工开发可以分为心智开发与潜能开发。在组织中，人们通常按照现有的工作定义和职权考虑行动和既定的行为规范。心智开发是指改变人们根据既定的设想来思考和行动的开发活动。这种开发一般适用于普通员工。

潜能开发，顾名思义，就是要把人们本身具有的但目前还没有表现出来的能力开发出来。潜能开发通过科学、专业和系统的指导和训练，消除潜意识中有碍于集中注意力的负面情结，建立潜意识中有利于强化注意力的正面情结。潜能开发一般适用于管理者开发。

## 四、员工开发的作用

员工开发对于组织发展以及员工的职业发展具有重要的意义（杨睿娟等，2019）。

（1）提升员工的职业适应能力。员工开发的直接目标是提高员工的工作能力，帮助员工更高效、高质地承担工作任务。传统培训的侧重点主要在于培训员工的基本业务技能，但是未来的工作要求员工拥有更加广博的知识，因此，现代员工开发的重点变为提升员工的职业适应能力，帮助员工获得更好的职业发展。

（2）满足员工对工作成就的发展需求。员工开发对员工具有激励作用，能够帮助员工感受到组织对自己的重视。一般而言，员工的需求有三种，包括权力需求、成就需求以及人际关系需求，这些需求可以从员工的学习和经验中获得。通过员工开发，员工会更加积极地面对自己的工作，在工作上更加努力上进，这满足了员工对工作成就的需求。

（3）有助于帮助组织应对未来发展的需求。随着全球化的快速发展，各个企业之间的竞争加剧，这对组织的人才储备提出了更高的要求，比如组织需要更多的跨国经营人才和技术型人才等，而员工开发是创造智力资本的重要途径之一，它有助于帮助企业建立一种适合于未来的新的发展和竞争的概念，帮助企业应对未来发展的需求。

（4）帮助企业构建更高效的工作绩效系统。如今的社会是知识时代，创新驱动发展，随着科学技术的飞速发展，员工技能和工作角色也发生了较多的变化，组织越来越需要对组织结构进行重新设计。员工不再是简单地接受工作任务或者提供辅助性的工作，而会更多地参与产品和服务的团队活动。在团队工作系统中，员工需要承担许多管理者承担的任务，比如具备运用新技术获取产品质量和提升客户服务的能力、沟通协调能力、组织能力等，而通过员工开发，可以培养员工的这些能力，从而帮助企业构建更高效的工作绩效系统。

例证 10-1

**花开富贵，旗开得胜：花旗银行员工开发之道**

### 五、员工开发的发展趋势

随着信息技术和网络技术的迅速发展，未来员工开发会呈现多元化的发展趋势，比如"互联网+"的人员开发形式、虚拟和远程员工开发形式、创办企业大学或研究院、构建学习型组织等（胡欣等，2017）。

#### （一）"互联网+"的人员开发形式

"互联网+开发"的创新型人员开发形式主要表现在三个方面：一是网络交互式的开发形式；二是"线上+线下"的开发形式；三是大数据分析的开发形式（石运甲，2018）。

1. 网络交互式的开发形式

企业在员工开发平台的设置上，主要采用的是员工与互联网之间的交互式开发形式，展现的是企业人力资源管理与员工之间的无缝链接。通过互联网开发平台的形式，企业能够更好地了解员工期望值，在增强员工学习动力的同时，也促进了常态下的人力资源管理体系的建设，加强了员工的认同感与归属感。

2. "线上+线下"的开发形式

由于多媒体技术的日益完善和网络技术的日益普及，企业在进行人员开发时，构建线上教育课程和线下公开课程并行的开发模式，为员工提供移动学习终端，实现碎片化的学习模式，实现及时反馈制度和企业人力资源管理与员工管理上的无缝连接。"线上+线下"的开发形式为员工提供了更加自主、开放、交互、有效的学习支持。

3. 大数据分析的开发形式

互联网时代也是大数据时代，在这个时代下各种数据资源能够方便快捷地进行共享，企业可以运用互联网技术对员工的各项数据进行收集与统计，并通过对大数据的分析总结企业每位员工的长处与不足，从而根据员工的特点进行针对性的开发。在互联网时代，企业对员工的开发与管理应该更多地基于对数据的分析，才能使人力资源管理工作更加科学合理。

### （二）虚拟和远程员工开发形式

目前，互联网和其他新技术的运用日益广泛，越来越多的企业开始利用互联网实施员工开发计划，如虚拟工作安排。虚拟工作安排（virtual work arrangements）包括虚拟团队和远程工作（tele-working），是指在偏远的地方进行工作（远离中央办公室），员工和其同事之间的联系会减少，但是他们却可以进行电子交流。虚拟工作安排的关键特征就是它的办公地点、组织结构和雇佣关系不再成为限制因素。例如，来自两个或三个不同组织的员工会就某一个项目合作，来共同满足他们各自组织战略或运作的需要。同样，同一个组织中的员工也会与组织中其他营业单位或部门的同事合作组成一个项目团队，以共同完成工作。

### （三）创办企业大学或研究院

企业大学或研究院是企业学习的有效模式，可以提升企业的竞争力。美国通用电气公司总裁克迪纳在1956年创办了GE管理发展学院，这是最早的企业大学之一。近年来，跨国创办企业大学的情况越来越多，仅美国就有1600多家企业大学，欧洲和拉美等地区的公司也在纷纷创办企业大学，比如西门子公司、汉莎航空公司、德国的贝特尔斯曼公司、瑞典的爱立信公司、英国电信等均有自己的大学。中国也不例外，春兰大学、海尔大学、四川新希望企业商学院、伊利集团商学院、伊莱克斯大学、保诚大学等均属于中国本土创办的企业大学。由于企业大学或研究院可以有效帮助企业员工和管理层将工作实践与理论知识有效结合起来，调动他们主动学习的热情，因此，在未来企业大学会成为企业员工开发的重要发展方向。

### （四）构建学习型组织

"学习型组织"最初的构想来源于麻省理工学院斯隆管理学院的佛瑞斯特在 1965 年写的文章——《一种新型的公司设计》。他应用系统动力学的原理，非常具体地构想了企业的理想组织形态：组织结构扁平化、组织信息化、组织更具开放性、组织不断学习、不断调整组织内部的结构关系等。如今国际上有许多国家，尤其是发达国家，已经开始注意运用学习型组织的管理理论指导各类组织的运营和管理，努力将组织构建成学习型组织。比如，美国的福特汽车、通用电气、摩托罗拉、科宁、联邦快递等，欧洲的罗福、ABB、塞恩斯钢铁等。在中国，也有很多企业在努力创建学习型组织，比如信谊、金星、实达、伊利、宝钢等。此外，新加坡政府正在运用学习型组织的管理理论构建学习型政府，日本正在用学习型组织理论构建学习型城市。随着学习型组织应用越来越广泛，未来在员工开发方面的应用会是一个不可避免的发展趋势。

## 第二节　员工开发战略与规划

员工开发战略与规划是员工开发活动的重要准备阶段。本节将讨论企业员工开发的几种战略类型，阐述员工开发的规划。

### 一、企业员工开发战略

员工开发战略主要有四种类型：①强调学习型文化为先导的员工开发战略；②多层面、系统的员工开发需求评估战略；③深度开发战略；④员工开发与组织创新有机整合战略。

#### （一）强调学习型文化为先导的员工开发战略

企业员工开发的最终目的是要形成一种自上而下的全员学习型文化，进而提高员工的学习能力和创新能力。学习是企业创新思想的来源，构建企业文化，关键要从转变观念入手，通过观念的转变形成公司高层、中层管理者以及普通员工对开发重要性的深刻认识，进行系统化的培训机制建设，对开发过程进行科学的设计，对开发结果进行有效利用，以学习型文化引导企业的员工开发行为。

#### （二）多层面、系统的员工开发需求评估战略

目前，我国企业员工开发未能取得令人满意的效果，其中一个最普遍的原因是对企业员工的开发需求缺乏系统、科学的评估分析。需求附属于职位，可以是任职资格、经验和知识等，因此，需求主要取决于特定的能力、资格和经验，比如专业能力、体能、软技能、软件知识等。而从多层面、系统地做好企业员工开发需求评估，可以清晰地了解企业目前的员工培训需求和未来的员工培训需求之间的差距，为人力资源的规划、发展和管理提供有效的支撑（李泡东等，2017）。

## (三）深度开发战略

员工开发内容将直接影响开发结果能否满足企业的需求。目前，绝大多数企业的开发仍停留在表面，过分强调开发的专用性。当代企业的发展要求公司的任何一个员工都不是被动地接受指挥，而是要积极参与，因此，员工既要掌握完成本职工作所需的技能，又需对企业的发展战略具有清晰的理解，使自己的努力方向与企业发展的方向一致。员工必须带有明确的目的性和使命感。此外，当代企业要求员工具有协作精神，在工作中取长补短、精诚协作、积极创新，不断提高工作效率。

目前，企业所需的深度开发战略主要包括以下两个方面。

（1）企业深度开发战略的实施不应是临时的，而是一个长期的，与企业愿景、发展目标和价值观相吻合的开发战略计划。目前，国内多数企业对开发未做系统规划，定位不准确，开发效果不明显，开发难以到位。企业领导或人力资源规划部门只重视眼前利益，而不考虑企业的长远发展和当今世界全球化竞争、信息时代对企业发展的深远影响，开发内容的设计只满足企业目前需求，忽视对企业未来所需的人才开发和知识储备，导致高层次人才时常断档。

（2）企业深度开发战略要求对开发结果进行科学、严肃的考评，根据结果决定员工的奖金、晋升，并对开发内容的设计、开发方式的选择进行积极的反馈，不断优化，从而激发员工的学习热情。企业高层领导应起积极的倡导作用，要有明确的开发目标、内容和方式，提高开发的针对性和实用性，随时评估开发绩效，根据需要随时调整开发战略和内容。

## （四）员工开发与组织创新有机整合战略

员工开发与组织创新有机整合战略包括如下三个方面的内容。

（1）进行以提高员工的知识和技能为基础的制度设计，如职业生涯训练制度、岗位轮换制度、团队学习制度、企业内部沟通制度等。企业业绩的取得依靠人才的存量，更靠人才的能量。提供透明而具有诱惑力的发展前景是成功管理人力资源的最好办法。

**例证 10-2**

**西门子公司结构化的员工开发体系**

（2）建立有效的开发激励制度，调动员工接受开发的积极性。目前国内许多企业的员工开发流于形式，这与企业未能对开发进行有效的激励是分不开的。开发与员工的职业发展密切结合，这是提高员工开发积极性以及开发效果的最重要的因素。

（3）建立学习型组织，营造企业的创新氛围。学习型组织是员工发挥创新才能的稳定平台和组织保障，比员工开发具有更大的弹性和整体综合效能。学习型组织要求员工具有较高的素质，更重要的是具备学习能力、获取信息和利用信息的能力，建立积极的自我适应机制，并通过员工之间的相互交流和思想碰撞产生创新的冲动。学习型组织能够快速地适应外部环境的剧烈变化，不断进行观念创新、战略创新、制度创新、市场创新，这是企业培训的更高境界。

## 二、员工开发规划

员工开发规划是指根据组织内外环境变化和组织发展战略，考虑员工发展需要，通过对员工进行有计划的开发，提高员工能力，引导员工态度，使员工适应未来岗位的规划。

员工开发规划过程如下：①了解员工开发需求；②选择开发目标；③明确员工和企业为达到目标所需采取的行动；④确定工作进展测量的方法；⑤制定员工开发时间表。表10-1列出了人员开发规划的过程，它规定了员工和企业各自应承担的责任。一般来说，员工开发方式取决于开发需求和开发目标。因此，为了确定自己的开发需求，员工要知道自己的目标、兴趣所在，自身的能力以及他人对自己的期望。员工现有的工作能力和兴趣与其期望工作或职位所需能力的差距也可能会导致开发需求。

表10-1 人员开发规划过程

| 人员开发规划 | 员 工 | 企 业 |
| --- | --- | --- |
| 机会 | 我需要怎样改进 | 企业提供评估信息，帮助员工认清自身的强项、弱项、兴趣及自身价值 |
| 动机 | 我愿意投入时间和精力开发个人技能吗 | 企业帮助员工确认变革的个人原因和公司原因；经理人员讨论应对开发中的障碍与挑战的步骤 |
| 确定目标 | 我想开发什么 | 企业提供开发规划指导；经理要同员工共同讨论人员开发的问题 |
| 标准 | 我如何了解自己所取得的进展 | 经理人员针对标准提供反馈 |
| 行动 | 我该采取什么行动才能达到开发目标 | 企业提供课程教育、人员测评、在职体验和人际互助等开发方式 |
| 责任 | 我该制定什么样的时间表？该如何向他人征询有关我的进展情况的反馈意见 | 经理对于员工在开发过程中的进展进行跟踪，并帮助员工制定一份达到目标的切实可行的时间表 |

**中国石油化工集团：将员工开发融入企业发展规划**

接下来，第三、第四节将按开发对象分类的方法探讨针对不同员工的开发方法。

## 第三节　员工能力开发

员工能力开发的目的是重视企业中的每一位员工,将他们的潜在能力开发出来,提高他们的工作效率,为企业的持续快速发展做出必要的贡献。因此,企业员工能力开发对企业的发展至关重要。

### 一、员工适应能力开发

开发企业员工的适应能力(adaptability),有利于员工快速适应企业环境的变化,适应工作中运用的信息技术的变化。一般来说,为提高员工工作中的适应能力,可以从以下两个方面努力。

#### (一)构建学习型组织

个人开发的目的是帮助员工成为有效的学习者。"我们应当将学习看作个人能力(创造和生产成果能力)的拓展"(Senge,1990a)。以这种方式比较广义地界定个人开发的目标,不仅限于知识、技能或能力的开发,还包括对态度的影响力以及对潜能的开发。

其中,构建学习型组织是 20 世纪 90 年代的理想。在这个时代,管理者不断地投资于员工学习,使他们能够学习、成长和为组织做出贡献。员工用一种新的忠诚(对学习、成长和贡献的相应承诺)来回应。在这种组织中,要集中所有的力量,必须有一种超越一切的、共同的愿景和目的。

学习型组织认真地接受不断改进的思想。学习型组织中的员工不懈地寻求改进工作方式和提升产品及服务质量的手段。学习使员工能够试验新的想法,但偶尔也会犯错误。学习要求员工从每天的工作中抽身出来,重新检查工作是如何做的。

#### (二)学习型组织的五项修炼

彼得·圣吉(Peter Senge)是《第五项修炼》(*The Fifth Discipline*)一书的作者,他在书中全面阐述了学习型组织的思想。在麻省理工学院工作以及为其他企业工作的过程中,他已经将系统思考应用于开发组织中的人的潜能。如图 10-1 所示,他集中论述了学习型组织的五项修炼,并表明,如果这五项修炼得到有效的应用,组织就能获得有力的新竞争优势。

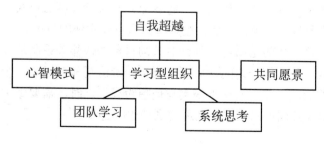

图 10-1　学习型组织的五项修炼

1. 自我超越

作为第一项修炼，自我超越是指人达到一种"在各方面生活（个人生活和职业生活）中特别精通的水平"（Senge，1990b）。个人学习是组织学习的起点。个人需要、个人成长和学习的修炼，能够使他们不断做出创造性的贡献。

这项修炼包括两个方面：对愿景的认识以及对现实与愿景相关程度的认识。个人需要了解什么对自己是重要的，必须知道自己的方向和目标，清楚自己想要成为什么人。当然，不断学习的人会保持设立比较高的愿景并且不断提升自己的愿景。个人还需要对现实环境有现实的看法，而不是天真地幻想。

这两种认识之间的差距导致了创造性张力的产生，这意味着人们在学习和成长的过程中需要做出选择。他们需要决定朝哪个方向投入时间和精力，以实现个人承诺；还需要确定什么是自己的"首要任务"。自我超越需要一个"不断地关注和再关注于一个人真正想要的东西、一个人的愿景的修炼过程"（Senge，1990b）。

缺乏目的、愿景、修炼意识和追求个人发展意愿的人可能只限于为自己的组织做贡献，而管理者需要放松约束，为员工提供一种促进个人发展的氛围。

2. 心智模式

心智模式是学习型组织的第二项修炼。

个人也许能够以有利于学习和成长的方式进行思考。一般来说，人们根据既定的设想来思考和行动；员工通常根据过去的决定而非可能的选择来思考，他们立足于本土国家（如中国）而非其他经济和文化（全球的）进行思考。

在组织中，人们通常按照现有的工作定义和职权考虑行动和既定的行为规范，结果以往的情形直接变成了当前的决策。但是，在学习型组织中，这些预想受到了挑战并被加以调整以支持变革。

人们没有学习和成长通常不是因为他们不能学习和成长，而是因为他们觉得存在障碍。哈佛大学教授克里斯·阿吉里斯（Chris Argyris）观察到，人们不愿改变其组织中现有的思维模式；遵循过去的思维比提出异议更容易。人们需要学会如何学习（Argyris，1991）。

在学习型组织中，公开、信任、有效利用数据、合理推论和解决问题的过程非常重要。在运用得当的情况下，规划过程是改变心智模式的一种好工具；相反，运用不当时，这种方法会固化旧的思想和行动。

3. 共同愿景

学习型组织的第三项修炼是让人们一起建立共同愿景和面对现实。这要求人们互相交流和倾听，分享愿景，一起讨论什么是期望的和可能实现的目标。

学习型组织的这个目的是通过一种针对共同目标的伙伴关系制造一种人与人之间的黏合剂，从而形成一种压倒一切的使命感、愿景、价值观和命运。一个组织需要承诺，而非仅仅是员工的顺从。在人们认为现实与理想距离很远时，需要做大量的工作去确定其中的差距，并建立共同承诺以实现从现实到理想的过渡。

### 4. 团队学习

团队学习是学习型组织的第四项修炼。在团队中，个人扮演同事的角色并一起努力去达到组织要求的新的知识和能力水平，这要求员工降低防御性障碍，并鼓励员工共同学习而非个别学习和行动。

信息是学习型组织的活力源泉。高级经理设立战略目标和工作绩效目标，操作人员在实现这些目标的过程中形成思想和方案。因此，组织应该让更多的员工而不仅仅是管理者参加团队学习。圣吉强调，团队学习本身就是一种团队技能。"有才能的个人学习者组合起来不一定能产生一个学习团队，但是，任何优秀运动员组合都能产生一个伟大的运动队。"（Senge，1990b）。与运动队一样，实践应当是学习的主要方式。

### 5. 系统思考

以上四项修炼中的每一项都有助于系统思考，同时也依赖于系统思考。第五项修炼要求人们理解行为的相关性。

系统思考的核心概念是反馈——向有经验的人学习。相应地，组织中的所有要素都是相互依赖的，因为学习型组织不能由个人独自形成，它要求每个人分担相应责任。

同时，组织中也有很多因素阻碍学习过程，因此，系统思考需要一种高度的实用主义——不断地认识和检查事实。其中，整体化概念（横向思考和综合思考）、事实测试和反馈都非常重要。组织中的人只有用这种方式才能将自己的精力和资源集中于学习和工作的关键领域。

在学习型组织中，每个人都在做出贡献、领导他人、不断学习，并作为团队成员的一分子开展工作。一个组织的竞争能力取决于所有员工开发自己的能力。组织的学习速度可能会成为组织竞争优势的唯一可持续的源泉。

**例证 10-4**

**学习型组织的神话：Rover 公司**

## 二、员工创新能力开发

创新能力是指人在顺利完成以原有知识、经验为基础的创建新事物的活动过程中表现出来的潜在的心理品质。创新能力可以教人学会创新思维，教人如何进行创新实践，教人解决遇到的各种现实问题。下面我们重点关注影响企业员工创新能力开发的因素，以及由此得出的开发员工创新能力的有效途径。

### (一)影响企业员工创新能力开发的因素

总的来说,影响员工创新能力开发的因素可以分为两种:一种是员工个体因素;另一种是组织环境因素。

#### 1. 员工个体因素

内部因素,比如员工本身的性格、爱好、价值观等因素,均会影响企业员工创新能力的开发(王亚丹,2016)。创新能力强的人不一定是有很高成就的人,一般来说,他们具有高度的创新能力,而且还有良好的性格特点,表现在行为的动力、风格和活动效率等方面。良好的性格对员工的创新能力具有很大的促进作用,如工作态度勤奋、控制力强、自信等;相反,懒惰、消极的情绪对员工的创新能力起着抑制作用。

#### 2. 组织环境因素

目前研究表明企业的组织氛围、领导风格、企业的人力资源管理、企业的社会责任等因素会对员工创新能力开发产生较为显著的影响。比如,组织氛围可以通过激发员工的内在动机提高员工的创新能力(肖君萍,2020),双元领导风格会对员工创新能力起到积极的促进作用(张思乐,2021),高绩效人力资源管理模式可以提升员工的创新能力(何岚,2020),企业的社会责任会对员工的创新行为产生积极的正向影响(付非,2017)。

例证 10-5

海尔:打造"互联网+"创客平台

### (二)开发员工创新能力的有效途径

鉴于以上两种影响因素,企业在进行员工创新能力开发时一般通过以下四种途径。

#### 1. 增强员工的危机意识

微软公司的创始人、前任董事长和首席执行官比尔·盖茨曾经说:"我们的成功取决于创新,微软距离破产永远只有18个月。"华为创始人任正非在《华为的冬天》讲话中指出:公司所有员工是否考虑过,如果有一天,公司销售额下滑、利润下滑甚至破产,我们怎么办?企业员工感受到工作的压力,有了危机意识,才能主动地进行创新活动,创新能力才能得以提高。

#### 2. 建立有效的激励制度

企业需要建立一种有效的、合理的激励制度,发挥制度的引导功能,使员工自觉提高自身的创新能力。这种激励制度包括奖金激励以及员工声望和地位的改变等非经济激励手段。

与其他激励方式相比,以金钱作为激励手段能够使工作效率得到最大幅度的提高,达到30%左右,因此,不能忽视这种激励手段。除此以外,其他的非经济因素也对创新能力的开发具有重要作用。

现在,很多创新要通过团队合作实现。因此,在激励时不仅要考虑对员工个人的激励,还应该注意结合对团队的考核和激励。

**3. 营造员工创新的工作氛围**

企业要营造鼓励员工创新的工作环境。员工在这种工作环境中能够按照自己的性格特点、专业优势、兴趣爱好从事自主性的创新工作。同时,企业对员工创新活动要进行保护并对其进行正确的引导和鼓励,使员工在相互影响和激励中将自己的创新行为纳入企业整体的创新过程,为企业的发展做出贡献。

企业鼓励员工创新,还要允许员工犯错误。只要不犯重复的错误或者无可挽救的错误,企业还是应当给予继续创新的机会,使员工在错误和挫折中尽快成长。

**4. 构建有效的创新能力开发机制**

通过各种创新能力的开发活动,企业可以提高员工的创新能力,为企业制度创新和核心竞争力的构建奠定坚实基础。企业为员工提供各种开发活动,必定会提高当期支出。但是,从长远来看,它可以大幅度提高未来收益,因此对员工进行开发是必要的。创新行为来源于企业员工的创新思想,来源于员工的创造力,来源于员工的整体素质。在人的一生中,学生时期只能获得所需知识的10%左右,其余90%的知识都通过在工作中不断学习来获得。在开发过程中,企业可以帮助员工树立创新意识,培养员工创新智能,并提高员工的学习能力。

例证 10-6

**IBM 公司培养员工的创新能力**

## 三、员工积极心理能力开发

卢桑斯(Luthans)等人(2004)在对积极管理心理学研究成果进行归纳总结的基础上,认为心理资本是个体积极的心理发展状态,有五个判断标准:①有理论和研究的根据;②可有效测量;③在组织行为学领域相对比较新颖和独特;④是一种可以改变的心理状态(非固定的心理特质);⑤对工作绩效有积极的影响。卢桑斯还提出,心理资本的结构包括五个方面,即自我效能感、希望、乐观、主观幸福感和复原力。上述五种心理资本被认为是积极心理能力的典型代表。企业可以从以下五个方面提升员工的积极心理品质和能力。

### （一）提升自我效能感

一方面，企业应该提供一切有利于员工工作成功的支持环境，使员工自我效能感的提高成为可能。另一方面，企业可以通过开展内部培训会等形式请受人尊敬的和有能力的人对员工进行暗示、评价或劝说，鼓励员工探索应对挑战的方式，使每个员工相信只要计划得当，时间安排合理，就一定能够实现目标，从而提高员工的自我效能感和增强必胜的信心。

### （二）树立希望

企业应该建立目标导向的绩效管理。具体的、富有挑战性的、可衡量的组织目标和个人目标有利于员工主动将目标分解为容易管理和实现的阶段目标，而这种容易达成的目标容易获得阶段性成功，从而有利于培育员工的自信心。

### （三）培养乐观精神

从企业的角度来讲，企业应建立一种和谐、宽容的文化与氛围，时刻鼓励员工积极进取，不怕失败。同时，加强对员工的及时激励，让员工感觉到自己的努力受到承认与重视。另外，企业还应注重对员工职业生涯规划的培训，帮助员工更好地规划其职场生涯。

### （四）提升主观幸福感

企业应该做到以人为本，实行情感管理。管理者必须尊重、理解和关心员工，充分信任员工，相信员工有能力、有潜力走向成功，给每一位员工提供发展的机会，充分发挥员工的潜能，发展员工的个性，真正体现员工工作的"主人"地位。积极心理学认为，只有当员工得到尊重、理解、关心和信任时，他们才能真正体验到工作的快乐，从而产生幸福感和满足感，最终实现企业的绩效目标。另外，管理者也应加强对员工日常生活和工作的关心，加强企业的内部沟通，建立一个和谐、温暖的工作氛围，满足员工职业归属的需要和自我实现的需要，从而提升员工的主观幸福感。

### （五）增强复原力

企业可以让导师引导员工进行增强复原力的训练。首先，由导师要求员工将可利用的资源尽量完整地列举出来，同时及时补充其没有列出的资源，并要求员工尽可能地利用这些资源。其次，让员工尽可能地预测实现目标的过程中可能会遇到的障碍，并制订规避障碍的计划。最后，让员工对自己在面对逆境时可能产生的想法和情感进行批判性反思，并思考如何基于多种资源和选择采取最合理的方法来克服逆境，最终达到目标。

## 第四节 有效管理者开发

有效管理者开发是企业为了提高生产力和经济效益，确定和持续追踪高潜能员工，帮助组织内部管理者进步和提升的一系列项目,包括从初级主管到高级管理人员的所有管理岗位。具体而言,有效管理者开发的流程包括如下五个方面(王亚丹,2016)。

## 一、制订管理者开发计划

开发全体员工很重要,而通常企业也特别重视有计划地开展管理人才开发和接班活动。管理人才是一种至关重要的资源,因为他们拥有丰富的经验、必需的技能和知识,并且在执行企业战略的过程中对个人和团队具有重大的潜在影响。

### (一)制订管理者接班与开发计划

几十年来,企业已经实施了管理者重置或接班计划,并且引导才能出众的管理者适应工作安排和实施旨在开发他们能力的管理培训计划。为了满足未来的需求,制订管理人才开发计划时需要更注意公司管理人才需求的变化,更严格地评价与这些需求相关的个人能力,并且更注重开发行动计划的实际执行。

为了适应未来的管理人才需求,大多数企业都为其高级管理者以及高潜质的管理候选人提供管理人才开发机会。它们的具体目标以及用来实现这些目标的方法大不相同。

20世纪90年代以后,有很多"婴儿高峰时期"出生的管理者成为可被提升的候选人,但实际上他们获得提升的机会却比较少。企业要得到适应公司战略的、具有适当技能和经验的管理人才需要仔细进行招募和选拔,或对公司内部已知候选人进行开发。由于高级管理者对组织具有重大影响,因此企业宁愿为关键职位从内部开发候选人。

1. 重置计划

所谓重置计划,就是一种审查当高级管理者调任其他职务或离开本企业时得到替补人选的可能性的过程。这种重置计划通常包括高级管理人才开发行动建议,其活动形式通常是高级管理者教育计划或研讨会。

重置计划意味着需求的连续性:任职者将由具有同样技能和能力的人替代。一种习惯的说法是:一个管理者的首要职责就是推荐自己的接班人。管理者要鉴别和帮助合适的人发展,以使之历经必要的管理层次去接管职责。

**基业长青的"长板凳"计划**

2. 管理者接班计划

现在,管理者开发变得更加复杂,因为随着企业需求的变化,对管理者的要求也在变化。因此,这个过程需要确定需求的变化,考虑可供选择的接班候选人并在组织变化的环境中制订工作安排计划。在组织更加扁平、精干并面临巨大的竞争压力的情况下，要开发出成熟的管理者是很难的，这就要求我们制订一套比较精确的接班计划。制订接班计划的目的在于充实管理队伍和增强组织的能力。

### （二）制订管理者开发计划的方法

开发管理者有各种各样的方法。在设有各种部门的大型企业中，有很不正规的（简单的、非公开的、个人的）方法，也有很集中的、正规的和有文件记录的方法，有很多人员去了解信息，并跟进计划实施进展。大多数企业有正规数据收集与评审、标准格式以及正式评审等程序（Rhodes & Walker，1987）。

所有这些方法都涉及同样的基本活动，后面将一一列出。它们都是直线管理流程，在必要时由人力资源管理部门给予协调和支持。所有方法都由负责的管理者准备评审数据及计划，由管理者努力去实施这些计划。

图 10-2 列出了在大型组织中有效地进行管理者开发时必不可少的活动，共有五个步骤。它说明了构成接班计划过程的这些活动之间的关系。这个过程是一整套活动，因此，前一个阶段的结果影响下一个阶段的投入。在得到有效实施时，该过程能够自我维持，帮助企业形成越来越全面和客观的计划以及得到经过充分开发的管理者。

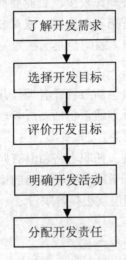

图 10-2　企业管理者开发流程

## 二、了解管理者开发需求

过去几十年里管理资源规划的一个重大进步是管理人才需求的精确度更高、更明确。在确定未来管理者需求计划的过程中，高层管理者需要考虑以下几个问题。

（1）一般来说，企业未来对管理者的能力要求是什么？

（2）对不同业务或职能（如国际管理者）的能力要求是什么？

（3）对每个关键管理职位的特殊能力要求是什么？

一般来说，较高层次的管理职位需要有针对性更强的职位要求说明（初级管理职位的职位要求比较简单，关键高层职位则有具体职位要求），而且要求通常是通过累积形成的，每一层的特殊要求都建立在前一层次的基础之上。

另外，开发计划的价值在于它的灵活性，它能使候选人标准适应变化。职位要求可能发生变化，因此，明显适应当前要求的候选人可能不是最佳的长期接班人，或者可能不能很好地适应变化的要求。

### 三、选择管理者开发目标

选择开发目标时，要求确定现任职人员以及可能的候选人。候选人通常由直接管理者或单位管理者提名。

这些候选人中包括同轴（in-line）接班人（实际上是"等待"提升的人员重置）、本组织中其他地方的候选人以及比较长期或"高潜质"的候选人。

为了更好地选择开发目标，企业一般会为每个候选人准备个人剖面图，以保证人才的适用性。

#### （一）个人剖面图

在大多数企业里，职位剖面图为每个任职者或候选人准备好个人传记概要（王亚丹，2016）。概要一般采用标准格式，一般来说，企业要求候选人提供至少以下六个方面的信息。

（1）当前职位信息。

（2）在本企业的前任职位。

（3）其他有价值的工作经验（如曾任职于其他企业、军队、学校、政府等）。

（4）教育水平（包括学位和证书）。

（5）语言技能及相关的国际经历。

（6）在社区或行业担任的领导职责。

在很多情况下还包括现在或过去的工作绩效等级，也可能包括薪资等级和分红资格，但不包括实际薪酬数额。

#### （二）人才的适用性

这个过程要求人才处于组织内部，随时可以根据未来需要去开发和配置。这意味着管理层应当根据组织外部人才可获得性评价库存人才的素质。

做这种评价的过程也就是定期检查本企业人才素质并与竞争对手以及开放市场上可得到的人才进行比较的过程。企业开展这方面的活动有如下四种方式。

（1）制定人才竞争基准：企业为确定某一特定类型人才最佳等级而进行的制定竞争基准的活动。

（2）不断改进人才素质：确定人才库中素质最低的那部分人，向外安置他们，然后用外来人才替代他们的活动。

（3）人才检阅：是一种非正式的鉴别、评价和审核方式，针对为某种未知的或可能的未来需求而从组织外部引进的人才。

(4) 公开评鉴：根据企业的特定人才需求预测、鉴别和评价某一特定职能或行业群体的一种非正式方式，一般通过外部人才寻访顾问进行。

这些活动虽然不常见，但代表着将组织放到更大范围与更高标准进行比较的方式（Peters，1990）。

## 四、评价管理者开发目标

评价开发目标是在收集关于员工的行为、沟通方式以及技能等信息的基础上，为其提供反馈的过程。在此过程中，员工本人、其同事与上级以及顾客都可以提供反馈信息。人员测评通常用来衡量员工管理潜能及评价现任管理者的优缺点，也可以用于确认向高级管理者晋升的管理者潜质，还可与团队方式结合使用来衡量团队成员的优势与不足及团队效率和交流方式。

企业人员评价方式与信息来源多种多样。很多企业向员工提供绩效评价的信息；有些拥有现代开发系统的企业还采用心理测试来评价员工的人际交往风格和行为。当前比较流行的人员测评工具主要有梅耶斯-布里格斯人格类型测试（Myers-Briggs type indicator，MBTI，见本书第六章）、评价中心、360°评估、人际关系价值取向量表、个性测试工具DISC[①]等。

### （一）评价中心

评价中心（assessment center）是一种包含多种测评方法和技术的综合测评系统。一般而言，它总是针对特定的岗位来设计、实施相应的测评方法与技术。它通过对目标岗位的工作分析作业，在了解岗位的工作内容与职务素质要求的基础上，事先创设一系列与工作高度相关的模拟情境，然后将被试纳入该模拟情境，要求其完成该情境下多种典型的管理工作，如主持会议、处理公文、商务谈判、处理突发事件等。在被试按照情境角色要求处理或解决问题的过程中，主试按照各种方法或技术的要求，观察和分析被试在模拟的各种情境压力下的心理和行为表现，测量和评价被试的能力、性格等素质特征。

评价中心常用的练习包括无领导小组讨论（leaderless group discussion）、面试、文件处理和角色扮演（role play）。研究表明，评价中心的测评结果与员工的工作绩效、薪酬水平和职业生涯发展的关系密切；参与评价中心练习的员工通过测评所获得的有关个人的态度、能力及具有的优劣势等信息，也有利于评价中心进行员工开发。

### （二）360°评估

360°评估（360°Feedback）又称"360°考核法"或"全方位考核法"，是指由员工自己、上司、直接部属、同事、顾客、客户等从全方位、各个角度来评估人员的方法。

---

① DISC，即支配性（Dominance）、影响性（Influence）、稳定性（Stendiness）和服从性（Compliance）首字母的缩写。

评估内容可能包括沟通技巧、人际关系、领导能力、行政能力等。通过这种全方位的评估，被评估者可以从这些不同角度的反馈清楚地知道自己的不足、长处与发展需求。人在与不同人相处时有不同的行为表现，因此，每个评价者对一个管理者的能力有不同的看法，而且每个评价者可以通过不同的积极看法看到一个管理者不同方面的能力。

这种方法对管理者评价特别有益，可以促成一种发展的氛围。个人受到鼓励去恳求反馈，综合各方面的意见形成行动方案。一般来说，人们喜欢反馈，但不是特别喜欢评价。运用反馈能够减弱人的防卫心态，使当事人能够积极参与整个评价过程并充分运用评价结果提升自我。

在 360°评价中，候选人是一个积极的参与者。在管理评价中，候选人作为参与者可能积极也可能不积极，这取决于由被评价的管理者所形成的氛围。我们经常将评价想成是候选人的一种被动的经历，其实不然。因此，企业一直在寻找能使管理者积极参与评价过程的方法。

例证 10-8

**松下对管理层的考核和评价**

### （三）人际关系价值取向量表

在人际关系需求基础上形成的一个人对他人的基本反应倾向或待人的行为特征，亦称人际反应特质。心理学家舒尔兹（W. C. Schutz）认为，每个人都需要他人，因而都具有人际关系的需求。人际关系的需求可分为以下三种类型。

（1）包容的需求：希望与他人来往、结交、共处于某种和谐关系中的欲望。基于这种动机而产生的人际反应特质表现为交往、沟通、相属、出席、参与、融合等；与此相反的人际反应特质为排斥、对立、疏远、退缩、孤立等。

（2）控制的需求：希望通过权力、权威与他人建立并维持良好关系的欲望。出于这种动机所形成的人际反应特质表现为使用权力、权威、威信，以便影响、支配、控制、领导他人；与此动机相反的人际反应特质为抗拒权威、忽视秩序、受人支配、追随他人等。

（3）情感的需求：希望在情感方面与他人建立并维持良好关系的欲望。基于此动机所形成的人际反应特质表现为喜爱、同情、热情、亲密等；与此动机相反的人际反应特质为憎恨、厌恶、冷淡、疏远等。

人际反应特质具有稳定性，即在相当一个时期不会改变；也具有一贯性，即在各种交往场合中保持同样的反应。因而，了解一个人的人际反应特质成为可能。对人际反应特质的了解将有助于我们预测人与人之间可能发生的交互反应,从而采取适当的配合行为。人际反应特质通常很难被别人观察到,甚至自己也无从察觉。由于这个原因,人际关系价值取向量表通常被教练、专业辅导师和培训师所使用。

### (四)个性测试工具 DISC

DISC 个性测验是广泛应用于国内外企业的一种人格测验,用于测查、评估和帮助人们改善其行为方式、人际关系、工作绩效、团队合作、领导风格等。它着重从以下与管理绩效有关的四个人格特质对人进行描绘,即支配性(D)、影响性(I)、稳定性(S)和服从性(C),从而了解应试者的管理、领导素质以及情绪稳定性等(蔺晓静,2015)。

管理行为作为一种工作情境下的特殊行为,会受到人格特征的影响。具有不同人格特征的个体在同样的工作情境下会表现出不同的管理行为,个体往往在工作中形成自己的管理风格。DISC 个性测验就是把个体安排在这样一种管理情境中,描述个体的优势、在工作中应注意的事项以及一些个体倾向等。例如,如何影响他人、对团队的贡献是什么、什么时候处于应激状态,能使个体更加清楚地了解自己的个性特征,企业也可以有针对性地考查应聘个体是否具有对企业、对职位来说十分关键的人格特征,以此作为筛选人员的标准之一。

## 五、明确管理者开发活动

管理者开发活动通常可采用三种方法,即正规教育、在职体验和人际互助。许多企业在管理者开发工作中综合运用了这三种方法。不管采用什么方法,要使管理者开发项目有效,项目开发都要遵循如下七个步骤:①进行需求评估;②营造积极的开发环境;③确保为管理者开发计划做好准备;④明确管理者开发的目的;⑤选择用来实现目标的各种开发活动;⑥保证工作环境支持计划的实施和开发成果的转化;⑦开展项目评价。在决定个人、部门或者公司的开发需求之前,首先要对各自的优缺点进行分析,这样才能选择合适的人员开发项目。很多公司都明确了成功的管理者需要具备的核心素质。一般来说,素质是指管理者完成工作所需的个人才能,包括知识、技能、能力或者个人性格特征。

下面将详细介绍正规教育、在职体验和人际互助三种开发方法。

### (一)正规教育

正规教育计划(formal education programs)包括专门为公司员工设计的脱产和在职培训计划、由顾问或大学提供的短期课程及住校学习的大学课程计划。这些开发计划一般通过企业专家讲座、商业游戏、仿真模拟、冒险学习与客户会谈等培训方法来实施。例如,摩托罗拉、IBM 和通用电气等许多跨国公司都设有自己的培训与开发中心,可为其学员提供 1~2 天的研讨会以及长达 1 周的培训。根据不同的开发对象,企业可为基层管理者、中层管理者、高层管理者制订不同的开发计划,并为工程技术人员(如工程师)设置专门的计划。

### 例证 10-9

**通用电气公司不同员工的开发项目**

### （二）在职体验

在实际工作中，许多员工开发是通过在职体验来实现的。在职体验（job experiences）是指员工在工作中所遇到的各种关系、问题、需要、任务以及其他一些事项。该开发方法的前提假设是：当员工过去的经验和技能与目前工作所需不相匹配时，就需要进行人员开发活动。为了有效地开展工作，员工必须拓展自己的技能，以新的方式应用其技能和知识，并积累新的经验。利用工作实践进行员工开发有多种方式，包括工作扩展，工作轮换、工作调动、晋升和降级，以及其他的临时性工作安排。

1. 工作扩展

工作扩展（job enlargement）即扩展现有工作内容，指对员工现有的工作提出挑战并赋予其新的责任。它包括执行某些特殊任务、在团队内进行角色轮换或寻找为顾客服务的新方法等。例如，一位工程师被安排到企业的员工职业生涯设计任务小组工作，通过这项工作，该工程师可以承担职业生涯设计的有关领导工作（如督导公司职业生涯开发过程），不仅有机会了解企业的职业开发系统，还能发挥组织和领导才能来帮助组织达到目标。

2. 工作轮换

工作轮换（job rotation）是指在企业的几种不同职能领域中为员工做出一系列的工作任务安排，或者在某个职能领域或部门中为员工提供在各种不同工作岗位之间流动的机会。该方法有助于员工综合理解或把握企业的目标，了解企业不同的职能部门，形成一个联系网络，并有助于提高员工解决问题的能力和决策能力。另外，工作轮换对员工技术掌握、加薪和晋升也有一定的影响。

但是，工作轮换也存在如下三点问题或不足。

（1）处于轮换中的员工及同事容易出现对各种问题的短期性看法，以及采取解决问题的短期行为。

（2）员工的满意度和工作积极性会受到不良影响。这是因为轮换工作的员工工作任职时间短，难以形成专业特长，也无法接受挑战性的工作。

（3）无论是接收轮换员工的部门，还是失去轮换员工的部门都会受到损失。接收员工轮换的部门需要对其进行培训，失去该员工的部门会因为资源的损失而导致生产效率下降和工作负担加重。

### 3. 工作调动、晋升和降级

工作调动（transfer）、晋升（promotion）和降级（downward move）分别将员工在企业中工作层次的水平流动、向上流动和向下流动作为员工开发的手段。

（1）工作调动，即让员工在企业的不同部门工作，它不涉及工作责任或报酬的增加。这更多的是一种水平流动，即流向一个责任类似的其他工作岗位。调动可能会使员工产生较大的压力。如果员工结婚，由于工作角色的变化，一方面员工不仅要解决家庭迁居及配偶的工作问题，而且要承担日常生活、人际关系和工作习惯被破坏的压力，以及远离亲朋好友的精神伤害；另一方面员工需要处理好与新同事和新上级的关系，并且还要学习一系列的工作规范和程序。因此，企业一般很难说服员工进行工作调动。

（2）晋升，指员工向一个比前工作岗位挑战性更高、承担责任更大、享有职权更多的工作岗位流动的过程。晋升常常涉及薪资水平的提高。

（3）降级，指对员工的责任和权力的削减。它包括平行流动到另一职位但责任和权力有所减少（平等降级），以及临时性跨部门流动。它可以使员工拥有在不同工作部门工作的经验。因为晋升能带来心理的满足和收入的增加，员工乐于接受晋升，而不愿接受平级调动或降级，而且很多员工难以把调动和降级与员工开发联系起来，他们并不把降级视为有利于其未来获得成功的机会，而把降级看作一种惩罚。因此，公司应逐步让员工把工作调动、晋升和降级都看作一种开发机会。

### （三）人际互助

人际互助是指员工通过与企业中资深成员之间的互动来开发自身的技能，增强与企业和客户有关的知识。导师辅导和教练指导是人员开发中常见的两种人际互助形式。

### 1. 导师辅导

导师（mentor）是指公司中富有经验的、生产效率高的资深员工，他们负有指导开发经验不足的员工（被指导者）的责任。

大多数导师关系是基于导师和受助者的共同兴趣或价值观形成的。具有某些个性特征的员工（如有对权力和成功的强烈需求、情绪稳定、具有较强的环境适应能力）更有可能去寻找导师并能得到导师的赏识。公司可将成功的高级员工和缺乏工作经验的员工安排在一起工作，形成导师关系。

首先，制订导师辅导计划。尽管许多导师关系是通过非正式的方式建立的，但正式的导师计划具有显著优点：它能确保所有的员工都能找到导师，并能得到帮助；使辅导与被辅导关系的参与者知道企业的期望值。正式的导师关系也存有局限性，即人为的导师关系使导师可能无法向被辅导者提供有效的咨询或培训。

其次，认清辅导关系的收益。导师和受助者都能从辅导关系中获益。导师为受助者提供职业支持和心理支持，使其获得更强的晋升能力和在组织中的影响力；辅导关系也培养了导师的人际交往能力，并增强其对自身价值的认可。

最后，明确导师计划的目的。导师计划可使新员工更好地适应社会，提高其适应工作环境的能力。正式导师关系是建立在高素质导师和导师报酬体系的基础之上的，否则就不如非正式导师关系的质量高。目前,有些公司实施团体指导计划,即一个资深的高层管理者与4~6名经验不足的被指导对象组成的小组组合在一起。

**例证 10-10**

宝洁中国:商界的"黄埔军校"

2. 教练指导

1)内部教练

教练(coach)就是同员工一起工作的同事或经理。教练能够鼓励员工、帮助其开发技能,并能提供激励和工作反馈。教练一般可扮演以下三种角色:第一种角色是为员工提供一对一的训练(提供反馈);第二种角色是帮助员工自我学习,包括帮助员工找到能协助解决他们所关心问题的专家,以及教导员工如何从他人那里获得信息反馈;第三种角色是向员工提供通过导师辅导、培训课程或工作实践等途径无法获得的其他资源。

为了开发或培养管理者的教练指导技能,培训计划应集中在为什么有些管理者不愿意向员工提供教练指导和帮助的原因上。这些原因可能包括以下四个方面。

(1)为避免双方关系对立。有时培训的对象是一位能力很强、能胜任工作的员工,管理者不愿同其讨论绩效问题,当管理者的专业知识不如员工时,情况更是如此。

(2)管理者可能善于发现或认识员工的绩效问题,但不善于帮助员工解决绩效问题。

(3)管理者可能觉得员工会将教练指导当成一种批评。

(4)当公司压缩规模、削减人员时,管理者可能会感到没有时间去提供教练式的指导。

2)外部教练

一般在下列这些情况下,企业组织需要聘请外部教练。

(1)重新激励员工。运用教练可以使员工的个人目标与组织本身的任务保持一致,从而恢复团队的热情和责任感,为组织中的成员重新提供动力。企业中的营销团队常常需要重新激励队员,因此适当地引进教练技术已逐步成为一种时尚。

(2)培养新技能和方法。为了确保升职或招聘新员工后的成功,教练可以为他们创造机会,学习和构建新的工作、人际技能和方法,在迎接新挑战时检验以前学到的技能和方法。企业有时可以主动为新任命领导、新近员工、企业重组或者变革时的高层员工提供教练。

(3)推进计划。运用教练可以持续经营计划并向前推进,监督进展和问题的解决,避免计划受到阻碍而无法完成。在重大任务和计划进展迟缓、计划受挫、项目负责人感到力不从心等情况下，公司可以考虑为这些项目负责人或团队提供教练支持。

（4）解决冲突，改善团队合作。教练能够帮助调和团队成员间出现的异议和矛盾，培养更好的人际交流技巧。通过鼓励开放、创造性解决问题的方法减少团队中的冲突和摩擦。

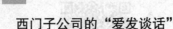

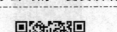

西门子公司的"爱发谈话"

思考练习题

1. 员工开发与员工培训有何区别？
2. 学习型组织中的五项修炼是指什么？
3. 开发有效管理者主要有哪三种方法？

## 我还能做什么

创新的一个关键性前提就是要打破旧有思维的约束。在本游戏中，通过共同发掘没有认识到的能力，帮助我们重新审视自己的能力，勇于创新。

**参加人数**：集体参与。

**时间**：10分钟。

**场地**：不限。

**道具**：无。

**应用**：①充分认识自己的能力；②突破思维局限。

**游戏规则和程序**：

（1）培训师问大家：你能做什么？你的能力在哪里？

事实上，每个人所具备的能力可能有上百种之多。所以认真地探索自己的技能，你会惊讶自己竟然如此多才多艺。

（2）就下列题目，要求学员在空白纸上填写。

①在纸上列出你曾经成功完成的工作（例如，办一项社团活动、微积分考90分以上），

思考完成这项工作需要哪些技能,并将它们列出。②回顾你所曾受过的教育、所修的课程,在这些过程中,你学会了哪些技能,将它们列出来。③想想你平时经常从事的活动,列下这些活动需要的技能,继续扩充你的技能表。④试回想你在工作(不是单指职业,也指你曾经做过的事)上曾经历的一次高峰经验(意指很快乐、很感动的一刻),与你旁边的同学分享这次经验,并分析在这次经验中显现出你的哪些能力,把它们列出来。

(3)将学员分为 4 人一组,分享彼此所列的能力表,同时讨论与这些能力有关的职业有哪些。

(4)最后,培训师告诉大家每个人都有自己的发光点,切勿妄自菲薄,轻视自己的能力。

**思考讨论题**

1. 游戏一开始你是否觉得自己的某些技能不值得一提?玩了一段时间之后呢?
2. 这个游戏对于我们寻找合适的工作有什么帮助?

 **学以致用**

郭丽丽是刚进入国内某知名外企人力资源部门的应届毕业生。该企业计划半年后实行一项员工开发活动,以开发员工的创新能力。该项开发活动由人力资源部门负责策划。于是,上司分配给她一个任务:设计两种开发方案,包括开发内容、开发目标、执行日期、活动以及结果测评等。

**思考讨论题**

试将班级分为若干小组,展开讨论,集思广益,给郭丽丽提供两种方案。

 **案例分析**

**GP 公司开发管理者**

 **参考文献**

[1] 沃克. 人力资源战略[M]. 吴雯芳, 译. 北京:中国人民大学出版社,2001.

[2] 诺伊. 雇员培训与开发[M]. 徐芳, 邵晨, 译. 北京:中国人民大学出版社,2007.

[3] 马西斯, 杰克逊. 人力资源管理:英文影印版[M]. 北京:北京大学出版社,2004.

[4] 白琳. 基于成人学习特性的企业员工培训与开发研究[D]. 太原：山西大学, 2015.

[5] 邓文娟. 企业员工创新驱动机制研究：以IBM公司为例[J]. 企业导报, 2013（2）：190-191.

[6] 付非, 赵迎欢. 企业社会责任、员工组织认同与员工创新行为：企业能力的调节作用[J]. 技术经济与管理研究, 2017（12）：37-41.

[7] 何岚. 高绩效人力资源管理对员工创新能力的促进作用[J]. 河南教育学院学报（哲学社会科学版）, 2020, 39（5）：89-91.

[8] 胡欣, 袁秋菊. 培训与开发[M]. 重庆：重庆大学出版社, 2017.

[9] 李青. 对松下人力资源管理的探讨[J]. 现代企业文化, 2010（9）：51-53.

[10] 李泡东, 孟浩. SAP企业资源计划系统实务教程[M]. 北京：北京交通大学出版社, 2017.

[11] 蔺晓静. A公司知识型员工激励体系优化设计研究[D]. 西安：西北大学, 2015.

[12] 牛晓娟. 花开富贵 旗开得胜：花旗银行人力资源培训启示[J]. 商业文化月刊, 2011（3X）：55-56.

[13] 彭晓琨. 西门子公司跨文化人力资源管理研究[D]. 哈尔滨：哈尔滨工业大学, 2011.

[14] 石丹. 海尔组织之变：从生产产品到生产创客[J]. 商学院, 2016（1）：1-2.

[15] 石运甲. 刍议基于"互联网+"时代的企业战略管理创新[J]. 中国管理信息化, 2018（21）：114-115.

[16] 王亚丹, 严国涛. 员工培训[M]. 上海：上海财经大学出版社, 2016.

[17] 薛立伟. 如何进行企业核心员工人力资源的开发[J]. 山东纺织经济, 2007（4）：47-48.

[18] 肖君萍. 组织氛围、内在动机与员工创新能力[J]. 中小企业管理与科技（下旬刊）, 2020（10）：116-117.

[19] 杨睿娟. 人力资源开发与管理[M]. 西安：西安交通大学出版社, 2019.

[20] 朱必祥. 影响E-Learning员工培训开发因素分析[J]. 中国人力资源开发, 2008（10）：66-67.

[21] 张思乐, 鲁虹. 双元领导对"90后"员工创新能力的影响：以人岗匹配度和组织差错管理氛围为中介变量[J]. 科技和产业, 2021, 21（12）：128-133.

[22] FAIRHEAD A J, HUDSON J H. Leadership template: road map for managers[J]. Leadership in Action, 1989(3): 1-5.

[23] TAYLOR C. Focus on talent[J]. T&D, 2002(12): 26-31.

[24] ARGYRIS C. Teaching smart people how to learn[J]. Harvard Business Review, 1991(6): 99-109.

[25] LUTHANS F, YOUSSEF C M. Human, social and now positive psychological

capital management: investing in people for competitive advantage[J]. Organizational Dynamics, 2004, 33(2): 143-160.

[26] JOHN A. The john adair lexicon of leadership:the definitive guide to leadership skills and knowledge[M]. London: Kogan Page Press, 2011.

[27] RONAN J. A boot to the system[J]. T&D, 2003(3): 38-45.

[28] SALOPER J. Digital collaboration[J]. Training and Development, 2000(6): 38-43.

[29] ELLIS K. Making waves[J]. Training, 2003(7): 16-21.

[30] LOMBARDO M M, EICHINGER R W. Eighty-eight assignments for development in place: enhancing the developmental challenge of existing jobs[M]. Greensboro: The Center for Creative Leadership, 1988.

[31] CRANDALL N F, WALLACE M J. Work and rewards in the virtual workplace[M]. New York: Amacom, 1998.

[32] SENGE P. The fifth discipline: the art and practice of the learning organization[M]. New York: Doubleday, 1990.

[33] SENGE P. The leader's new work: building learning organizations[J]. Sloan Management Review, 1990(32): 7-23.

[34] RHODES D W, WALKER J W. Management succession and development planning[J]. Human Resource Planning, 1987, 7(4): 1-5.

# 第十一章
# 职业生涯管理

 学习目标

1. 了解职业生涯管理的概念和作用；
2. 掌握员工职业生涯管理的方法；
3. 了解组织职业生涯规划与开发的方法。

引例

## 职业生涯管理是一项长期投资

总部位于俄亥俄州克利夫兰的俄亥俄储蓄银行（Ohio Savings Bank）一直为员工提供个人成长和实现职业理想的机会。该银行营造持续学习的环境，并为员工创造了很多学习和成长的途径。这些途径包括为员工支付公司外正式教育的学费，提供免费的内部课程和职业生涯管理建议。

俄亥俄储蓄银行开发了一个正式职业咨询项目，目的是确认和开发员工的才能，并提供所需的工具，以引导其职业发展。职业发展顾问在这个项目中扮演了很重要的角色。员工可以和顾问面对面地讨论职业发展路径和银行内各个职位的培训需求。员工如果想在公司的部门间调动工作，可以求助于信息会议。在信息会议期间，各部门的经理会公布当前或未来的职位空缺。职业发展顾问还要和经理一起讨论员工的发展计划。双方的讨论话题可能会涉及高潜力员工或者帮助员工实现职业目标的行动计划。俄亥俄储蓄银行还开设了一个对所有员工开放的职业发展服务网页，该网页上的信息比其他内部网页上的信息多得多。

资料来源：GALVIN T. Ohio Savings Bank[J]. Training, 2003(3): 60-61.

从俄亥俄储蓄银行的案例可以看出，职业生涯管理是员工发展的一个重要环节。近年来，随着我国人力资源管理的迅速发展和变化，职业生涯管理也越来越受到企业和员工的重视。本章将介绍职业生涯管理的概念与特征、员工职业生涯规划与管理以及组织职业生涯规划与管理。

# 第十一章 职业生涯管理

## 第一节 职业生涯管理概述

职业生涯需要管理。那么,什么是职业生涯管理?职业生涯管理有何特征和作用?本节将回答上述这些问题。

### 一、职业生涯管理的概念与流程

职业生涯管理是指组织开展和提供的、用于帮助和促进组织内正在从事某类职业活动的员工实现其职业发展目标的行为过程,其内容包括职业生涯设计、规划、开发、评估、反馈和修正等一系列综合性的活动和过程。其目的是通过员工和组织的共同努力和合作,使每个员工的生涯目标与组织发展目标一致,使员工的发展与组织的发展吻合。职业生涯管理的基本流程如图 11-1 所示。

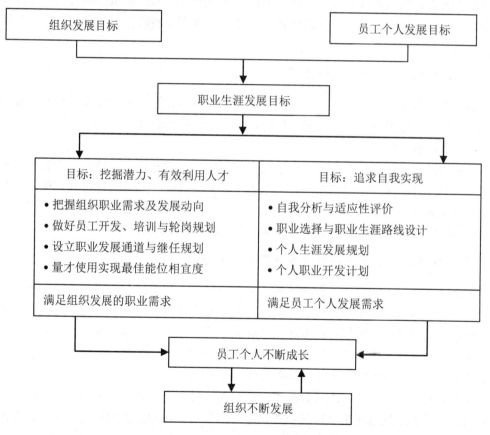

图 11-1 职业生涯管理的基本流程

在职业生涯管理中,员工需要通过不断的学习提高自己。这种学习与企业进行的员工培训与开发既有区别,也有联系。区别在于:员工的学习,通常是从自己的职业生涯发展角度考虑的,即为了实现自己的职业目标,针对自己的不足进行专门的学习,力争尽快达到自己的职业目标;相对而言,组织的培训和开发则往往比较现实,即希望通过培训,要么提高员工的生产绩效,要么使其适应组织变革的需要。

两者的联系是:培训和开发通常能够促进员工的职业生涯发展,增加员工的部分利益。尽管有些员工可能不喜欢他们现有的岗位,但是对员工的培训和开发通常都能提高员工的竞争力和适应性,不仅有利于员工的发展,还可满足组织和员工双方的愿望。

企业为了应对知识经济的挑战,都在想方设法地开发隐性知识,使隐性知识尽快显性化,以便为组织创造利润。为此,多数组织都增加了培训与开发费用,以期培养出更多具有发展潜力、合作精神和创造力的员工,通过这些员工的努力,不断地推出新产品、新观念、新服务,以维持组织持久的竞争力。

## 二、职业生涯管理的内容与类型

一般来说,职业生涯管理包括以下两个方面:一是员工职业生涯规划与管理,员工是自己的主人,因此自我管理是其职业生涯成功的关键;二是组织协助员工进行职业生涯规划与开发,为员工提供必要的教育、训练、轮岗等发展机会,促进员工职业生涯目标的实现。

### (一)员工职业生涯规划与管理

就员工个人来说,需要尽可能多地了解组织的目标、经营理念以及组织所能提供的发展、训练、升迁机会与晋升渠道;同时,全面了解自己的性格、兴趣、能力、工作动机、价值观、态度和优缺点。

职业生涯管理强调组织要给予员工适当的训练、协助和机会,使员工能够配合组织发展目标和经营理念,制定切实可行的个人生涯发展目标,并努力促进其实现。因此,员工职业生涯管理需要对员工个人和组织状况进行深入了解,有针对性地确定其职业生涯规划目标以及实现该目标所需要的各种管理方法与手段。

### (二)组织协助员工进行职业生涯规划与开发

组织应该详细了解自身过去的发展及未来的目标,预测外在政治、经济、社会、文化等环境可能发生的变化以及可能产生的影响,为自身规划出一个长远的、具有前瞻性的发展方向;同时,还应尽可能地深入了解员工的个性差异及绩效表现、发展目标等。组织应该主动向员工提供各种信息,强化彼此之间的反馈、沟通、信赖与支持,帮助员工了解个人在组织中的发展方向,以提高员工的工作积极性和凝聚力。

除了重视组织的发展,现代管理更应重点考虑员工个人的发展需求。因此,每个组织都应该尽可能地把这两个目标融合在一起,作为组织自身追求发展的指南,并作为组织确定经营理念与制定工作策略的依据。

## 三、职业生涯管理的特征

职业生涯管理具有以下三个方面的特征。

### (一）职业生涯管理是组织与员工双方的责任

在职业生涯管理中，组织和员工都必须承担一定的责任，按照职业生涯管理的具体要求做好各项工作，只有双方共同合作才能完成职业生涯管理，更好地促进员工的全面发展。但无论是个人或组织都不能过分依赖对方，因为有许多工作是对方无法替代的。从员工的角度来看，个人职业生涯规划必须由个人决定，必须结合自己的性格、兴趣和特长进行设计。而组织在进行职业生涯管理时应该考虑的主要因素则是组织的整体目标，以及所有组织成员的整体职业生涯发展，其目的在于通过对所有员工的职业生涯管理，充分发挥组织成员的集体潜力和效能，最终实现组织发展目标。

### （二）职业生涯信息在职业生涯管理中具有重要作用

组织必须具备完善的信息管理系统，这是因为只有做好信息管理工作，才能有效地进行职业生涯管理。在职业生涯管理中，员工个人需要了解和掌握有关组织各方面的信息，如组织的发展战略、经营理念、人力资源的供求情况、职位的空缺与晋升情况等；组织也需要全面掌握员工的情况，如员工个人的性格、兴趣、特长、潜能、情绪以及价值观等。此外，由于职业生涯信息总是处在一个不断变化的过程中，组织的发展在变，经营重点在变，人力需求在变，员工的能力、目标也在变，因此必须对职业生涯信息进行不断的维护和更新，只有这样才能保证信息的时效性。

### （三）职业生涯管理是一种动态管理

职业生涯管理贯穿员工职业生涯发展和组织发展的全过程。在员工职业生涯和组织发展的不同阶段，每一个组织成员的发展特征、发展任务以及应注意的问题是不同的。由于每一阶段都有各自的特点、目标和发展重点，因此对每一个发展阶段的管理也应有所不同。而随着决定职业生涯的主客观条件的变化，组织成员的职业生涯规划和发展也会发生相应的变化，因此职业生涯管理的侧重点也应有所不同，以适应情况的变化。

## 四、职业生涯规划管理的原则

余敏在对职业生涯的定义和类型做出归纳后，提出了组织和员工在职业生涯规划管理中应当遵循的三个原则。

（1）统筹性原则。把职业生涯规划与实施看成一个系统的工程，纳入组织的整体发展战略。从横向来看，企业组织、管理者、个人都要参与职业生涯管理，各自发挥不同的作用；从纵向来看，职业生涯管理应该贯穿组织的整个工作过程，贯穿员工的整个人生。

（2）差异性原则。在制定和实施职业生涯规划的过程中，要充分考虑职业之间、岗位之间、不同员工之间的具体差异，有区别地制订计划。

（3）阶段性原则。在职业生涯规划的具体实施过程中，要充分考虑组织和个人当时所处的不同发展阶段，不可操之过急。好的职业生涯管理要确立一些阶段性目标，以有效地激励员工并实施组织的目标。

## 五、职业生涯管理的作用

绝大多数人的职业生涯都会跨越其人生中精力最充沛、知识经验日臻丰富和完善的几十年，职业已经成为其生活的重要组成部分。职业早已不再仅仅是个人谋生的手段，它还为个人创造了迎接挑战、实现自我价值的大好机会和广阔空间。

### （一）从员工的角度来看

职业生涯管理可以增强员工对职业环境的把握能力和对职业困境的控制能力；帮助员工协调好职业生活与家庭生活的关系，更好地实现人生目标；同时，组织为员工制订的职业发展计划可以使员工充分把握机会、发挥能力，以使员工的自我价值不断提升和超越。

### （二）从组织的角度来看

职业生涯管理能够提高组织的竞争力和应变能力，减少因员工流动而带来的损失。组织关心员工职业发展，会使员工感觉到自己是组织整体计划中的一部分，从而改善员工的工作态度，激发他们的士气，提高劳动生产率，使组织变得更加有效率。良好的职业生涯管理对组织具有以下三个主要方面的作用。

（1）能够帮助组织了解组织内部员工的现状、需求、能力及目标，调和他们同时存在于企业现实和未来的职业机会与挑战之间的矛盾。

（2）通过协调统一人力资源管理中的人员选择、工作安排和能力开发等活动，更加合理与有效地利用人力资源。

（3）能够为员工提供平等的就业机会，改善组织的企业文化，促进企业可持续发展。

例证 11-1

"私人定制"员工职业生涯规划，关注员工的职业生涯发展

## 第二节　员工职业生涯规划与管理

员工的职业生涯包括生涯规划与生涯管理两个部分。本节将详细阐述其概念与过程。

### 一、员工职业生涯规划的概念

员工职业生涯规划是指员工根据自身的主观因素和对客观环境的分析，确立自己的职业生涯发展目标,选择实现这一目标的职业,以及制订相应的工作、培训和教育计划,并按照一定的时间安排,采取必要的行动,实现职业生涯目标的过程。

一个良好的职业生涯规划应当具备以下四个特征。

(1)可行性。员工职业生涯规划要有事实依据,而不仅仅是一种美好的幻想或不着边际的梦想,否则就会延误发展良机。

(2)适时性。之所以进行员工职业生涯规划是为了预测未来的行动,确定将来的目标,因此各项主要活动都应有时间和顺序上的妥善安排,以作为检查行动的依据。

(3)适应性。规划未来的职业生涯目标往往牵涉多种可变因素,因此规划应当有弹性,以增加其适应性。

(4)持续性。人生中的每个发展阶段应该能够连贯衔接。

**杨澜的职业生涯规划**

## 二、员工职业生涯规划的过程

员工职业生涯规划一般包括自我定位、机会评估、目标设定、路线设定、反馈与修正五个步骤。

### (一)自我定位

自我定位是指全面、深入、客观地分析和了解自己。有效的职业生涯规划应当从自我认识开始,然后才能建立可实现的目标,并确定怎样达到这些目标。由于在很多情况下都很难对能力、价值观、兴趣、性格等进行完整和科学的检测,因此我们可以选择一些经验和方法以获得对职业的自我的初步认识,其中比较常用的有橱窗分析法和量表测试法。

1. 橱窗分析法

橱窗分析法(Johari window analysis,又称乔哈里资讯窗)把对个人的了解比作一个橱窗,为了便于理解,我们可以把橱窗放在一个直角坐标系中进行分析。坐标的横轴正向表示别人知道,反向表示别人不知道;纵轴正向表示自己知道,反向表示自己不知道。橱窗坐标如图11-2所示。

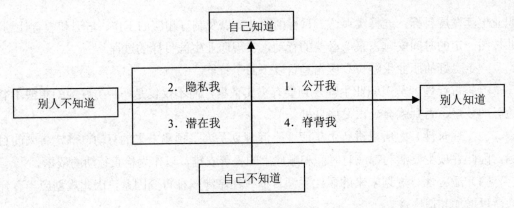

图 11-2 橱窗坐标

橱窗 1 是自己知道、别人也知道的部分，称为"公开我"，属于个人展现在外、无所隐藏的部分；橱窗 2 是自己知道、别人不知道的部分，称为"隐私我"，属于个人内在的私有秘密部分；橱窗 3 是自己不知道、别人也不知道的部分，称为"潜在我"，属于有待开发的部分；橱窗 4 是自己不知道、别人知道的部分，称为"脊背我"，犹如一个人的背部，自己看不到，别人却看得很清楚。在进行自我定位时，重点要了解橱窗 3"潜在我"和橱窗 4"脊背我"这两个部分。"潜在我"是影响一个人未来发展的重要因素，因为每个人自身都蕴藏着巨大的潜能。认识与了解"潜在我"是自我分析与定位的重要内容之一。"脊背我"是准确地对自己进行评价的一个重要方面。如果你能够诚恳地、真心实意地对待他人的意见和看法，就不难了解"脊背我"。

2. 量表测试法

量表测试法是指使用预先经过标准化的问题（量表）来测量某种心理品质的方法。这是一种比较简捷、经济的自我分析法。其测试题目大都是由心理学家经过精心研究设定的，只要如实回答，就能在一定程度上了解自己的有关情况。在自测或他测回答问题时，切忌寻找标准答案，应该是自己怎么想、怎么认识就怎么回答，这样得到的测试结果才有实际意义。

该测试法所测试的内容和量表有很多，涉及人的方方面面，如性格测试、气质测试、情绪测试、智力测试、记忆力测试、创造力测试等。

随着计算机技术的发展与普及，越来越多的企业组织采用该技术作为获得职业信息的新方法，计算机测试法与传统纸质版量表测试法相比，更加高效且便利。国外目前最常使用的四种计算机辅助指导系统为"发现""职业辅导信息系统""职业信息系统""互动式指导及信息系统"，国内许多网站（如"智联测评"和"新精英生涯"等网站）也都设有网上测试。

通过自我分析与自我定位认识自身的条件和整体综合素质，可以对自己进行比较准确的综合评估，以便根据自身的特点设计自己的职业发展方向和目标。表 11-1 为自我定位练习举例。

表 11-1　自我定位练习举例

| 活　动 | 目　标 |
|---|---|
| 第 1 步：我现在处于什么位置？<br>思考一下你的过去、现在和未来。画一张时间表，列出重大事件 | 了解目前职业现状 |
| 第 2 步：我是谁？<br>利用 3~5 张卡片，在每张卡片上写下"我是谁"的答案 | 考察自己担当的不同角色 |
| 第 3 步：我喜欢去哪里？我喜欢做什么？<br>思考你目前和未来的生活。写一份自传来回答三个问题：你觉得已经获得了哪些成就？你未来想要得到什么？你希望人们对你有什么样的印象？ | 这有利于未来的目标设置 |
| 第 4 步：未来理想的一年。<br>考虑下一年的计划。如果你有无限的资源，你会做什么？理想的环境应是什么样的？理想的环境是否与第 3 步相吻合？ | 明确所需要的资源 |
| 第 5 步：一份理想的工作。<br>思考一下通过利用资源来获得一份理想的工作。考虑你的角色、资源、所需的培训或教育 | 明确所需要的资源 |
| 第 6 步：通过自我总结来规划职业发展。<br>● 是什么让你每天感到心情愉悦？<br>● 你擅长做什么？人们对你有什么样的印象？<br>● 为了达到目标，你还需要什么？<br>● 在向目标进军的过程中你会遇到什么样的阻碍？<br>● 你目前该做什么才能迈向你的目标？<br>● 你的长期职业生涯目标是什么？ | 总结目前的状况 |

## （二）机会评估

职业生涯机会评估主要是分析内外环境因素对自己职业生涯发展的影响，发现潜在的自我职业发展机会。每个人都生活在一定的环境中，其成长与发展都与环境息息相关。因此，在制定个人的职业生涯规划时，也要分析环境的特点与发展变化、自己与环境的关系、自己在特定环境中的地位、环境对自己提出的要求以及环境对自己有利与不利的条件等。

1. 对自己所处的社会环境进行分析

通过对社会大环境进行分析，了解所在国家或地区经济、法制建设的发展方向，可以帮助每个人的职业生涯乃至发展寻求各种发展机会。对自己所处的社会环境进行分析的内容包括经济发展水平、社会文化环境、价值观念、政治制度和氛围。

王兴："连环创业者"

2. 对职业所处的行业环境进行分析

职业生涯是在特定的行业、具体的企业中进行的。组织的行业环境将会直接影响组织的发展状况,进而影响到个人职业生涯的发展。行业分析既包括对目前所在行业的环境分析,也包括对将来想从事的目标行业的环境分析,行业分析内容主要包括:行业发展状况;国际、国内重大事件对该行业的影响;目前的行业优势和问题;行业发展前景预测。

"玻璃之王"曹德旺:从白手起家到中国首善

3. 对职业所处的组织环境进行分析

组织环境会对员工的职业发展产生重要影响。通过对组织的内部环境进行分析,可以了解企业在本行业和新的发展领域中的地位和发展前景,以及组织产品在市场上的发展前景。对组织的内部环境进行分析的内容主要包括组织文化、组织制度、领导人的素质和价值观,以及组织实力。

董明珠:铁娘子的"简单"之道

(三)目标设定

目标设定是指在自我定位和机会评估的基础上设立明确的职业目标。目标就是任何你努力想要使之得以实现的事情。职业发展必须有明确的方向与目标,目标的选择是职业发展的关键,坚定的目标可以成为追求成功的驱动力。一个人事业的成败在很大程度上取决于其有无适当的目标,凡是成功的人士都有明确的奋斗目标,那些没有奋斗目标的人则很难获得成功。因此,一个未来的成功者必须是一个目标意识很强的人。

1. 职业发展目标设定的原则

设定职业发展目标需要遵循如下八个指导原则。

(1) 可行性原则。就员工自己的能力和特点而言，实现这个目标是现实的、可能的。

(2) 可信原则。可信就是相信自己真的能够完成这个目标，对自己的能力非常有信心，相信自己能够在设定的时间期限之内完成。

(3) 可控制性原则。自己具有对一些可能会最终影响自己实现目标的因素的控制能力。

(4) 可界定原则。目标必须以普通人都能理解的口头语言或书面语言来表达。对代表一个长期目标的用词必须仔细推敲，这样才有可能将它进一步分解为一系列的短期目标。

(5) 明确性原则。员工个人只陈述某个特定的目标，并且在一段时间之内只集中精力实现该目标。

(6) 自愿性原则。自己制定的目标应该是自己真正想去做的事情，而不是别人强加的。

(7) 友好原则。个人的目标对自己和他人均无伤害性或破坏性。

(8) 可量化原则。目标应当尽量以一种能够用数字加以量化的方式来表达，而尽量不要采用宽泛的、一般的、模糊的或抽象的形式。以一种可衡量的方式开始设定的目标，可以在向目标迈进的过程中计算、控制或调整自己的进程。表 11-2 列举了一些可以测量的目标。

表 11-2 设立可以测量的目标举例

| 含糊的目标（我的目标是……） | 较好的目标（我的目标是……） |
| --- | --- |
| 更好地完成家庭作业 | 每天阅读历史书 12 页以上，在下周六晚上 10 点前至少要读完 60 页 |
| 加强锻炼 | 在以后的两个星期内，每天都在 45 分钟内跑完 5000 米 |
| 获得更多的杂志订单 | 在下星期这个时间之前获得 30 份杂志订单 |
| 在网球比赛中表现得更好 | 在下星期的网球课期间练习发球，每天至少要有 40~50 个球落在发球区之内 |
| 减肥 | 在 3 个月之内减掉 5 斤体重 |

2. 职业发展目标的抉择

目标定位是一个不容回避的问题。具体到每个员工，他的人生要确立一个什么样的事业目标，需要根据主客观条件和可能加以设计。每个人的目标定位不可能完全相同，但确定目标的方法都是相同的。下面简单介绍确定目标时要考虑的几个基本要点。

(1) 符合社会与组织需求。有需要才有市场，才有位置。

(2) 适合自身的特点。好的职业目标会与员工自身的性格、兴趣、特长、价值观等特点相匹配。

(3) 高低恰到好处。生涯目标是高一些好，还是低一些好？总的来看还是高一点好，因为一个人追求的目标越高，其才能发展得就越快，对社会也就越有益。

(4) 幅度不宜过宽。最好选择窄一点的领域，并把全部身心投进去，这样更容易获得成功。

（5）注意长期目标与短期目标相结合。

（6）目标要具体明确。同一时期的目标不要太多，目标越简明、越具体，就越容易实现，越能促进个人的发展。

（7）要注意职业目标与家庭目标以及个人生活与健康目标的协调与结合。要想在事业上取得成功，家庭与健康是基础和保证。

**例证 11-6**

任正非的人生目标

### （四）路线设定

路线设定是指通过各种积极的具体行动与措施争取职业目标的实现。一旦我们确定职业和职业发展目标，就面临着职业生涯路线的选择。所谓职业生涯路线，是指当一个人选定职业后从什么方向上实现自己的职业目标，例如，是向专业技术方向发展，还是向行政管理方向发展。可以说，职业生涯路线是整个人生规划的展开。杜映梅（2011）认为，在选择职业生涯路线时，首先要对职业生涯各要素进行系统的分析。具体来说，可以从以下四个方面进行考虑。

（1）我想往哪条路线发展？在这一方面主要应当考虑自己的价值观、理想、成就动机等主观因素，以便确定自己的目标取向。

（2）我适合往哪条路线发展？在这一方面主要应当考虑自己的性格、特长、经历、学历、家庭等一些客观条件对职业路线选择的影响，以确定自己的能力取向。

（3）我可以往哪条路线发展？在这一方面主要考虑自身所处的社会环境、政治与经济环境、组织环境等，以确定自己的机会取向。

（4）哪条路线可以取得发展？选定自己希望和适合的发展道路后，还应当进一步综合分析各方面的因素，判断自己在这条职业目标的实现路线上是否可以取得发展。

职业生涯路线选择的重点是通过对自身因素和环境因素进行系统分析，权衡利弊，做出路线选择，挑出能够实现自身目标的最佳路线。

典型的职业生涯路线图是一个 V 形图。假定 22 岁的大学毕业生参加工作，即 V 形图的起点是 22 岁。从起点向上发展，V 形图的左侧是行政管理路线，右侧是专业技术路线。将路线分成若干等份，每等份表示一个年龄段，并将专业技术的等级、行政职务的等级分别标在路线图上，作为自己的职业生涯目标，如图 11-3 所示。当然，职业生涯路线也可能出现交叉与转换，具体可以根据自身的情况与处境决定。

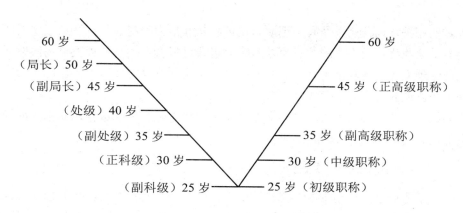

图 11-3　行政事业单位职业生涯路线图

### （五）反馈与修正

反馈与修正是指在实现职业生涯目标的过程中，根据实际情况自觉地总结经验和教训，修正对自我的认知和对最终职业目标的界定。由于自身及外部环境条件的变化，职业生涯规划也要随着时间的推移而变化。它既是个人对自己不断认识的过程，也是个人对社会不断认识的过程，是使职业生涯规划更加有效的一个手段。在制定职业生涯规划时，由于对自身及外界环境都不是十分了解，最初确定的职业生涯目标往往比较模糊或抽象，有时甚至是错误的。经过一段时间的工作以后，有意识地回顾自己在工作中的言行得失，可以检验自己的职业定位与职业方向是否合适。在实施职业生涯规划的过程中自觉地总结经验和教训，评估职业生涯规划，可以修正个人对自我的认知，并可通过反馈与修正，纠正最终职业目标与分阶段职业目标的偏差，保证职业生涯规划行之有效。同时，通过评估与修正还将极大地增强个人实现职业目标的信心。

## 三、员工职业生涯管理

员工职业生涯管理要求员工在激烈竞争的职场环境中主动经营自己的职业生涯，懂得利用机会，勇于接受挑战，并能根据环境的变化和要求适时地调整自己在职业生涯不同时期的职业发展目标。

### （一）员工职业生涯的早期管理

所谓职业生涯早期，即由学校进入组织，在组织内逐步"组织化"，并为组织所接纳的过程。这一阶段一般发生在 20~30 岁，是一个人从学校走向社会，由学生变成雇员，由单身生活变成家庭生活的过程，对这一系列角色和身份的变化必然要经历一个适应过程。在这一阶段，个人的组织化以及个人与组织的相互接纳是个人和组织共同面临的、重要的职业生涯管理任务。

在这个阶段，组织一般都会为员工制定切合实际的个人职业发展规划，对个人的职业生涯进行管理。为了更好地实现个人职业生涯目标，个人应该按照组织的发展目标和发展方向，配合组织进行个人职业生涯规划和管理。杜映梅（2011）对个人职业生涯早期的管理归纳了以下七个方面的内容：①提供自己的真实资料，如关于个人的资历证书、曾参加过的相关培训证明以及有关证明自己的特长和能力的材料等；②从上司或同事那里获得有关自我优势及不足的信息反馈；③获得晋升机会；④与管理人员沟通发展的趋向；⑤与管理人员一同制定可行的方案；⑥按照制定的行动方案努力工作；⑦与组织内外不同工作群体的员工进行接触。

作为组织中的一员，个人应当积极主动地采取措施配合组织进行职业生涯的管理，以便更好地促进个人职业目标的实现。

### （二）员工职业生涯的中期管理

在经历了职业生涯早期阶段，完成了员工与组织的相互接纳后，个人也就进入了其职业生涯中期阶段。职业生涯中期阶段一般是指 30~50 岁（女性到 45 岁）这一阶段。这一阶段的员工在家庭方面，上有老，下有小，处在"三明治"的中间阶层；在生活方面，员工已成为家庭的支柱，是家庭成员依赖的核心，既要赡养父母，又要努力为子女创造优质的生活环境，开支巨大，生活压力达到最大；在职场方面，员工经历了职业的初期阶段，虽然积累了一定的人生经验和阅历，能够较好地把控工作，业务娴熟，处于发展和提升时期，并逐步达到顶峰，但是随着个人年龄的增长，经受挫折失败和继续保持斗志的能力降低了，尤其在身体机能上，逐步从高峰转向衰退阶段，记忆力减退，失误率增多，接受新知识能力降低，整体承受工作压力的能力逐步下降，工作效率降低。精力的下降，使处于中期阶段的员工随时遭受年轻人的冲击，从而出现"职场 35 岁"危机。对企业和个人双方来说，这一阶段既是黄金期，也是危险期，因此，应当根据发展的特点和问题采取相应的管理措施。这些管理措施主要包括如下四个方面：①适当考虑降低职业生涯目标；②学会成功求职的技巧；③树立终生学习的理念；④保持身心健康。

综上所述，在职业生涯中期，个人必须采取科学的管理方法对自己的职业生涯进行有效的管理，以促进个人职业生涯目标的顺利实现。

**例证 11-7** ■ ■ ■

雷军：不断学习成就"小米"的梦想

### （三）员工职业生涯的后期管理

员工职业生涯后期阶段一般出现在 50 岁至退休年龄之间，在这一阶段，个人的职业工作、生活和心理状态都发生了较大的变化，并呈现出某些明显的特征。因此，处在这一阶段的员工应该做好职业生涯的后期管理。

1. 承认竞争力和进取心的下降，学会接受和发展新角色

处在职业生涯后期阶段，个人要勇敢地面对和欣然接受生理机能衰退及其所导致的竞争力、进取心下降的客观现实，另辟新径，寻找适合自己的新职业角色，以发挥个人的专长与优势。

现在的老年人往往都有一种不服输的劲头。许多一度被认为应该结束工作而退休的员工，现在都已经开始了自己的第二次（甚至第三次）工作。在现实工作中，当师傅，带徒弟，培育新雇员；充任教练，对员工进行技能培训；充当参谋、顾问等角色，或出谋划策、提供咨询，或者从事力所能及的事务性工作，等等，均不失为适宜职业生涯后期阶段的良好角色。

2. 学会接受权力、责任和中心地位的下降

（1）要从思想上认识和接受"长江后浪推前浪"是必然规律，心悦诚服地认可个人职业工作权力、责任的减少以及中心地位的下降，求得心理上的平衡。

（2）将思想重心和生活重心逐渐从工作转移到个人活动和家庭生活方面，善于在业余爱好、家庭、社交、社区活动和非全日制工作等方面寻找新的满足源。例如，通过钓鱼、养花、收藏、旅游与老同学畅谈，参与社会治安和交通治理，或者从事新职业等活动来充实自己的生活，满足自己的需求。

3. 回顾自己的职业生涯，为退休做准备

在职业生涯结束之时，员工应当很好地回忆一下自己所走过的职业生涯道路：一方面，可以总结和评价自己的职业生命周期，为自己的职业人生画上一个圆满的句号；另一方面，也可以通过总结自己职业生涯成功的经验和失败的教训，现身说法对新员工进行培训教育。与此同时，还要做好退休的准备工作。

（1）做好退休的充分思想准备，培养个人兴趣，策划退休后的生活。在职业生涯后期，个人应当主动为自己的生活做打算：如果身体好，工作还能延续，可以找一个理想的单位，继续自己的事业；如果觉得忙碌了一辈子，生活比较单一，在精力允许、经济上有保障的情况下，可以参加旅游等活动。拥有一个健康的心态，才会享有一个健康的生活。

（2）抓紧退休前的时间，使自身职业工作能够有一个圆满的结束和交代，培养接班人。在即将退出职业生涯时，应尽可能地发挥自己的经验优势，帮助组织培养年轻员工。在培养接班人的过程中，个人也会感到愉悦和受尊重。

（3）为退休做好财务准备。越早开始理财就越有收获，退休后的所得也就会越多。

### （四）新生代员工职业生涯管理

新生代员工是指已经进入职场的"80后""90后""00后"的年轻一代人（汪璐，2017）。新生代员工生长于计划经济体制向市场经济体制转型期，接受过传统的社会主义爱国教育，也受到新世纪教育模式的影响。他们中大多数是独生子女，也是高校扩招、市场经济、东西方文化冲突共同熏陶的"复合体"，他们享受到了物质文明的极大丰富，

对企业和商业社会的认知有自己的想法。因此，新生代员工的基本特质是：重视个人兴趣目标和自我价值实现，维护自己权利，不愿意受规则的约束，自我意识强；他们也开放，处理问题的方式更为灵活。新生代员工的群体特征如下：①自我意识高涨；②崇尚自由、平等、多元化的价值观；③强调现实需求；④压力比较大，抗压能力弱；⑤文化水平高，学习能力强；⑥愿意表现自己，渴望被认可和成功；⑦有激情，有活力，厌倦单调的生活；⑧缺乏自我定位；⑨漠视职场文化；⑩缺乏责任意识。

近年来，新生代员工一方面正逐渐成为企业的主力，在企业绩效提升方面发挥着重要的作用；另一方面，由于他们对职业更有选择性，对工作更挑剔，流动性更大，又在一定程度上增加了企业人力资源管理的难度。因此，针对新生代员工的特点及不同的职业锚类型，对其进行有效的职业生涯管理，不但可以使他们获得良好的职业发展，还有利于保证企业人力资源的相对稳定。对新生代员工进行职业生涯管理具体包括以下几个措施。

1. 重视并创新职业规划管理

企业提升对新生代员工职业生涯规划的重视程度，根据新生代员工自身的实际情况，制定适合他们发展的职业生涯发展规划，具体包括以下几点：①加强员工自我认识；②建立职业生涯互助小组；③建立和完善职业生涯规划体系；④建立对职业生涯目标的评估和反馈机制。

2. 完善培训体系

培训体系是企业实现成长和人才储备的一个重要保障，同时也是新生代员工职业生涯规划中提升自身知识水平和职业能力的重要渠道。

（1）明确企业直线管理者的职能和职责。直线管理者做好企业的在职员工培训，并指导新生代员工制定职业生涯规划，同时给下属提供一定反馈信息，进一步完善其职业生涯规划。

（2）明确企业人力资源部门的职能和职责。企业人力资源部门主要负责员工培训计划的制订，并为其提供职业发展咨询服务，提供岗位轮换机会，等等。

3. 协调好企业和新生代员工的关系

企业新生代员工在工作经验方面比较欠缺，而工作要求又比较苛刻。基于此，中小企业应以有机融合企业和员工之间的双方需求为基础，开展职业生涯规划管理工作，使职业生涯规划发挥最大的效用。

（1）面对面交流互动。在系统培训之后为新生代员工积极组织职业生涯规划宣讲会，和新生代员工多进行面对面互动活动。

（2）结合新生代员工的职业兴趣、性格和职业期望等相关信息，对新生代员工进行素质测评。根据新生代员工的测评结果，综合考虑企业的发展战略及发展需求等因素，进而构建职业生涯规划方案，使其有机融合双方需求，达到企业发展目标和新生代员工发展目标协调一致，促使企业和员工维持双赢关系，组成利益共同体。

（3）进一步整合企业发展目标和员工个人职业发展目标，加强企业、员工之间的心理契约和情感上的联系。积极利用微博、微信和 QQ 群等建立企业职业发展群，安排专人主要负责在线上和新生代员工进行交流互动，及时掌握新生代员工的心理动态，了解他们对企业管理等方面的看法，解决他们的问题，以提高新生代员工对企业的认可度和忠诚度。

### 四、员工职业生涯规划的错误认识与对策

当前在一些组织中，无论是组织还是个人，对员工职业生涯规划这一重要的人力资源管理过程还没有给予高度重视。下面针对一些企业中员工个人在进行自身职业生涯规划时所产生的错误认识进行简要的分析，并提出相应的对策。

#### （一）员工不能进行正确的自我定位，难以选定适合自己的职业

自我定位的目的就是正确地认识自己。只有正确地认识自己，才能对自己的职业做出正确的选择，确定适合自己发展的职业生涯道路。然而，对于大多数人来说，能够真正清醒地、正确地认识自己是一件比较困难的事情。大部分人在选择职业时，很少能够根据自身的能力、条件和兴趣等要素选定一份真正适合自己的职业，于是便出现了估计不足或错误的情况。

针对这一问题，有以下两种对策：①员工可以参考前面提到的三种自我定位的方法，结合自己过去的工作经历、兴趣、资历、能力和技能等条件，总结一个符合自身特点、富有意义的模式，这个模式会告诉你，什么东西是最重要的，它也就是最佳职业定位；②可以借助一些专家、咨询机构，对自己做一个客观正确的评价，选择最有利于自身发展且能够做出最大贡献的职业定位。

#### （二）目标过于理想，好高骛远，急于求成

有一些青年员工，尤其是从名牌大学毕业的学生，认为自己拥有高学历，工作必然做得好，升职也是必然的，处处表现出一种优越感。而当他们参加工作后，发现情况并不像他们想象的那样，要做好工作并不简单，这难免会使其中一部分人产生失落感。当主观愿望和客观现实不协调时，很容易使人产生挫败感，并可能一蹶不振。

对于高估自己能力和对现实缺乏正确认识的员工，企业可以安排一些专题讲座，用正反两面教材给他们敲响警钟，启发他们找到真正的人生目标。设立正确的人生目标后，只有一步一个脚印往前走，循序渐进，才能有所作为。同时也要学会扬长补短，当遇到困难和挫折时，要坚持不懈，爱岗敬业，相信成功就在前方。

#### （三）认为职业生涯规划和自己没有关系，不思进取

有这种想法的人往往觉得在日常工作中做的都是维持性工作，工作内容稳定，因此觉得自己不需要进行职业生涯规划。这种人宁愿相信运气的作用，也不相信主动规划和经营会让自己的职业生涯发展产生变化，并从不努力把握自己工作和生活中的每一

次机会。

对这部分人,企业应该尽量帮助他们树立职业生涯规划意识,更新知识结构,转换思维模式,让他们认识到每个员工都应该在保持正确心态的同时,结合自身实际,在科研技术、生产操作、市场营销、企业管理等几种发展道路上选择适合自己的途径和发展方向。"凡事预则立,不预则废",员工必须学会重视自己的职业生涯规划,为自己职业生涯发展的成功奠定最坚实的基础。

### (四)盲目跳槽,没有确定职业目标

每个人在跳槽之前,都要确定自己的职业目标,"跳"不是目的,"发展"才是目标。就个人而言,重要的是对职业定位和规划有个清晰的认知,确定自己的求职目标,使自身的价值得到充分发挥,并获得应有的回报。但是,企业员工往往因为追求高薪、受热门行业的诱惑,或者在不了解新公司环境是否有利于个人发展的情况下选择跳槽,影响了自己的长期职业生涯规划。

上述问题反映出一些员工在跳槽时的盲目性。跳槽者必须充分认识跳槽前进行正确的职业生涯规划是必不可少的,只有清楚自己以往的职业特点、目前的职业定位以及未来的职业方向,才能确定合适的跳槽时机。因此,一定要明确地把握跳槽给自身带来的最大价值。为实现自我价值规划发展蓝图,努力拼搏、积极进取,最终走向成功的彼岸。

## 第三节 组织职业生涯规划与开发

组织职业生涯规划为员工的职业生涯取得成功提供了基本的载体和科学的指导。它为员工实现其职业目标明确了职业道路,能够充分调动员工潜能,使员工对组织的贡献达到最大化,从而也有利于组织目标或管理活动的实现。

### 一、在职业生涯管理中企业的角色

职业生涯规划不是仅靠组织或个人单方面就能进行的,成功的职业生涯规划必须将企业的发展和个人的发展结合起来,才能制定出有效的规划。

#### (一)企业在员工职业生涯规划中担负着引导的角色

员工的职业生涯规划各有特点,但是在员工刚进入企业之初,正处于职业发展的探索阶段,由于工作经验和社会经验不足,员工个人很难把握自己,进行自我定位,而人生设计和规划一旦偏离设定的目标,就会在自己的人生道路上造成障碍,同时也给企业造成人力成本上的浪费,无法创造价值。在这种情况下,员工需要企业设立专门的机构来引导自己制定职业生涯规划。

例证 11-8

**海尔集团的员工职业生涯规划**

### （二）企业以战略目标为前提进行员工职业生涯规划

企业战略是企业的一种综合性计划，关系到企业的生存和发展。它主要确定企业的目标和使命，以及企业的长期目标。企业进行员工职业生涯规划的前提是组织本身有规划，即有清晰的发展战略。组织战略决定了企业的业务发展方向，组织架构，人才需求的数量、结构和质量。在进行职业生涯规划时，这些都是影响员工进行自我定位和确定目标的重要因素。在进行职业生涯规划前，企业必须加强自身的洞察能力，将企业的战略计划、人力资源计划和职业生涯发展计划结合起来，根据未来的发展变化，预测未来人力资源的需求和供给状况，使企业目标和个人目标相一致，更加明确每个岗位的发展方向，发挥每个人的潜力，提高经营成果和效率。

### （三）企业应及时对员工职业生涯规划做出反馈和调整

随着在工作岗位中的成长和发展以及社会环境的变化，每位员工的生涯目标都不是一成不变的，特别是员工在同一性质岗位上工作一段时间后，其职业发展呈现出复杂化和多元化特征。

一方面，源于职业能力增强和工作经验的积累，员工各方面都趋于成熟，事业心和责任心增强，创造力旺盛，工作业绩有目共睹，这一时期是一个可以激发个体创造冲动和才干并创造辉煌业绩的时期。个人职业顶峰也比较多地出现在这一阶段，经过这一辉煌的职业高峰后，员工的职业轨迹会呈下降趋势。因此，企业对这类员工要尽可能地延长其职业高峰期，使职业运行轨迹趋于平而远，而非高而尖。

另一方面，一些员工开始面临个人梦想和现实成就之间的不一致，导致他们对自己的职业生涯产生怀疑，此时一部分员工会重新认识自己，审视自己目前所做的工作。如果他们的认同要素和需要从未得到满足，就会毅然寻找一份新的职业或职位，此时公司将面临经验丰富的团队或技术骨干流失的局面。还有一些员工感到自己竞争力下降，力不从心，从而产生个人职业危机，影响工作的积极性，也制约了企业劳动生产率和经济效益的提高，这同样是对企业人力资源的浪费。

## 二、不同类别企业的职业生涯规划

员工的职业生涯规划与企业息息相关。企业的类型会对员工的职业生涯规划产生一定的影响，那么，不同类型企业的职工生涯规划分别有哪些优缺点呢？

## （一）小微企业与创业企业

这类企业与大企业相比，在经济实力、管理、技术等方面均不占优势，在员工职业生涯管理中缺乏针对性。此外，这类企业管理者本身具有思想局限，如宁愿增加薪酬也不愿将经费用于开发员工的职业潜能（郭皓，2021）。但优势在于该类企业发展潜力大，能够在未来较长的时期内实现较高的战略目标。

董维和谢海南（2020）基于人才发展需求，对于小微企业和创业企业员工职业生涯规划提出以下三点建议。

（1）初期重点对员工职业素质进行培养，建立企业与员工的共同愿景，增强员工对组织未来发展的信心、对企业的凝聚力和感召力，从而降低员工流动率。

（2）成长阶段通过岗位再设计、工作轮换等手段为员工创造良好的晋升空间，强化、提升他们的专业技能和知识水平。特别是对于那些有创造力的员工，可以提供其感兴趣且有一定挑战性的工作，增强他们的工作成就感。

（3）成熟阶段的核心在于留住人才、用好人才。因此，企业管理者要和员工进行充分的接触和沟通，给予生活和工作上的关心与尊重，增加员工对企业的好感和信任，使员工在组织中感受到尊重和重视，从而更好地发挥工作积极性和创造性。

## （二）小型企业与普通民营企业

这种类型企业的劣势是规模小、人员编制少，缺乏完整的管理规章制度，缺乏职业生涯规划的运作资金，等等。但是也有它的优点：灵活机动，有充分发挥个人才智的机会，工作内容丰富，有比较多的表现和升迁机会。

由于员工进企业之初就被要求具有企业所需要的知识和技能，因此，企业很少花精力考虑员工职业生涯规划；还由于企业的短期效益比较明显，企业对员工的职业生涯规划会经常改变，而员工只能被动接受。

以下是给小型企业与普通民营企业员工职业生涯规划的三点建议。

（1）给员工比较多的工作类别和数量，以锻炼员工处理多种、大量问题的能力并由此提升员工的综合素质。

（2）在业务淡季组织员工进行内部岗位培训，支援其他部门工作，增加员工的阅历，锻炼员工的综合能力并发挥员工的潜力，在职位未提升的情况下增加员工的满意感。

（3）当出现空缺职位时，鼓励内部提升，并公开所有职位空缺机会让员工申请，形成一种人人积极向上的企业环境。

## （三）大型知名企业与外资企业

对于大型知名企业和外资企业来说，实施职业生涯规划的目标在于全面优化人力资源综合素质，提升管理效率（江旭霞，2019）。其优势在于有丰厚温馨的薪酬福利、系统完整的员工培训和职业生涯规划，能够丰富和美化员工阅历，等等；但同时面临着新经营模式探索、转型升级和创新投入等挑战。

一般来说，从员工进入企业之初，企业就给员工制定了一套完整的职业规划体系。

以下是制定大型知名企业和外资企业员工职业生涯规划体系的三点建议。

（1）测评先导。采用科学系统的人才测评方式，提供关于员工管理行为认知的基准画面，发现员工能力、行为短板；完成对学员的分层定位，使员工职业生涯规划有正确的方向。

（2）靶向培养。根据学员现状，完善定向培养和梯队培养接班人计划，为企业在业务扩张之前培养储备人才。定向培养是指公司对胜任某一职位所必须拥有的素质和掌握的技能进行规划培养，梯队培养是指对公司基层、中层和高层职位所采取的梯级培养方式。

（3）制订心理辅导及职业操守养成计划，让员工对工作压力和工作态度有一个正确、健康的认识，同时提供一些思想上的引导和必要的行为约束。

### （四）普通国有企事业单位

普通国有企事业单位的优势在于员工的薪酬福利有基本保障，员工的工作、生活平稳安定。但员工跨部门横向发展机会较少，员工职业生涯发展通道较为单一；如果没有发生严重错误，被任命的管理者在一个岗位上会工作多年直到职业生涯的末期（叶先霞，2017）。此外，还存在员工数量大于单位编制、单位制度缺乏透明度、单位员工关系复杂等问题。以下是给普通国有企事业单位员工职业生涯规划的三点建议。

（1）公开办事制度程序，给员工一个平等的竞争机会，实施员工工作激励机制，让员工充分发挥个人才智，加强工作的责任感，提高单位的整体工作绩效。

（2）实现职业发展通道的"纵向畅通、横向互通"。"纵向"畅通即根据不同工作岗位，设置不同的晋升方式。例如，行政部的员工可以按照岗位等级进行晋升，工程部的员工可以按照专业技术职务进行晋升；"横向"互通即允许员工根据自身的职业兴趣和职业规划进行职位轮换。

（3）鼓励员工在工作之余积极参加各种继续教育、职业技能培训、职称考试等，并根据企业发展的实际需要，给予员工一定的补贴。

## 三、组织职业生涯规划的步骤

尽管由于员工个体的差异而使员工职业生涯规划的内容各不相同，但组织在为员工制定职业生涯规划时需要考虑的因素却是基本相同的，它们一般包括以下四个方面。

### （一）对员工进行分析与定位

组织应当帮助员工进行比较准确的自我定位，同时还必须对员工所处的相关环境进行深层次的分析，并根据员工自身的特点设计相应的职业发展方向和目标。这一阶段的主要任务是开展员工个人评估、组织对员工进行评估和环境分析三项工作。

#### 1. 员工个人评估

职业生涯规划的过程是从员工对自己的能力、兴趣、职业生涯需要及其他目标的评估开始的。员工个人评估的重点是分析自身条件，特别是自己的性格、兴趣、特长与需求等。在这个过程中,职业生涯指导专业人员在员工的自我评估这一环节主要是为员工提供指导,如提供问卷、量表等,以便员工能够更容易地对自己进行评价。

2. 组织对员工进行评估

组织对员工进行评估是为了确定员工的职业生涯目标是否现实。组织可以通过以下三种渠道对员工的能力和潜力进行评估。

(1) 利用招聘筛选时获得的信息进行评估,包括能力测试、兴趣爱好、受教育情况以及工作经历等。

(2) 利用当前的工作情况进行评估,包括绩效评估结果、晋升记录或晋升提名、提薪以及参加各种培训的情况等。

(3) 利用员工个人评估的结果进行评估。

为了评估员工的潜力,许多有名的国际公司都设立或使用评估中心直接测评员工将来从事某种职业的能力。评估中心的评估可以帮助组织确定员工可能的发展道路,同时也能帮助员工知道自己的优势与劣势,以便于员工更加现实地设定自己的职业发展目标。

3. 环境分析

环境分析主要是通过对组织环境、社会环境、经济环境等问题的分析与探讨,弄清环境对职业发展的作用、影响及要求,以便更好地进行职业选择与职业目标规划。

人是社会中的人,任何一个人都不可能离群索居,而必须生活在一定的环境中,特别是要生活在一个特定的组织环境中。而环境也为每个人提供了活动的空间、发展的条件和成功的机遇。特别是近年来,社会的快速变迁、科技的高速发展以及市场的竞争加剧对员工的发展产生了巨大的影响。在这种情况下,员工如果能够很好地了解和利用外部的环境,就会促使其事业取得成功,否则就会处处碰壁,难以发展。

(二) 帮助员工确定职业生涯目标

帮助员工确定职业生涯目标,主要包括职业选择以及职业生涯发展路线的选择两个方面。

职业选择是事业发展的起点,它的正确与否直接关系到事业的成败。据统计,在选错职业的人当中,有76%的人在事业上是失败者。因此,组织应当开展必要的职业指导活动,通过对员工的分析与对组织岗位的分析,为员工选择适合的职业岗位。

职业生涯发展路线是指一个人选定职业后向什么方向发展以实现自己的职业目标,如是向专业技术方向发展还是向行政管理方向发展。发展方向不同,对个人的要求也就不同,因此职业生涯发展路线的选择也是人生发展的重要环节之一。职业生涯发展路线选择的重点是组织通过对职业生涯路线选择要素的分析,帮助员工确定职业生涯路线并画出职业生涯路线图。

组织内部的职业信息系统是员工制定职业生涯目标时的重要参考。在员工确立实际的职业目标之前,他们往往还需要知道有关职业选择及其机会方面的情况,包括可能的职业方向、职业发展道路以及具体的工作空缺。

组织应当根据自身既定的经营方针和发展战略，预测并做出对未来可能存在的职位以及这些职位所需技能类型的规划，并对每一职位进行彻底的工作分析，如某项工作的最低任职资格、具体职责、工作规范等。员工可以根据它们确定自己的职业目标或职业规划。同时，组织还要鼓励员工思考不同职位的成功者所经历的职业发展道路，为员工勾画出不同的职业发展道路和前景。

### （三）帮助员工制定职业生涯策略

职业生涯策略是指为了争取实现职业目标而积极采取的各种行动和措施。例如，参加组织举办的各种人力资源开发与培训活动、构建人际关系网、参加业余时间的课程学习、掌握额外的技能与知识等都是职业目标实现的具体策略，另外也包括为平衡职业目标与其他目标（如生活目标、家庭目标等）而做出的种种努力。这些努力有助于个人在工作中取得良好的业绩。

在积极实施员工职业生涯规划的同时，根据员工的不同情况采取不同的职业生涯策略，对组织和员工的发展同样具有十分重要的意义。一般来说，在人生的不同年龄阶段，员工的兴趣、价值取向等都会有所转变。因此，组织应当对不同年龄段的员工采用不同的职业管理方法。

年轻人喜欢不断地自我摸索，寻找适合自己发展的职业道路。因此，向新加入组织的年轻人提供富有挑战性的工作，对他们形成良好的工作态度会产生深远的影响，并能使他们在今后的职业生涯中保持旺盛的工作热情和竞争能力。

人到中年后，往往对家庭、工作保障及社会地位考虑得更多，他们非常渴望获得以职务升迁为标志的职业成就。为了弥补职位空缺，组织可以安排他们对年轻员工进行传、帮、带，使他们认识到自己的重要性；对于那些已经有一定地位但不可能再继续晋升的员工，可以通过工作轮换提高他们的工作兴趣；对于即将退休的员工，组织可以为他们创造一些机会或提供一些条件来培养他们对有益身心健康的娱乐活动的兴趣，以便营造一个充满人情味的组织氛围，从而使企业获得员工的忠诚。

### （四）职业生涯规划的反馈与修正

由于种种原因，最初组织为员工制订的职业生涯目标往往都是比较抽象的，有时甚至是错误的。因此，在经过一段时间的工作以后，组织还应当有意识地回顾员工的工作表现，检验员工的职业定位与职业方向是否合适。通过在实施职业生涯规划的过程中评估现有的职业生涯规划，组织可以修正对员工的认识与判断。通过反馈与修正，可以纠正最终职业目标与分阶段职业目标的偏差。同时，通过评估与修正还可以极大地增加员工实现职业目标的可能性。

通过对职业生涯规划进行反馈与修改，构建组织发展战略以及员工职业目标之间的桥梁，是实现组织规划目标的重要手段。组织在了解了员工的自我评价与职业目标之类的信息后，可以此为依据结合组织的发展战略全盘规划与调整其人力资源。当组织未来的人力资源需求与某些员工的职业目标和个人条件大体一致时，组织就可以事先安排这些员工接触这些工作并使之熟悉起来；当然也可以根据未来职位的要求有的放矢地安排有关员工进行相关的培训,以便使其做好承担此项工作的任职准备。有些员工对本职工作并不喜欢,但对组织的另一些工作很感兴趣,如果这些工作的要求与这些员工的条件相匹配并且又有空缺,组织也可安排他们转岗,但是应当恪守"公平、公开、公正"的原则,以便获得最佳人选,也让员工获得最佳发展。

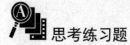 **思考练习题**

1. 什么是职业生涯管理?
2. 企业在职业生涯管理中扮演着什么角色?
3. 不同类型企业(国企、外企、民企)职业生涯规划的侧重点分别是什么?

 **培训游戏**

### 拍卖你的生涯

老师发给每人一张纸,上面打印着如下内容。

1. 豪宅;
2. 巨富;
3. 一张取之不尽、用之不竭的信用卡;
4. 美貌贤惠的妻子或英俊博学的丈夫;
5. 一门精湛的技艺;
6. 一座小岛;
7. 一座宏大的图书馆;
8. 和你的情人浪迹天涯;
9. 一个勤劳忠诚的仆人;
10. 三五个知心朋友;
11. 一份价值 50 万美元并每年可获得 25%纯利收入的股票;
12. 名垂青史;
13. 一张免费旅游世界的机票;
14. 和家人共度周末;
15. 直言不讳的勇敢和百折不挠的真诚;

……

老师用一只旧锤子充当拍卖锤。要拍卖的东西,就是在座诸位的生涯。

一个人的生涯,就是你人生的追求和事业的发展。它可以掌握在你自己手中。性格就是命运。生涯从属于你的价值观。通常当人们谈到生涯的时候,总觉得有太多的不可把握性埋藏在未知中,其实它并非想象中那般神秘莫测。现在,通过这个游戏,大家可以比较清晰地看到自己的爱好,预测自己的生涯。

老师再象征性地发给每人 1000 元钱，代表你一生的时间和精力，学生把这张纸上所列的诸项境况裁成片，一一举起，开始"拍卖"。学生可以用自己手中的"积蓄"购买这些可能性。

100 元钱起叫，欢迎竞价。当老师连喊三次，无人再出高价时，锤子就会落下，这项生涯就属于出最高价的学生了。注意，这里强调的是可能性，并非是真正的事实，它的意思就是你用 999 元竞得了豪宅，但并不等于你真的拥有了一片仙境般的别墅，只是说你将穷尽一生的精力为自己争取这所房子。相信只要你竭尽全力，把目标当成整个生涯的支撑点，实现的可能性就会很大。

这个游戏的分量举重若轻，它把我们人生的繁杂目的形象化了——拼此一生，你到底要什么？

 **学以致用**

小铎是一名大学四年级会计学专业的学生，目前在某知名外资银行实习。在实习期间，他参加了该企业开展的一系列员工职业生涯培训与开发讲座，认识到了职业生涯规划与管理的重要性。于是，他决定立刻动手，详细规划自己的职业生涯，内容包括制定职业发展短期、中期及长期目标等。

将班级分为若干小组，参考本章中的相关内容，展开讨论，提醒小铎在职业生涯规划中需要注意的事项，并结合自身实际，做出其毕业后 3～5 年的短期职业规划。

 **案例分析**

### 零点集团员工职业规划案例

 **参考文献**

[1] 董维，谢海南. 小微企业人才流失诱因分析及对策探讨[J]. 投资与创业，2020，31（23）：134-137.

[2] 董晨阳. 全球四大名企的职业生涯规划[J]. 职业，2014（34）：25-27.

[3] 杜映梅. 职业生涯管理[M]. 2 版. 北京：中国发展出版社，2011.

[4] 高玉美. 浅析公司员工职业生涯管理[J]. 人力资源管理，2016（1）：45-46.

[5] 郭皓. 浅议当前小微企业员工职业生涯管理[J]. 河北企业，2021（4）：126-127.

[6] 江旭霞. 国有企业员工职业生涯管理问题研究[J]. 企业改革与管理，2019（10）：

59-60.

[7] 戚风. 眼界决定你的高度：任正非给创业者的人生智慧课[M]. 北京：台海出版社，2019.

[8] 汪璐. H公司新生代员工职业生涯管理体系研究[D]. 济南：山东大学，2017.

[9] 叶先霞. 基于中小型国企人力资源开发视角下的员工发展浅谈[J]. 中小企业管理与科技（中旬刊），2017（9）：26-28.

[10] 阳范文，章喜明. 医疗器械研发管理与创新创业实践[M]. 广州：华南理工大学出版社，2021.

[11] 余敏. 企业新进大学生职业生涯管理与培养机制研究[D]. 桂林：广西师范大学，2013.

[12] GALVIN T. Ohio savings bank[J]. Training, 2003(3): 60-61.

# 第十二章
# 企业培训外包

## 学习目标

1. 了解企业培训外包的概念和特点;
2. 掌握企业培训外包的实施流程与方法;
3. 掌握企业培训外包的风险与防范措施;
4. 了解企业培训外包的发展趋势。

## 引例

### 龙海集团的培训外包

龙海集团成立于20世纪80年代,主要从事铝合金的研发、制造和销售业务,目前在全国共有三十家分公司和超过一万名员工。为给公司培养更多优秀人才,龙海集团人力资源部决定培训中高层干部领导,并采用外包的形式进行这次培训。

培训首先成立了培训小组,明确了参加培训的对象是董事会、各分公司总经理等一百多名中高层领导干部人员。接着制订了详细的培训工作计划,筛选了满足此次培训需求的培训机构和讲师,选择了合适的培训场地。经过半年的培训筹备工作,人力资源部与一家专注于领导力研究长达十余年的培训机构签订了培训协议,并约定由对方的金牌培训师为这次参加培训的中高层领导干部培训。在培训前期,培训小组全程试听了培训课程,全面了解了授课讲师的培训内容、培训风格以及培训方法等信息,并就如何顺利开展培训活动与对方进行了充分的沟通。同时,培训小组通过访谈和实地调研等方法对该培训机构的企业文化、培训声誉、发展历程等信息进行了全面的了解。在培训结束后,培训小组对此次培训的满意度进行了调查,学员对培训讲师的总体评分为8.8分(总分10分),对授课内容的总体评分为8.4分,表明了本次培训活动取得了较好的效果。

资料来源:陈彩,张瑶. 谈企业培训外包[J]. 合作经济与科技,2016(4):111-112.

从龙海集团企业培训外包取得成功的例子中可以看出,随着现代社会经济的发展和企业培训员工需求的增加,培训外包作为企业资源应用的一种有效组织形式正在快速发展。那么，什么是培训外包？它具有哪些特点和风险？如何实施和管理呢？本章将围绕这些问题主要介绍培训外包的概念和特点、培训外包实施和管理以及企业培训外包的发展趋势。

# 第一节 企业培训外包概述

企业培训可能由于企业内部资源的限制而难以有效进行。为提高员工培训的效率，开发人才，从而实现人力价值的提升，同时保持企业的核心竞争力，培训外包成为许多企业的选择。

## 一、企业培训外包的概念与特点

### （一）什么是企业培训外包

外包（outsourcing）是由哈默尔（G. Hamel）和普拉哈拉德（C. K. Prahalad）于1990年首先提出的，一般是指组织把自己做不了的、做不好的事交给专业公司去完成，利用它们的专长和优势达到降低成本、提高生产率和增强发包商竞争力的一种管理模式（汪应洛，2007），其核心理念是"做自己做得最好的，其余的让别人去做"。

根据《商务部关于做好服务外包"千百十工程"人才培训有关工作的通知》（商资函〔2006〕111号），服务外包业务主要包括两个方面：一是信息技术外包服务（information technology outsourcing，ITO），指服务外包发包商委托服务外包提供商向企业提供部分或全部信息技术服务功能，主要包括信息技术系统、应用管理技术及技术支持的服务；二是业务流程外包服务（business process outsourcing，BPO），指企业将一些重复性的非核心或核心业务流程外包给供应商，以降低成本，同时提高服务质量。随着网络技术的发展和全球化程度的加深，发包商不再局限于将直接的IT业务进行外包，而是将其拓展到承包商业务流程领域，也就是业务流程外包。

业务流程外包是信息技术外包的扩展，服务提供方不仅为客户提供信息技术服务，而且提供基于信息技术的各种业务流程服务，具有资源消耗低、就业机会多、综合效益好的特征（李宗乘，2013）。业务流程外包应用的行业领域包括财务外包、人力资源外包、金融银行外包、文件管理外包、客户关系管理外包，而培训外包是人力资源外包的重要组成部分。

企业培训外包是企业为获得专业化服务，优化培训资源，增强人力资本的核心竞争力，以委托代理的形式将本应由内部人力资源完成的全部或部分培训职能交给外部专业机构来完成的一种形式（陈彩，张瑶，2016），可以分为完全外包和部分外包。完全外包是指企业将整个培训业务（包括制订培训计划、设计课程内容、确定培训时间、提供培训后勤支持、培训设施管理、选择培训讲师以及培训课程评价等）交给第三方培训机构来实施。部分外包只是将部分培训任务交给第三方培训机构来实施。

根据外包是否外部化，企业培训外包还可以分为内部外包和外部外包。内部外包实际上是指将整个培训职能交给本企业的人力资源部来实施，或者是聘请专家来企业进行培训，实际上它是内部培训的一种优化形式，如百度公司设置的内训机构——百度大学和百度技术学院（王永民，马青华，杨美龙，2015）。而外部外包则是将培训职能交给外部培训承包商。后面我们将学习培训外包的决策模型，用来界定培训活动内部化还是外部化。

企业培训外包可使培训与开发活动更有效率地运行。如果企业要节省开支或者缺乏中高层管理人员，可以将企业的培训职能全部或者部分外包给外部承包商，这样不仅可以节省人力，更重要的是企业可以提高自己的核心竞争力，集中力量搞好主要业务，还可以吸收更先进的管理理念。在培训外包的同时，为了达到预期的效果，发包商可以对培训活动进行全程监控，并对效果进行评估，使双方责任清晰。

### （二）企业培训外包的特点

外包行业首先是从制造业的外包开始的。最初的外包是为了降低生产成本，在地区或全球范围内实现资源的优化配置，利用自己的优势发展全球经济。企业培训外包最初的目的同样是降低成本。

随着信息技术的发展，培训外包逐步成为企业的重要选择。企业培训外包有以下六个特点（汪应洛，2007）。

1. 专业化水平更高

承接培训外包的培训机构一般都是某个领域的专家级承包商，实际上它们的核心竞争力就是它们所能提供的培训服务。从这一点上来说，它们对于承包的业务比培训外包方更加具有专业性。另外，作为培训服务机构，它们的服务水平也会更高。

2. 对人力资源要求更高

培训是一个系统的工程，要使培训高效，必须认真分析企业的状态、员工的水平及工作状态、岗位需求，还要尽可能分析得细致到位。这是一项非常复杂的工作，要求从业人员有相当丰富的实践经验和相关的培训教育经历。因此，企业培训外包属于知识密集型产业，它并非像制造业一样，只需要对员工进行简单的技能培训。由此，企业培训外包行业要做到专业化，对人力资源的要求是非常高的。

3. 低成本，高附加值

从收益上来看，企业培训外包的附加值非常高。培训外包所花的总成本往往比企业自己组织培训所花的总成本低，而达到的效果更好。对于承包商来说，同样的投入也能获得更多的利益。

4. 突破企业原来的管理模式限制，给员工带来新思想和新意识

通常情况下，企业发展到一定的阶段，都会遇到瓶颈。这时候如果实行企业培训外包无疑是突破瓶颈的最佳方式之一。专业的培训机构拥有专业全面的管理理念，能够快速找到企业发展的瓶颈，并且针对企业的瓶颈开展实用的培训，给企业带来新的机遇和生命力。企业在培训外包的同时，也引入了新的管理理念，能够培养员工的创新意识和创新思维，开阔员工的视野，给企业带来新技术，增加企业原动力。

5. 低消耗，无污染，并且不受地域的限制

企业培训外包像所有的服务外包行业一样，对于有形资源的消耗比制造业低了很多，也不会有废弃物的排放，运用的就是知识，可以说是非常环保的一个行业。

6. 成果无形化，难以量化评估

企业培训外包的最终结果不是实物化的产品，只是员工知识的增加和技能等综合素质的提升，因此到底企业培训外包效果如何，通常难以进行可靠的量化评估。

## 二、企业培训外包的动因理论

企业培训外包是建立在广泛的企业理论基础之上的。关于企业培训外包的动因理论有很多，综合了解这些观点有助于我们解释企业培训外包现象。季琴（2011）认为企业培训外包的驱动因素主要包括了经济环境、企业组织变革与人力资源管理职能、企业打造核心竞争力的需要以及降低成本且规避风险四个因素。韩雪（2015）认为企业培训外包的驱动因素主要包括经济环境和企业组织变革与人力资源管理职能的变化两个因素。这里我们将从战略管理、经济学和社会学三个方面分析企业培训外包的动因。

### （一）战略管理观点

1. 企业资源

沃纳菲尔特（Wernerfelt，1984）发表的《企业资源基础论》论文标志着资源基础理论的正式诞生。资源基础理论认为，企业是资源的集合体。各个企业拥有不同的资源，企业中的资源都具有差异性，如企业的知识和技能等，这些异质的资源给企业带来了竞争优势。

企业只有发展那些稀缺的、不容易被别的企业模仿的以及不可替代的优质资源，才可以在市场竞争中保持优势。因此，企业应该集中资源和能力发展自己的核心竞争力，而在自身不具备相应的资源和能力的情况下应该寻求外部资源来解决问题。企业将内部非优质资源业务外包，就可以把有限的资源集中投入自己具有优势的核心业务，降低机会成本和投资风险。企业可以利用培训机构的专业知识和经验，提高工作效率和客户服务水平，同时也增加获利能力。

企业从环境中获取资源，接包商和发包商是一种相互依存的关系。发包商不具备某种资源或者不愿动用某种资源，必须依赖接包商提供。资源的相互依赖性产生了企业风险，通过外包可以实现并扩展企业现有资源，与外部组织建立战略联盟和知识联盟，降低风险。

2. 企业核心竞争力

企业核心竞争力是指企业将各种资源或能力整合起来发展形成的一种非物质力量，是维持企业生存和发展的重要无形资产（叶达树，2015）。企业的核心竞争力是企业快速、低成本地集成各种生产技能、技术手段和资源以应对各个方面挑战的能力，具有价值性、独特性和延展性。企业培训外包的本质在于保留核心价值能力资源，借助其他组织的资源和专业化对自身进行整合，优化资源配置。

3. 企业价值链

企业价值链是指企业用来进行设计、生产、营销、交货以及对产品起辅助作用的各种活动的集合,是企业创造利润和获得核心竞争力的各项活动的集合,是企业内部各项活动的联系(宋倩,2009)。企业的价值创造过程是由一系列不同但相互联系的生产经营活动构成的,因此,企业的价值链就是单个环节的组成过程。但是,企业之间的竞争不是单个环节的竞争,而是整个价值链的竞争。整个价值链的综合竞争实力决定企业的竞争能力。通过外包,企业可以把自己不具有优势的培训活动转移出去,让那些擅长培训的接包商解决问题,实现整条价值链的最优化。

### (二)经济学观点

1. 交易费用

科斯(Coase,1937)在他的交易成本理论中提出,如果企业对市场进行部分占用,那么成本必然随之而来,将企业的内部运行成本做比较,如果前者较低,企业就应该选择内部化的发展运营模式;反之,企业就应该选择使用市场。

交易费用理论很好地解释了企业培训外包的动机,这主要表现在如下三个方面:①外包关系的建立使得企业和接包商建立联盟,也减少了相关的交易费用,如讨价还价的费用、发生冲突时产生的法律诉讼费用等。②外包可以减少企业内部培训的官僚主义。官僚主义会限制培训的灵活性,企业通过市场把培训外包给接包商,接包商往往能够比内部培训更快地提供培训服务,也就节省了成本。③培训外包减少了人力资源部经理隐瞒绩效的问题,外包绩效大于内部培训,同时还节省了费用。

2. 契约关系

契约是交易双方在平等互利的基础上自愿订立的在法律上具有约束力的协议,契约关系是企业之间约定一定的权利和义务的交易关系(俞海平,2014)。企业与培训机构之间的契约关系一般有以下特点,即持有一定的合作态度,追求长期的交易激励,并且着眼于未来的收益。这实际上强调了企业内部和外部培训机构的协作和交互关系。当未来的收益大于短期的收益时,双方就能够保持一种合作的态度,这同样有利于企业把培训外包给与自己有合作关系的培训承包商。

**例证 12-1**

广汽集团员工的培训外包

## （三）社会学观点

### 1. 社会交换论

社会交换论认为，人类的相互交往和社会联合是一种相互的交换过程，社会实际上是人们之间行为交换的结果（黄洁，王晓静，2016）。关系是相互的，双方相互作用、相互回报，投资大小决定利益大小，不会违背公平原则。培训外包是企业与培训承包商之间相互作用的一种关系体现，双方充分利用了彼此的核心能力，实现了资源的交换，进而达到优化配置。

### 2. 制度观点

制度为社会提供稳定性和规则，与活动资源相联系。对于企业而言，企业培训外包是组织制度的一种安排，会给企业和社会带来较大的收益。一方面，将企业培训外包纳入组织制度安排，可以将企业培训外包规范化，从而帮助企业获取更多的收益。另一方面，将企业培训外包纳入组织制度安排，可以将企业培训外包制度化，这有利于丰富员工的知识，促使社会更加和谐，从而为社会创造更多的财富。

## 三、企业培训外包的发展现状与前景

培训外包从经济学的角度上来说，无疑会给企业带来很大的经济利益，这种模式降低了企业培训的成本，实现了价值增值，同时提高了人力资源资本，使人力资源管理部门全力集中于主业，吸收外来先进管理经验，实现了资源的优化配置。当前，世界经济正面临新一轮产业结构的调整，人力资源外包已经成为经济全球化迅速发展的必然结果，培训外包业将获得进一步的发展。

### （一）国外企业培训外包的发展现状和动态

培训外包形式最早出现在美国。美国对员工培训的重视程度非常高，企业高层领导大多相当注重自身的不断提高和发展，也重视员工的培训与开发，因此，一般的大中型企业内部都设有各种类型的培训机构，配有专职培训人员，以培训本企业的职工和技术管理人员。

国外企业每年花费在培训上的费用相当高，下面列出了几家知名企业的培训费用占工资总额的比例。通用电气公司为 4.6%，美国 Roboties 公司为 4.2%，摩托罗拉公司为 4.0%，W. H. Brady 公司为 3.0%，德州仪器公司为 3.0%，联邦信号公司为 1.5%。

在美国，大企业由于体系建立完善，很多培训项目都拥有自己的特色，外部培训机构无法模仿，因此一般都设有自己的专业培训机构，如培训中心、公司大学等。而大型公司的培训机构多以公司大学的形式出现，如摩托罗拉大学、通用电气公司的四年制的管理进修学院和工程技术学院、英特尔大学等。有些公司也委托学校代培，或企业与学校联合培训、企业与企业联合培训。据统计，美国企业培训中 68%在企业内部进行，38%由社会各类学校和培训机构承担。

1. 成功实施外包的原因

国外企业能够成功实施培训外包的原因基于以下三个点。

（1）培训市场的产生、运转和发展完全由劳动力市场的需求所制约和决定。

（2）各机构的培训课程、培训方式、培训内容都随企业劳动力需求的变动而相应调整，真正做到为企业服务，与经济发展紧密相连。

（3）培训实行多样化、多方位的制度，因此，也更适应市场的需要。

2. 美国企业培训外包现状及特点

美国企业培训外包的现状及特点主要包括以下三点。

（1）企业培训内容由技术型逐渐转化为管理型，更加重视管理人才的发展。培训机构随市场变化而调整，企业可根据自身需求与培训机构商定培训内容。

（2）重视培训，每年花重金在培训项目上，且重视培训的质量和效益，培训机构提供的服务务必提高员工的业务能力，以使其更好地服务于企业。

（3）政府虽然不管培训，但是通过政策法规定期检查培训质量，这样有利于企业培训走向专业化，促进培训外包行业的发展。

### （二）我国企业培训外包面临的机遇和挑战

1. 机遇

在20世纪90年代之前，中国是全球工业大国，"中国制造"增强了中国的国力。但随着市场环境的不断变化，市场逐渐由卖方市场向买方市场转型，中国制造带来的问题和隐忧也日渐暴露，如果不及时调整就很难在新一轮的竞争中获胜。

以前的企业讲究的是成本控制，核心能力就是把成本控制好。根据现代企业管理的发展模式，其核心竞争力讲的就是创新，现在企业也更加重视培训，这就使得培训外包成为可能。同时，专业的培训机构和咨询机构也开始发展，在不断的发展过程中，积累了许多丰富的培训经验，这也给企业将培训外包出去提供了前提条件。

进入21世纪以后，培训外包在中国获得了越来越多企业及管理者的重视，出现了飞速发展的势头。目前人力资源外包市场的平均增长速度已经超过了中国GDP平均增长速度的1.5倍，发展前景广阔。随着中国客户对外包服务认知度的提高，外包服务的需求也将大幅增加。一些大的中国本土咨询公司对于培训的专注，为培训外包提供了良好的信誉保障。例如，北大纵横以其高水平的培训师队伍、国际化的管理理念及全心全意为企业服务的金牌服务赢得了市场。中国是发展中国家，人力资源服务业的发展水平有限，发展空间很大。

近年来，业务外包逐渐从信息技术领域转向人力资源领域的应用。人力资源外包成为一个新的热点。培训是人力资源管理的一项重要职能，企业培训可能由于内部资源的局限，仅依靠其内部力量难以及时有效地对员工进行培训，达到提高培训绩效、开发人力资源、实现企业人力资本升值等目标。但是企业培训外包是一个复杂的系统，在明确外包内容的前提下，选择适当的外包形式，按照一定的外包模式运作，才能有效实现企业的培训外包。

### 例证 12-2

**万宝盛华：全球开创性的人力资源解决方案的领导者**

**2. 挑战**

虽然我国的培训外包水平有了很大提高，但是与发达国家的管理水平相比还有一定程度的差距。加上国内关于培训外包方面的法律法规还需要进一步完善，外包企业门槛低，服务质量良莠不齐，大部分培训外包企业不具备国际营销的能力，达不到国际水平，严重阻碍培训外包行业的发展，给用人用工企业带来了巨大风险。

为了促进我国培训外包行业的发展，我们应该转变观念，改善我国培训外包体系，完善市场机制，形成外包市场产业，向专业化方向发展，创品牌信誉。同时，加大人才培养和开发的力度，积极培育我国培训外包市场，尽快带动企业培训外包，乃至整个服务外包产业的基础氛围和竞争优势的形成。

美国次贷危机引发的经济停滞以及日趋复杂的市场环境，使全球各国的服务外包企业面临严峻的生存考验。中国服务外包企业在"危""机"并存的全球市场中需要把握机遇，提升自身竞争能力。在国际市场的大环境下，由于中国培训市场炙手可热，一些国际大型培训机构极力进攻中国市场，攫取市场份额。"危机"作为一把双刃剑，将督促中国的一些优质企业进一步提升内部核心竞争力，为在全球竞争中占据更有利的地位做好准备。

### 例证 12-3

**NIIT 服务外包实训基地**

## 第二节 企业培训外包的实施和管理

企业培训外包的优势是很明显的，培训外包在企业的战略选择中越来越受到重视，但是如何实施培训外包以及怎样进行外包管理将决定培训外包是否能够产生优势。本节将讲述企业培训外包选择的流程、决策模型、培训外包项目的转移管理、双方合作伙伴关系管理和基础设施管理。

## 一、企业培训外包选择的流程

企业培训外包选择的流程主要就是引导企业如何选择合适的接包商,即培训承包商,以保证培训的效果和企业培训工作的顺利实施。确定好了培训外包选择流程,企业还可以借助培训服务承包商提高企业员工的业务技能和企业经营管理效率。这里我们将企业培训外包的流程细化为以下九个步骤(孙宗虎,邹晓春,2008)。

1. 培训需求分析

培训部门或负责培训的人力资源部必须先对企业的各类培训需求进行分析,再根据具体的培训项目要求,结合各类培训所需的直接和间接费用进行对比分析,初步商讨选择何种培训方式。

2. 确定培训外包方式

人力资源部决定所选择的培训方式后,将培训方式上报到上级部门进行审批,各级部门审批以后确定是否选择培训外包的方式。市场上能够提供的培训服务形式主要有公开课程、顾问式培训、网络课程式培训和管家式培训。公开课程通常能够满足中等企业内部一些不成规模的培训要求;顾问式培训是指请外部培训提供商到企业内部来,与企业进行交流和沟通,了解企业课程设置的需要,这种方式是以企业的需求为出发点,适合那些已经拥有了自己的一套成熟的培训体系但是缺乏培训师的企业;网络课程式培训的优点就是不受地域的限制,而且随着信息技术的发展,网络课程式培训越来越受到青睐;管家式培训是最高端的培训外包,是指企业把所有的培训工作都交给培训服务提供商。管家式培训服务的提供商必须拥有自己的知识产权和培训经验,培训体系必须健全,设施要先进,专业性要强。

3. 决定外包培训项目

培训外包分为全部项目外包和部分项目外包。企业处于精简状态时,建议将整个培训职能外包出去;企业处于发展之中且急需培训时,可以考虑部分项目外包。当上级部门同意外包以后,人力资源部必须根据现有工作人员的能力、培训预算、内容等商议需要外包的项目,然后培训专员要起草《项目培训计划书》。

4. 挑选培训服务商

衡量培训服务商的标准有声誉、财务稳定性、从事培训的经验、是否具有与本企业文化较为一致的价值观,以及能否在企业要求的时间内完成培训计划等。企业将培训项目外包,一般会涉及一些关键技术和核心优势的信息,在外包培训的过程中以及推出外包服务时就涉及关键信息外泄的风险。因此,培训服务商的信誉和价值观非常重要。另外,培训服务商的一些基本素质关系到企业培训的绩效,必须认真对待。

5. 寄送项目计划书

人力资源部需要将制订好的《培训项目计划书》寄送给挑选出的培训服务商。要注意的是，需求评价和项目计划书要求的质量对于找到最佳合作伙伴并建立起有效的培训和开发职能，对外包关系至关重要。

6. 接收并评价计划书回复

培训服务商回复项目计划书以后，人力资源部需要审议服务商提交的项目计划书，结合自身培训外包预期，对培训服务商的回复进行评价。与所有服务外包一样，培训外包也应当审议与目前组织内部担任该职能所发生的成本相比较的成本节约或成本增加。

7. 选定外包培训服务商

人力资源部根据培训服务商的回复内容以及事前了解的培训服务商的信誉、报价和素质等，最终确定培训服务提供商，并发出合作邀约。

8. 签订外包培训服务合同

双方经过协商以后，对培训的要求、费用等达成共识，对合同条款进行修订后签订《外包培训服务合同》，双方按照合同条款履行各自的责任和义务。为了确保企业的利益在外包合同中得到充分保证，应该清楚地把培训的要求和承包商没有达到期望时将采取的措施写入合同。费用是培训外包合同的重要内容，也是企业最关心的问题。因此，在签订合同时必须慎重审查培训时间的长短，其间是否会有费用的增加。如果有，何时增加，增加多少，增加的依据是什么，特别要充分考虑其中的隐性费用。

9. 跟踪和监控培训质量

人力资源部必须建立监督外部培训项目的质量和时间进度的机制，实施跟踪监控以确保培训效果，同时还应该定期监控服务费用、成本以及培训计划情况。监控最重要的就是要与培训服务商进行适时沟通，使对方了解企业的真正需要，让企业与培训服务承包方的企业文化互相适应和包容，还应协助承包方分析情况并做出及时改进，指导承包方建立质量保证体系。同时，要适时与受训员工沟通，了解培训内容的适用性以及培训方式的可接受性，以便督促培训方随时改进工作，提高培训效率。要注意客观评价培训效果，将培训外包的效果与培训服务提供商的酬金结合起来，降低培训外包的风险。

## 二、决策模型

关于企业培训的模式主要有自制培训、内部外包和外部外包三种。自制模式完全利用企业的内部资源。内部外包即将整个培训项目完全交给企业的人力资源部或培训中心。严格地说，内部外包并不是外包，而是企业内部职能承担的一种表现。外部外包就是将企业培训的部分业务或整个项目交给外部培训服务承包商，这是一种典型的外包模式。企业采取哪种培训模式，应该综合考虑企业培训决策的影响因素。决策模型如图12-1所示。

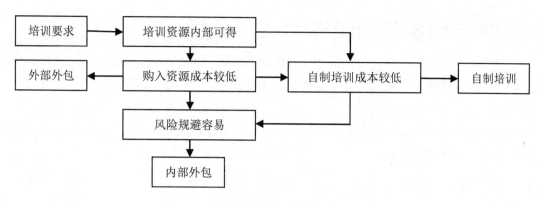

图 12-1 培训决策模型

资料来源：徐彬，段翀. 中小企业培训外包决策模型[J]. 华东经济管理，2006，20（3）：90-93.

业务的复杂程度、可竞争性和资产的专用程度三个因素决定了购入资源成本的大小。业务的复杂程度是指培训内容的复杂程度，包括签订合同的环境的不确定性、信息的不对称性和可能产生的风险。培训越复杂，购入资源的成本越高。可竞争性是指可以提供培训服务的市场的竞争力大小，如果某培训服务提供商没有竞争对手，说明市场的竞争性不大。可竞争性越大，购入资源的成本越低。专用资产是指某项资产对某种产品的生产做出很大的贡献，但投入其他用途时价值量较低。在培训中，专用资产是指培训服务提供商能够提供培训的培训师。资产的专用程度与购入资源成本成正比。

另外，核心竞争力理论根据培训项目是否为企业核心竞争力因素，提出基于核心竞争力的培训外包决策模型，如图 12-2 所示。随着知识经济时代的来临，人力资源管理已经在企业核心价值链上凸显了它的重要作用。而培训正是属于高战略性、低稀缺性的人力资源活动，为企业内部员工提供了高附加值。企业应该把主要精力集中于核心业务，把非核心、事务性、程序性的工作和项目予以外包，提高企业的核心竞争力。

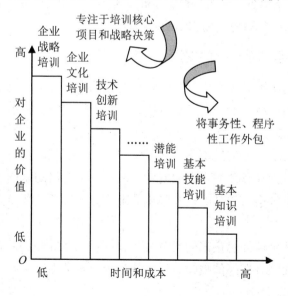

图 12-2 基于核心竞争力的培训外包决策模型

### 三、企业培训外包项目的转移管理

培训外包的转移阶段是企业应该采取风险管理措施和战略的阶段。首先，企业必须选择个人或一个团队，或者指定一位管理者负责建立一个项目管理团队，并实施项目管理计划。项目管理团队负责整个企业与培训外包有关项目的实施。企业培训外包项目转移管理的主要工作包括挑选服务商、获取领导层与管理层的支持、与员工进行沟通、解决失业以及工作转换问题。

#### （一）挑选服务商

成功进行企业培训外包，建立一系列挑选培训服务提供商的标准是十分重要的，以下是评价培训服务提供商的六个标准（杜贵怡，朱萍萍，2020）。

（1）**共享性**：拥有共享价值观的培训外包服务商，不仅着眼于当前的培训任务，还会从企业战略的角度思考，制定有助于员工长远发展的培训项目。

（2）**专业性**：培训外包商应具备面向不同岗位的专业培训系统，包括培训需求分析、培训师资、培训方法、培训课程、培训评估等。

（3）**实践性**：外包商应能够根据企业情况制定更优培训方案，企业可依据外包商过往的项目经理，分析其口碑、业务范围、培训成效等，检验其实践水平的高低。

（4）**时间性**：培训服务提供商应能够满足企业对时间和工作量的需求，能够履行承诺。

（5）**合作性**：包括内部合作和外部合作，内部合作指培训外包服务商内部的团队管理，有凝聚力、合作意识的团队能发挥更大的效能；外部合作指培训外包商与企业的合作关系。

（6）**稳定性**：包括财务、人力资源、发展状况等，其中财务是否稳定是判断外包商的重要标准，必须要求服务商提供信用证明。

#### （二）获取领导层与管理层的支持

企业培训外包的实施必须得到高层主管和经理的大力支持。高层主管在培训外包决策中起着十分关键的作用，他们的意见直接影响各级经理的支持度，如果高层主管的支持力度不大，各级经理的支持度也会下降，直接导致员工的积极性和参与程度下降。

企业培训外包对于人力资源部就是一次组织变革，变革的过程中总会存在阻力，如何处理这些阻力就是领导者需要考虑的问题。对于一些明显的阻碍者，可以直接使用一般的纪律规范和激励策略，但是对一些隐藏的阻碍者，必须花费精力才能找出他们的意图以约束他们。

在处理由于企业培训外包带来的变革时，领导者应该好好规划企业未来的愿景，并宣布培训外包是企业精心选择的战略方法，能为企业和员工带来好处。这样的做法往往能够收到更好的效果。

### （三）与员工进行沟通

对于管理者来说，要以正确的态度对待企业培训外包所带来的影响，最直接的方法就是真诚地与每个员工就企业的目标进行沟通，使员工了解自己的能力和组织要求之间的差异。在工作中要管理好员工，真诚是最好的策略。如果管理者没有用审慎的、积极的和有导向性的信息与员工沟通，培训的目的就有可能被员工误解，从而弱化培训的效果。

### （四）解决失业以及工作转换问题

企业培训外包可能使一些企业的人力资源部门的工作重点发生转变，涉及的往往是收入一般的普通工薪层。如何应对由企业培训外包带来的失业和工作转换问题也是一个亟待解决的问题。项目管理团队应该对每一种培训外包的可能反应都加以管理。

培训成本的组成应该包括已计划的职位工作损失、职位转换、员工解雇费用和新员工招聘培训等所有费用。项目管理团队最好找到一个能够使所有人的满意度达到最大值的计划，以确定培训外包工作的顺利实施。

## 四、双方合作伙伴关系管理

双方合作伙伴关系管理主要包括合同管理和双方关系管理。

### （一）合同管理

#### 1. 合同的签订

与培训服务提供商签订合同时应注意，合同条款是外包服务中最重要的环节，合同条款制定的详细程度和明确性将直接影响合同的履行。一份好的外包合同条款对合同中的工作有清楚的界定，能够在双方出现分歧时成为解决争端的依据。

企业培训外包合同可以分为市场型合同关系、中间型合同关系和伙伴型合同关系三类。由于三种合同关系涉及的发包商和接包商的关系程度不一样，应该注意的要点也不相同。

1）市场型合同关系

如果企业的培训需求明确无歧义，培训内容简单，并且没有续约的必要，则企业与培训承包商只需要签订市场型合同。签订合同前需要全面深入了解需求，对承包商进行择优录用，合同条款必须简明、完善、无异议，并且要事前商议好价格。

2）中间型合同关系

对于企业来说，有时候某些需求无法事先确定，预计在合同期内可能发生变化，另外企业所掌握的要签订合同的培训服务承包商的信息可能不完备，或者企业可能对合作关系进行人力、物力等专门投资，这时候最好与培训承包商保持中间型合同关系，采取变动定价方案使双方共同承担风险，同时将承包商的报酬与经营绩效挂钩，并且明确终止条款。

### 3）伙伴型合同关系

伙伴型合同关系是指那些培训要求不很明确、资产专用性较高且续约可能性极大的双方关系。伙伴型关系签订合同时须注意，对不可预知事件采取共担风险、共享收益的定价方法，要明确利润分配条款和争端与分歧解决机制，要对变更合同条款的权利进行说明。

企业应当确保自己的利益在外包合同中得到充分保证，还应该清楚地把自己的要求和承包商没有达到期望将会采取的措施写入合同。

**例证 12-4**

美国雇主/工会在培训中的合作关系

### 2. 合同的履行和条款变动

由于企业一般在业务外包方面缺乏足够的经验，因此为了与承包商更好地合作，企业最好聘请经验丰富的专业律师充当外包项目的法律顾问。外包合同中的重要条款主要包括服务范围、绩效标准、定价计划、第三方审计和合同条款转化及终止。但是，企业是处在一个动态的环境中的，在培训过程中培训的要求有可能改变，合同中应该规定变更通知程序。

变更通知程序包括变更的申请、变更的前提条件、变更的权限、变更的授权等。如果企业的变更要求是执行政府和法律部门的规定，则应该在合同中规定通知承包商的条款，包括变更需求的确定、实施变更的时间表以及确定的方法、额外工作的支付方式。

另外，企业的需求也是不断变化的，可能要求承包商做一些原始合同中没有规定的额外工作，企业应该明白这一点，并在合同中增加一些相应条款，包括培训的额外条款、费用计算等。

### 3. 合同的终止

外包关系可能在合同到期时以正常的方式结束，也可能提前终止。通常，外包合同包含以下六种情况的合同终止说明（孙强，左天组等，2004）：①诉讼、破产等原因；②违约；③合同终止后的职能过渡期限；④保留合同收回外包职能的权利；⑤移交技术、人员、软硬件服务的规定；⑥对承包商帮助过渡的责任进行规定。

拟订合同时应该注意，双方都要保留自己终止合同的权利，如果合同无法继续，则需要安排一个平稳过渡时期。过渡期间承包商仍有义务继续为客户提供外包服务，并协助企业进行培训外包的移交，仔细交付工作，顺利完成下任培训承包商的挑选。承包商也可以要求客户继续支付他们已完成工作的费用。在终止合同时企业应该保留企业对财产和核心资源的使用权和访问权，调回原来分配给承包商的某些关键人员。

### （二）双方关系管理

企业培训外包双方关系管理一般从有战略合作意向的那天开始。成功管理企业培训外包的关系对于接发包双方来说都是一个挑战，关系管理在一个成功的外包项目中起着非常重要的作用。

在双方利益上，企业应加强对培训服务承包商的监督，加强协作沟通，使承包商了解企业的真正需要，同时又要尊重接包商的利益需求；接包商应协助企业分析情况并做出及时改进，指导企业建立质量保证体系。在企业文化上，双方应互相适应和包容，定期召开会议进行沟通，双方的项目主管要保持密切联系。双方责任应当在合同中明晰地表达出来，并适当增加关于服务水平的协议修正以及调整的条款。

企业项目管理团队应当使用系统的识别方法和决策技巧来解决、处理关系中的问题，发展人与人之间的关系准则，同时要明确项目管理团队结构变动以及成员变动时的处理方法。企业内部应注意公平分配员工的受训机会，通过培训提高员工、管理人员以及顾客的满意度。

外包结束时，通过评价企业是否节约了时间和成本、是否调整了人力资源部门，以及企业对核心价值的关注来评估此次培训外包是否得到成功实施。

在双方关系管理中，为了使双方都实现收益最大化，首先必须相互信任。在企业进行人力资源管理外包的决策中，外包企业与外包服务提供商必须经过双向的信息沟通和交流，互相取得信任后，才会签订外包合作合同，而且信任关系建立得越快，外包合同的签订越快，使双方节约很多交易成本（冯国良，2015）。信任程度越深，外包关系越融洽，维持得越长久，双方的结合力和增效作用也就越强。双方必须保证信息的双向自由流通，建立一种深层次的合作伙伴关系。

合理的企业培训外包的边际利润能够维持双方关系长期稳定发展。从这个角度来说，任何一方都不应该追求一些不切实际的业务优势。企业作为外包商应该明白，接包商作为一个组织机构，需要盈利经营以维持生计和面对竞争。

## 五、基础设施管理

企业外包培训需要对基础设施进行管理，以深化培训外包双方的协作关系。

培训外包意味着企业内部员工将不再利用原来的程序获取知识，原本应由外包企业内部人员进行的工作，现在将转由培训外包承包商提供。如何进行跨企业的知识管理对于外包企业来说是一个具有挑战性的问题，这意味着要完善培训外包的相关支持设施。此外，培训外包以后，企业内部员工的工作职责以及工作流程都有可能改变，企业为了顺利过渡，必须具备相应的培训和支持设施。为使员工能够顺利学习到相关的知识以达到预期的培训效果，如何完善培训支持设施是外包企业不得不考虑的问题。

基础设施主要包括硬件、软件、知识以及其他支持性的基础设施。如果培训外包过程中设施不完善，可能会给培训外包增加额外的风险。比如，数据或者系统的完整性被破坏、接包商的设施离外包企业比较远、设施的兼容性问题、接包商没有足够的能力提供技术上的支持以及相关配备等问题。

对于发包企业，培训进行外包以后，员工接收知识的方式可能会发生根本性的改变，此时就会影响企业的原有基础设施，这要求发包企业对自身原有的基础设施进行调整、更新和完善。同时，发包企业还要关注自身的软件和数据与接包商的兼容性问题，通过完善基础设施建设促使双方系统对接，以提高合作效率。

对于接包商，他们的硬件设施一般都比外包企业的设施优越，但随着外部环境的快速发展以及市场竞争日益激烈，接包商也需要对硬件设施进行完善和更新，以适应市场的发展。同时，接包商有时也需要与发包企业合作，扩大自身的战略优势，利用承包商的经验以及知识建立自己的系统。

## 第三节　企业培训外包的风险管理

企业培训外包是人力资源部门的一次变革，甚至有可能是促进企业变革的催化剂。企业对培训外包的担忧不是多余的，这里面存在着很大的风险。无论对个人还是企业，风险控制不当，都可能造成极大的损失。本节将讲解什么是企业培训外包的风险、企业培训外包的风险因素、培训外包的风险控制和防范措施。

### 一、什么是企业培训外包的风险

风险（risk）是现代社会中经常用到的一个术语，是与人类的生产生活相伴产生的。对于风险的定义通常有两种解释：一种是将风险定义为不确定性；另一种是把风险定义为我们预期的目标和实际的差距。美国库柏（D. F. Cooper）和查普曼（C. B. Chapman）在《大项目风险分析》一书中对风险给出了比较权威的定义：风险是由于从事某项特定活动过程中存在的不确定性而产生的经济或财务的损失以及自然破坏或损伤的可能性（王永刚，2015）。

引领外包潮流的先驱都是一些规模巨大的跨国公司，它们有能力承担由于培训外包引起的偶然风险。但是对于中小企业来说，视培训外包项目的规模大小，培训外包的风险也同比例增加或者减小，由于缺乏处理重大战略性决策失误所需要的资金和其他资源，因此必须特别警惕由于企业培训外包所引起的风险，并且积极采取风险规避措施。

企业培训外包风险主要表现在以下四个方面（王光伟，2013）。

（1）丧失培训主导权。培训外包之后，培训活动由培训服务机构全程策划，因此，企业很可能丧失对培训活动的主导权。一些培训承包商甚至将旗下讲师所能讲的课程进行汇总，做成一份菜单供企业选择，一味强调它们能够提供什么，而不是能够为企业做什么。在这种情况下，培训承包商不能与企业完全融合在一起，无法真正深入企业。

（2）目标不同产生冲突。培训服务机构的目标是通过提供培训服务获取利润，企业则希望通过培训活动提升员工的绩效水平，这时两者很可能会产生某些冲突。受商业风气的影响，在培训样品的提供上，培训师讲得很精彩，听起来也很实用，可一旦让他们进行正式培训，味道则完全不同，不能及时变换角色，不能把企业的事当成自己的事，从而草率了事。

（3）加重对培训服务机构的依赖。当企业习惯于将培训职能外包后，自身的培训管理能力就会不断降低，转而处处依赖于外部培训机构。

（4）培训外包质量不佳。由于培训外包机构良莠不齐，因此有时也很难保证培训外包的质量。由于现在的培训行业制度不完善，培训机构之间或者培训机构与培训师之间经常因为利益关系而产生矛盾，最终企业成为牺牲品。

## 二、企业培训外包的风险因素

了解导致培训外包风险的因素，有助于制定减少风险的有效管理方法，及时采取风险规避措施。企业培训外包的风险因素主要包括失控风险和成本风险。

### （一）失控风险

1. 不确定性

培训外包时，企业不可能完全了解市场上的所有服务提供商，因此存在信息上的不对称性。同时，由于培训服务提供商是一个外部独立运作的实体，双方是合作伙伴关系而不是隶属关系，因此对培训服务提供商的行为往往不好控制。

此外，由于培训市场巨大，需求旺盛，大规模的组织涌进这个行业"掘金"，造成培训市场混乱无序。而行业起点低、运营成本低、利润高，更是驱使很多没有任何资源的机构经过包装后"上市"经营。培训市场的混乱也与大型的、实力雄厚的培训机构的高价位有关。文化这种产品的价值是不能简单地用金钱来衡量的，而培训行业又没有统一的收费标准，大机构的培训费开价太高。很多培训服务提供商的实力和规模都无法与那些实力强大的专业培训机构竞争，但是为了生存和发展就采用一些旁门左道获取业务，从而产生非法竞争。这是培训业界最为显著和普遍的问题。

**英国改善工作场所培训和教育**

2. 法律风险

有关企业培训外包的法律风险很多，而且由于缺乏相关的法律先例使这种风险显得更加严重。例如，到目前为止还没有相关的法律法规明确规定，当出现安全漏洞时，发包商能够获得多少赔偿金。特别是在涉及离岸外包（offshore outsourcing，即外包商与接包商来自不同的国家，外包工作跨国完成）时，双方来自不同的国家，要求所有的法律冲突都在发包商首选的司法管辖范围内完成裁决是不可能的。

3. 接包商的机会主义

一些公司高层往往关注那些"拿来就能用"的快餐式培训，希望找到一些"物美价廉"的培训。由于企业对培训的认识问题，再加上培训机构那些"饮鸩止渴"的行为，最终导致了培训服务提供商（即接包商）中的机会主义者有机可乘。接包商可能利用企业无法观察或验证这一漏洞，出现"王婆卖瓜，自卖自夸"的现象，将自己培养的但专业知识和技能并不过关的讲师送入企业进行员工培训，最终导致培训外包项目的内容与企业实际需求并不相符，培训的质量和效果也大打折扣。

4. 项目风险

项目风险是指企业培训外包项目不能实现预期的培训目标和战略优势的潜在风险。这种风险的潜在因素很多，如软件设施之间不可预计的不兼容性、外包双方的文化冲突、法律的变化以及不可预计的时间延长等。项目从企业转移到培训外包服务商所用的时间同样是项目风险影响因素之一。

5. 知识产权风险

知识产权风险是一个大问题，是涉及商业机密的问题。服务商为提供外包服务，除了解企业文化及基本架构外，诸如企业人力需求、薪资待遇、测试内容及方式、培训课程等敏感内容都会被其掌握。如果在培训期间，涉及知识产权侵权问题会对企业的安全构成重大影响。因此，为确保交易的安全性，除了对对方信誉度的关注，外包服务双方一般都会签订保密协议或在合同中明确保密条款。

6. 沟通风险

培训外包可能存在这样的状况：培训服务提供商可能在服务方面不能满足企业的需要，或者提供的服务较差。

前一种情况通常是之前签订了一份详尽的合同，但是随着时间的推移，企业的需求发生了变化，使得接包商的服务不能满足企业的需要，想要修改合同，又需要很高的契约修订成本。这就要求企业项目管理团队能够做好沟通工作，取得对方谅解，才能修改服务的方向。

而接包商的服务质量较差，企业可能需要考虑终止合同并另外寻找承包商，双方就相关事宜达成协议后才能顺利转接。若沟通不协调，将会导致双方受损的情况出现。

7. 企业文化传递失真风险

接发包双方合作关系开始时，由于双方均有自己的企业文化，在接包商不能合理判断采用哪种组织文化和运营风格时，这种合作本身可能给企业带来很大的业务风险。接包商不能真正理解企业的组织文化，或者只从自己理解的角度出发曲解了企业的文化，这不利于企业培训外包项目的成功实施。由于工作日长度、性别歧视以及社会制度等问题，很有可能引发企业文化传递失真的风险。

## （二）成本风险

一般来说，由于规模经济效应，外部培训机构分摊到每期培训的成本会降低，以达到培训外包成本节约的优势。职能外包平均可以节省20%~40%的费用，但是有企业发现，职能外包所节约的费用实际上只有9%左右（杨序国，2005）。

提供员工培训外包服务的公司和组织由于其专业化程度较高，掌握丰富的资源，具有规模经济的效应，这是大多数企业所不具备的。而企业如果自己承担培训的任务，则需要对行业培训内容和水平做出调查、聘请讲师或者对内部讲师进行必要的培训等很多前期工作。对于企业来说，培训外包的成本风险主要来自于时间成本、契约成本和经营成本三个方面。

1. 时间成本

培训外包需要企业做详尽的需求分析，确定培训外包项目，认真挑选服务商等，所有这些工作都需要企业花时间去做。通常详细周密的培训外包合同能使培训外包按照企业的意愿进行，但是事实上，部分企业在不能正确选择外包服务商的情况下可能终止外包，之前付出的时间成本将会无法收回。

2. 契约成本

契约成本主要就是签订合同的成本。契约成本包括信息成本、谈判成本、监督成本和外部影响。在培训外包中，签订合同的成本取决于业务的复杂程度（培训内容的复杂程度）。业务的复杂程度主要是指合同谈判的不确定性环境、谈判双方职能发挥有限制的理性、潜在的信息不对称以及可能产生外部性。培训的复杂性越高，交易环境的不确定性越大，外包代理方掌握的信息就越多，外包谈判的契约成本也就越高。

（1）信息成本，是指为获得信息付出的代价。信息对不同的组织有不同的价值，而信息不对称从本质上说是无法消除的，何况知识门类和深度都有着前所未有的发展。企业为节省时间、提高工作效率和减少决策的风险，一般会委托信息代理方搜索、获取和分析信息。例如在获取培训供应商资料时，企业就需要付出信息成本。

（2）谈判成本，由以下四个部分组成（夏婷婷，2007）：①合同细节谈判所产生的沟通成本，如交通费、通信费；②当没有预见到的情形发生时，改变合同、重新谈判的成本，如培训追加费、违约赔偿款；③业绩依赖于外包代理方所产生的被动成本；④谈判双方不愿运用合同终止机制产生的争端成本，如调解费等。这些费用都是可能增加培训外包风险的项目。

（3）监督成本，是指企业为了监督培训服务承包商的服务质量而耗费的支出。

（4）外部影响，是指在培训外包过程中会影响到根本没有参与的人或部门，使其得到可察觉的利益，或蒙受可察觉的损失。例如，培训外包可以给企业带来创新，就是正面的外部影响；培训外包可能导致部分员工失业，或者需要转移部分员工的工作而加大工作量，这就是负面的外部影响。为消除负面的外部影响需要消耗成本，这也是契约成本风险的体现。

培训外包不是简单地将一笔钱交给服务商，而是需要进行合理的成本效益分析，才能达到节省资源、发挥优势的效果。

3. 经营成本

经营成本主要是指合同上签订的项目成本,其次还有机会成本(包括看得见的成本和看不见的成本)以及外包过程增加的成本。

培训外包时需要对服务商提出的成本报价进行审定。成本主要根据企业评估的服务商的服务水平计算。但是其中存在的问题是,只根据成本挑选适合于企业的服务商是很困难的,一般情况下,能够提供最好服务的那些承包商收费也是最贵的。同时还要考虑到,承包商在竞争少的情况下倾向于收取比实际水平更高的费用。

培训外包后,委托代理双方为买卖关系,存在信息不对称等情形。由于双方是服务的买卖关系,很有可能产生一方对另一方不忠,对企业来说,需要付出更多的监督成本和由此产生的不信任等心理成本。

在培训中,有些项目是需要企业内部的专业人员和其他辅助人员的参与才能完成的,因为他们比外部人员更熟悉本企业的情况,对员工具有很好的示范效果和亲和力。另外,培训还应该根据绩效考核的材料,针对不同员工的实际情况实施有效培训,而关于员工的具体资料,等等,需要与企业的每个职能部门保持联系。所有这些协调工作都会使其经营成本大大提高。

**中国化学工程第三建设有限公司的培训外包**

## 三、培训外包的风险控制与防范措施

任何事物都有两面性,企业培训外包给企业带来优势的同时也带来了风险。为了使培训外包也成为中小企业竞争优势的源泉,必须开发能够管理和规避风险的切实有效的技术手段,将培训外包风险降到最小。企业培训外包的风险控制与防范措施主要包括以下四个方面。

### (一)需求分析

明确动机的目的在于找到企业真正的需求,分析企业能够提高到何种程度、如何提高。

首先,注重员工个体需求分析,具体可以从两方面入手:一是明确员工定位,从多个层次充分了解员工对于培训多方面的需求,使培训内容与实际工作紧密联系在一起;二是拓宽调查渠道,例如在企业官网开辟培训需求、诉求表达和反馈的新渠道。其次,从组织层面出发，用发展的眼光对培训进行审视，与培训外包商共同设计调查问卷，开展基础性访谈，分析现有的培训需求是否符合企业的实际需要，是否能够满足其长期发展的战略需求。只有了解自己的目标规划，才能根据自身的实际情况做出分析，才能有针对性地开展培训项目，有目标地提高员工的工作绩效。

### （二）选择合适的培训承包商

在培训外包的过程中，选择合适的培训承包商非常重要。关于如何选择培训承包商，第二节已做介绍，此处不再赘述。承包商的选择具有很大的主观性，存在很多不确定性因素，但还是可以通过流程的严密执行顺利完成。

**攀钢集团的培训外包**

### （三）质量监控评估

对培训效果进行评估是员工培训所包括的主要流程之一，但在实际中大部分外包企业对这一重要工作未给予足够的重视，管理也很薄弱。员工参与完相关团队训练项目后，仅仅将员工培训看成一种集体活动，而未将其看作提升个人技能、弥补业务和综合能力的不足以改进工作绩效的渠道之一。但员工参加完培训后的个人能力和工作绩效的评估结果通常被作为外包项目是否成功的关键指标，以及项目取舍和服务商是否适合承担此类项目、是否淘汰的重要依据。

首先，企业可指派专门的人员驻扎在培训机构，加强对培训过程的管控。其次，企业可以通过记录某些数据从反应层、学习层、行为层和结果层四个层次对培训效果进行评估，而不只是学员的主观印象。除此之外，企业还可以采取按培训效果付费或分批次付费等方式增加外包商在培训中投入的精力，以此提高培训质量。若阶段评估中效果甚微，应及时止损，考虑是否转变培训方向或更换培训商。

### （四）及时沟通鼓励

及时有效地与员工及外包服务商进行沟通，处理培训过程中出现的各类问题，是使培训外包能够取得预期效果的有效途径。

根据马斯洛的需要理论，人的需要包括生理、安全、归属与爱、尊重、自我实现。在分析学员的特点时，考虑到成人的自我意识非常强烈，即他们有受尊重的需求。因此，要满足他们受尊重的需求，应更多地给予学员精神上的奖励。比如及时对学员的表现给予表扬、赞赏："做得不错""回答正确""您的想法给了我启发"等，也可请其他学员给予掌声；还可以请学员就某主题发表自己的看法、意见，或者请他就某个问题谈谈自己的工作经验，这可让学员感觉备受培训师的尊重，自豪感油然而生。

在成人培训中，物质奖励的作用总是有限的，受激励的时间也是比较短暂的。通常在获得一份小礼品后，兴奋感没多久就消失了。因此，成人培训应以精神鼓励为主，物质奖励为辅，才能获得良好的激励效果。

 思考练习题

1. 企业在什么情况下需要进行培训外包？
2. 企业培训外包主要有哪些风险？
3. 如何做好企业培训外包管理？

 培训游戏

### 不考试的测试

1. 目的

让员工参与对课程的总结，加深学习的印象，同时评估培训的效果。

2. 程序

（1）在整个培训结束前 30 分钟或 1 个小时，发给每位员工一张白纸。

（2）让员工用 10 分钟的时间写出这次培训中自己印象最深刻的内容，至少写出 5～6 点。

（3）划分小组，在小组内进行分享并用头脑风暴法列出如何记住这些学习要点。

（4）挑选出 2～3 个小组进行汇报。

资料来源：斯坎奈尔，纽斯特洛姆. 游戏比你会说话：演讲、会议、培训、交际游戏大全[M]. 吉晓倩，译. 北京：企业管理出版社，2004.

 学以致用

### 是否外包

A 公司主要经营纺织产品，近几年公司拓展业务，员工人数激增。张君是人力资源部负责人，来公司时间不长，他发现，由于公司近年合并了两个小企业，又疏于内部管理，员工总体素质不高。张君希望通过培训提高员工的素质，他分析了公司各个部门的需求，编写了员工培训管理方法；考虑到预算的问题，他决定自己开发课程，编写教材，选拔一批业务熟练、表达能力强的员工组成内部讲师队伍。但是被委托编写专业培训课程的各个部门却叫苦不迭，他们初次接触课程编写任务且内容繁杂，同时专业培训课程迟迟不能出炉，催了几次才陆续交齐，内容和形式都达不到要求。而且，员工平时工作已经很累，没有时间和精力备课，报酬又寥寥无几，因此内部讲师的职位没能吸引大家

踊跃报名。

**思考讨论题**

根据本章所学知识，分组讨论 A 公司的培训是否可以外包。

## 案例分析

### 百视通公司培训外包的选择

## 参考文献

[1] 杜桂怡，朱萍萍．中小企业培训外包服务商的选择策略研究[J]．就业与保障，2020（11）：79-80．

[2] 杜正美．培训外包服务质量评价体系研究[D]．天津：天津师范大学，2009．

[3] 冯国良．乐普医药公司人才资源外包问题及对策研究[D]．咸阳：西北农林科技大学，2015．

[4] 黄洁，王晓静．企业员工社会责任对组织公民行为的影响研究：基于心理契约的中介作用[J]．山东社会科学，2016（2）：179-183．

[5] 李宗乘．业务流程外包信任关系修复的多案例研究[D]．杭州：浙江工商大学，2013．

[6] 孙强，左天组，刘伟．IT 服务管理：概念、理解与实施[M]．北京：机械工业出版社，2004．

[7] 孙宗虎，邹晓春．人力资源管理工作细化执行与模板[M]．北京：人民邮电出版社，2008．

[8] 宋倩．信息化环境下企业价值链特征及创新策略[J]．商业时代，2009（3）：36-37．

[9] 王光伟．员工培训管理实务手册[M]．北京：清华大学出版社，2013．

[10] 汪应洛．服务外包概论[M]．西安：西安交通大学出版社，2007．

[11] 王永民，马青华，杨美龙．互联网企业的内训之道及对税务部门的借鉴[J]．国际税收，2015（12）：72-73．

[12] 王永刚．浅谈社会稳定风险分析理论[J]．建筑工程技术与设计，2015（32）：1659．

[13] 夏婷婷．培训外包决策中的成本分析[J]．湘潮（理论版），2007（12）：82-83．

[14] 徐彬，段翀. 中小企业培训外包决策模型[J]. 华东经济管理，2006，20（3）：90-93.

[15] 杨序国. HR 执行力：人力资源组织的人力资源管理[M]. 长沙：湖南科学技术出版社，2005.

[16] 叶达树. 试论企业核心竞争力审计[J]. 中国农业会计，2015（3）：54-57.

[17] 俞海平. 网络型组织的经济关系探析[J]. 商场现代化，2014（29）：265-266.

[18] 章森. B 公司培训外包供应商的评价与选择[D]. 上海：东华大学，2015.

[19] 季琴. 论企业人力资源外包的驱动因素、风险及其规避[J]. 商业时代，2011（34）：81-82.

[20] 韩雪. 论企业人力资源外包的驱动因素、风险及其规避[J]. 经贸实践，2015（9）：290.

[21] 斯坎奈尔，纽斯特洛姆. 游戏比你会说话：演讲、会议、培训、交际游戏大全[M]. 吉晓倩，译. 北京：企业管理出版社，2004.

[22] MAXWELL B. Improving workplace learning of lifelong learning sector trainee teachers in the UK[J]. Journal of Further and Higher Education, 2014, 38(3): 377-399.

[23] WERNERFELT B. A resource-based view of the firm[J]. Strategic Management Journal, 1984,5(2): 171-180.

[24] COASE R H. The nature of the firm [J]. Economica, 1937,4(16):386.